AF175622

Inhalt

Das Studium in den Sand gesetzt, jede Menge Bafögschulden, dazu den eisigen Atem der Arbeitsagentur im Nacken. Da hilft nur noch eins: eine Flucht nach Santiago de Compostela. Doch auch der Jakobsweg ist lang und gefahrenvoll. Ob verwilderte Hunde, die in verfallenen Ruinen hausen, entlaufene Pferde oder wirre Greise, die vergiftete Brunnen bewachen, der Camino de Santiago hält jede Menge Überraschungen bereit. Es bleiben vier Wochen Zeit und 800 Kilometer Wegstrecke, um das eigene Schicksal noch etwas aufzuschieben. Aber das Beste, was man in aller Ungewissheit finden kann, ist einander. So kommt es unterwegs u.a. zu Begegnungen mit einem schlagfertigen Chinesen, einem alkoholsüchtigen Wikinger sowie einem mürrischen Neuseeländer. Und dann ist da noch die schöne Evelyn aus Amerika. Zusammen flüchtet es sich doch viel schöner. Doch aller Sorgen und Probleme zum Trotz, manchmal braucht es nur etwas Bier und Klopapier.

Autor

Heiner Horlitz, geboren 1982 in Erfurt, ist nahezu jedes Jahr mit Rucksack und Zelt unterwegs. Zwischen 2006 und 2011 pilgerte er mehrmals auf dem Jakobsweg. Weitere Wanderungen führten ihn durch die schottischen Highlands, entlang der englischen Atlantikküste oder über die grasigen Hügel von Wales. Neben Reiseliteratur verfasst er auch Lyrik und Kurzprosa.

www.heiner-horlitz.de

Heiner Horlitz

Hunde, Bier & Klopapier

Überleben auf dem Jakobsweg

Herstellung und Verlag: BoD – Books on Demand, Norderstedt

ISBN: 9783751994200

"So look see the days
The endless coloured ways
And go play the game that you learnt
From the Morning"

(Nick Drake, From The Morning)

1 Auf der Flucht

Hermann Hesse hat ja behauptet, dass jedem Anfang ein Zauber innewohnt. Und tatsächlich, für einen Moment ist es beinahe schön. Kofferrollen rattern über das Pflaster, Reißverschlüsse schnurren, Rucksackschnallen klacken. Vor mir blitzen die Gleise in der Morgensonne. Der Himmel ist makellos blau. Eine große Reise muss immer an einem Bahnhof beginnen.

Aus den Lautsprechern nuschelt eine Stimme in bestem thüringisch. Kurz darauf knattert eine Taube unter dem Dach hervor, als gelte der Aufruf ihr allein. Aber in Wirklichkeit ist sie einfach nur auf der Flucht. So wie ich. Und statt einem Anfang fühlt sich das hier wie ein Ende an – und das ist alles andere als bezaubernd.

Nachdem ich zum dritten Mal durch die Prüfung gerasselt war und die Fachhochschule Eberswalde mich mitleidslos exmatrikulierte, blieben mir drei Möglichkeiten: Ich könnte mich in psychologische Behandlung begeben, eine alkoholische Laufbahn einschlagen oder aber mich sportlich betätigen. Letztendlich habe ich mich für alles entschieden. Genauer gesagt: Für den Camino de Santiago, den Jakobsweg. 800 Kilometer quer durch Spanien – und zwar zu Fuß. Eine Strecke doppelt so lang wie die Spree. Vor einem Jahr ist bereits mein Vater im stolzen Alter von 70 den Jakobsweg gelaufen. Jetzt kann ich wortwörtlich in seine Fußstapfen treten – und vielleicht ein paar eigene hinterlassen. Am Ende meiner Reise habe ich hoffentlich eine Art Erleuchtung oder zumindest einige zündende Ideen, wie es weitergehen soll.

Viel Zeit bleibt nicht mehr. Mir sitzt bereits die Agentur für Arbeit im Nacken und plant die weitere berufliche Zukunft für mich, Nr. 093A252405. Eigentlich dürfte ich jetzt gar nicht hier sein, sondern müsste fleißig Bewerbungen schreiben und mich für Vorstellungsgespräche griffbereit halten. Aber wie gesagt: Das hier ist eine Flucht.

Es folgt eine weitere Durchsage. Der ICE ist tatsächlich pünktlich. Die Wartenden am Bahnsteig greifen nach ihren Koffern, Taschen und Kindern und bilden eine Frontlinie. Ich gestehe, dass ich lieber Regionalbahn fahre. Ganz ehrlich, ein richtiger Zug muss rattern, ruckeln und quietschen. Der Fahrgast braucht das physische Erlebnis, er muss das Pochen der Gleise unter seinem Hintern spüren. Es muss beim Toilettengang so sehr schaukeln, dass man alles andere trifft, nur nicht die Kloschüssel. In einem ICE kommt man sich dagegen vor wie eine Rohrpost. Der heutige Adressat ist Frankfurt am Main.

Mein Sitznachbar erfüllt auch gleich mal das Klischee vom bösen Banker: schwarze Lackschuhe, Nadelstreifenanzug, Windsorknoten, dazu ein Nussknackergrinsen und eine Frisur wie ein Brotaufstrich. Weil wir nebeneinandersitzen, kommen wir zwangsläufig ins Gespräch, wobei es sich eher um einen Monolog handelt. Der Krawattenmann erzählt mir ausführlich von seinem Plastikleben. Es geht um Devisen, Aktienkurse, Hedgefonds und US-Indizes – also quasi um nichts. Während der Börsianer so munter drauflos schwadroniert, streicht er sich mit der Hand immer wieder über den marinierten Scheitel. Ich schaue hilfesuchend zur Gepäckablage. Jetzt wäre es allerhöchste Zeit für eine ordentliche Kofferlawine.

Nach zwei Stunden fährt der Zug in Frankfurt ein. Ich beeile mich das Bahnhofsgebäude zu verlassen, um den zahlreichen Schnorrern zu entkommen, die sofort Witterung aufnehmen. Unweit vom Hauptbahnhof befindet sich die Haltestelle zum Airport-Shuttle nach Frankfurt Hahn. Der Preis für die zweistündige Überführung beträgt 15 Euro. So viel wie mein ganzer Hinflug. Als ich dem Busfahrer einen Fünfzig-Euro-Schein reiche, zerstückelt er mich mit seinem Kettensägenblick. Das Pärchen hinter mir provoziert ihn zusätzlich mit einem Hunderter. Nach einer Viertelstunde können wir endlich los. Der Fahrer weist uns im Kasernenton auf die Anschnallpflicht hin, dann pflügt er durch die Innenstadt Richtung Autobahn.

Apropos Kasernenton: Frankfurt-Hahn wurde früher vorrangig militärisch genutzt. 1951 von den Franzosen gebaut, übernahm ihn 1952 die US-Airforce. Nach dem Kalten Krieg waren hier drei F-16 Staffeln stationiert, die u. a. im zweiten Golfkrieg eingesetzt wurden. Später mauserte sich Hahn zum sechstgrößten Frachtflughafen Deutschlands. Das brachte vor allem Naturschützer auf die Palme, siedelte doch hier die seltene Mopsfledermaus. Heute ist Frankfurt-Hahn der wirtschaftliche Herzschrittmacher einer ganzen Region. Die Bezeichnung „Frankfurt" bleibt hingegen rätselhaft. Selbige Stadt liegt nicht nur 125 Kilometer entfernt, sondern in einem ganz anderen Bundesland. Das soll mal ein Lehrer im Geografieunterricht erklären.

Der Bus trifft auf die Minute pünktlich am Flughafen ein. Kaum dass die Gepäckklappe offen ist, zerren die Reisenden brutal ihre Koffer und Taschen aus dem Bus, als würden sie ein erlegtes Tier ausweiden. Nachdem ich meinen Rucksack wiederhabe, begebe ich mich in die Abflughalle. Fluggäste aus der ganzen Republik strudeln hier ineinander. Das liegt nicht nur den niedrigen Preisen, sondern auch an den vielen Destinationen, wie nicht zuletzt die Garderobe der Reisenden verrät: Getigerte Miniröcke gehen nach Mallorca, Bommelmützen und Funktionsjacken nach Schottland, Krawatten und Rolex-Uhren nach London. Die blauen Uniformen entpuppen sich hingegen als äußerst hartnäckige Werbevertreter von Ryanair.

Die Dame am Check-in ist von äußerst hochhackigem Gemüt. Man kann in jedem Wort die Absätze klacken hören. Als ich meinen Rucksack auf das Rollband lege, schaut sie mich an, als hätte ich ihr gerade eine blutige Schweinehälfte hingeknallt. Sie spitzt abschätzend die glasierten Lippen, was ihr eine erotische Arroganz verleiht. Ich riskiere ein Lächeln. Zur Strafe schickt sie mich durch die halbe Halle zum Übergepäck.

Gut anderthalb Stunden später sitze ich im Flieger nach Santander. Die Stimme des Kapitäns knistert aus den Lautsprechern. Letzte Sitzgurte klacken, Tische schnappen zu. Ein Kind schreit vergeblich nach seinem Kuscheltier. Die Flugbegleiterinnen positionieren sich im Gang und spulen spröde die Sicherheitsinstruktionen herunter. Danach setzt sich die Maschine in Bewegung. Wir ruckeln über das Rollfeld Richtung Startpiste. Dann heulen die Turbinen auf.

Nachdem das Flugzeug wieder in der Waagerechten liegt, starten die Stewardessen die Werbeveranstaltung. Es gibt Sandwichs mit Putenbrust, Rotkäppchensekt und Rubbellose. Der Großteil der Passagiere stellt sich schlafend oder sucht imaginäre Gegenstände unter den Sitzen. Auch ich schließe die Augen. Als ich sie wieder öffne, setzt das Flugzeug bereits zur Landung in Santander an.

Die Hauptstadt Kantabriens gilt aufgrund ihrer Sandstrände als beliebter Badeort und steht auch bei Surfern hoch im Kurs. Die Innenstadt hingegen ist weniger attraktiv. Doch das hat seinen Grund. Im Jahre 1941 wütete in Santander ein heftiger Großband und verzehrte das historische Zentrum nahezu komplett. Erst nach zwei Tagen konnte das Feuer gelöscht werden. Der langwierige Wiederaufbau war jedoch alles andere als eine Schönheits-OP. Da hat Dresden die deutlich besseren Architekturchirurgen gehabt. Eine weitere Katastrophe hatte sich am 3. November 1893 ereignet: Der gerade heimgekehrte Frachter *Cabo Machichaco* geriet beim Entladen in Brand und explodierte – und zwar mit 51 Tonnen Dynamit an Bord. Durch die Druckwelle wurden sämtliche umliegenden Häuser weggemäht und es gab 590 Todesopfer zu beklagen.

Wieder knistert die Stimme des Kapitäns in den Lautsprechern. Die Stewardess versucht es nochmal mit den Rubbellosen. Sie wird mir fehlen. Als ich in sengender Hitze auf dem Rollfeld stehe, wird mir zum ersten Mal so richtig bewusst, was ich mir da aufgehalst habe: Achthundert Kilometer Fußmarsch mit einem Rucksack, der so viel wiegt wie ein Vorschulkind. Das wird nicht nur lustig, sondern vor allem anstrengend.

Mit dem Zubringer fahre ich in die Stadt und gönne mir am Busbahnhof ein Frühstück. Mir fällt sofort auf, dass Spanien ein lautes Land ist. Die Leute unterhalten sich über mehrere Tische hinweg und auch der Kellner macht sich nicht die Mühe, hinter seinem Tresen vorzukommen, sondern nimmt meine Bestellung aus zehn Metern Entfernung entgegen.

Nach dem Essen erkundige ich mich nach einer Verbindung Richtung Saint-Jean-Pied-de-Port. Mein Vorhaben gestaltet sich als schwierig. Englisch spricht hier keiner. Mühsam knete ich einige spanische Vokabeln zusammen und überreiche den Klumpen. Den Namen Saint-Jean-Pied-de-Port muss ich mehrmals wiederholen. Schließlich empfiehlt man mir den Bus nach Bilbao zu nehmen. Morgen soll ich dann weiter nach Bayonne fahren. Von dort geht ein Pilgerzug direkt nach Saint-Jean. Also kaufe ich ein Ticket ins Baskenland und wundere mich über den niedrigen Preis. Mit der Deutschen Bahn wäre ich damit nur von Potsdam bis zum Berliner Ostbahnhof gekommen.

Es dauert eine Weile, ehe ich meinen Bus gefunden habe. Zwar steht auf dem Ticket die Nummer der Haltebucht, aber ich merke schnell, dass hier das Motto gilt: Wer zuerst kommt, parkt zuerst. Immerhin gibt's einen Fensterplatz. Etwas Sorge bereiten mir hingegen drei finstere Gestalten, die um die geöffnete Gepäckluke herumscharwenzeln. Aber eigentlich ist mein Rucksack zu schwer, um ihn zu klauen.

Schließlich setzt sich der Bus in Bewegung. Nicht mal ein halber Tag ist vergangen und ich bin Zug gefahren, Flugzeug geflogen und sitze zum zweiten Mal im Bus. Vielleicht sollte ich nachher noch eine kleine Bootstour machen.

Übrigens heißt Bilbao in Wirklichkeit Bilbo. Im Baskenland legt man besonderen Wert auf die eigene Sprachkultur. Es muss die Bewohner ungemein stolz gemacht haben, dass in *Herr der Ringe* ein Protagonist denselben Namen trägt. Mit dem grünhügeligen Auenland hat die Stadt aber nichts gemein. Bilbao ist ein gefragter Industriestandort. Speziell mit

Eisen hat man sich einen Ruf als Arbeiterstadt erworben. In den Neunzigerjahren unterzog man das Zentrum aber einer gründlichen Maniküre. So wurde ein 28 Kilometer langes Metronetz gelegt und der Fluss mit postmodernen Brücken aufgewertet. Auch in Sachen Kultur wurde reichlich Mascara und Rouge aufgetragen. So verfügt die Stadt u.a. über ein Museum der schönen Künste, ein Seefahrtsmuseum, ein Industriemuseum und natürlich das Guggenheim-Museum. Bei allen modischen Veränderungen behielt man sportliche Tradition bei: Der örtliche Fußballclub Athletic Bilbao beschäftigt bis heute ausschließlich baskische Spieler.

Als ich in der Stadt eintreffe, ist es bereits später Nachmittag. Jetzt gilt es eine Übernachtungsmöglichkeit ausfindig zu machen. Da fällt mir der kleine Zettel meines Vaters ein. Als er letztes Jahr den Camino gegangen ist, hatte er in Bilbao zwischenübernachtet. Erfreulicherweise notierte er nicht nur die Adresse, sondern auch den Namen der angrenzenden U-Bahnstation. Jetzt muss ich den Zettel nur noch finden. Weil es auf den Straßen so belebt ist, ziehe ich mich in eine Telefonzelle zurück. Nach zehn Minuten ist die Notiz gefunden. Mein Rucksackmanagement ist eindeutig ausbaufähig.

Wenig später visiere ich den erstbesten Treppenabgang zur Metro an. Der Fahrkartenautomat stellt mich vor einige Schwierigkeiten. Wahllos probiere ich sämtliche Knöpfe. Als ein Betrag um die 1,30 Euro auf dem Display angezeigt wird und mir das als vertretbarer Preis erscheint, drücke ich die grüne Taste. Surrend schiebt sich ein Stück Pappe aus dem Schlitz. Jetzt habe ich gleich auch noch eine Metrofahrt in meiner Sammlung. Nach einer Viertelstunde bin ich am Ziel.

Zu Fuß geht es nun direkt ins Zentrum. Es dauert eine Weile, bis ich in den verwinkelten Gassen meine Bleibe gefunden habe. Ich klingle zweimal, dann ertönt der Summer. Im zweiten Obergeschoss wartet ein älterer Herr, der aussieht wie Michel Piccoli. Er trägt pelzige Hausschuhe, Jogginghose und ein schlappriges Unterhemd. Der Flur hinter ihm wird von Fernsehgewitter erhellt. Es riecht nach Frittenfett und Teppichreiniger.

Mein Zimmer sieht aus wie ein Verhörzimmer der Staatssicherheit: Bett, Lampe, Stuhl, Tisch. Fenster gibt es keine. Dafür einen vergitterten Lüftungsschacht, der zahlreiche Umgebungsgeräusche transportiert. Ich höre das Jaulen eines Hundes, Kindergeschrei und die Klospülung. Na ja, ist ja nur für eine Nacht. Nach einer kalten Dusche meldet sich der Hunger. Also mache ich mich nochmal auf den Weg in die Stadt, auch wenn ich keine große Lust dazu habe.

Die Sonne ist inzwischen untergegangen. Trotzdem staut sich noch immer die Hitze des Tages zwischen den Häusern. Auf meiner Suche nach etwas Essbarem erreiche ich den Ria de Bilbao. Unzählige Menschen wuseln die Uferpromenade entlang, nur einige alte Angler stehen rauchend am Geländer, den Blick aufs Wasser gerichtet. An der nächsten Kreuzung gibt es einen Supermarkt. Mein heutiges Abendbrot besteht aus Schokolade, Keksen und zwei Dosen San Miguel. Das muss reichen. Ich gehe zum Fluss zurück und setze mich auf eine Bank. Die Feuerzeuge der alten Angler klicken in der Dunkelheit. Aus irgendeinem Fenster säuselt Klaviermusik von Erik Satie. Ich öffne mir ein Bier und weiß: Es gibt Momente, da kommt man an – auch wenn man eigentlich auf der Flucht ist.

2 Nach Saint-Jean-Pied-de-Port

Es ist sieben Uhr morgens und trotzdem mitten in der Nacht. Durch den Lüfter dringt das Klappern von Geschirr, eine Waschmaschine rumpelt, als wolle sie gleich abheben. Meine Hand tastet im Dunkeln nach dem Lichtschalter. Dabei stößt sie die offene Bierdose um, die noch von gestern auf dem Nachttisch steht. Weil nichts zum Aufwischen in der Nähe ist, nehme ich mein T-Shirt. Danach wandert es in den Mülleimer. Nachdem ich geduscht und gepackt habe, wird bei Michel Piccoli bezahlt, dann geht es wieder auf die Straße.

Das grelle Tageslicht sticht in den Augen. Nach meiner Dunkelhaft bin ich noch sehr empfindlich. Trotz der frühen Stunde ist es bereits krachend heiß. Die ganze Stadt flimmert. In langen Reihen staut sich der Verkehr hinter den Ampeln. Überall sprudeln Menschen aus haltenden Bussen, strömen die Bürgersteige entlang und werden von U-Bahnschächten wieder eingesogen. Der tägliche Blutkreislauf einer Großstadt. Kurz darauf bin auch ich wieder Teil davon und fahre Metro. Nach zwei Stationen stelle ich allerdings fest, dass es die falsche Richtung ist. Ich glaube, ich brauche dringend einen Kaffee. Im zweiten Versuch ist der Busbahnhof erreicht.

Am Schalter sagt man mir, dass der Bus nach Bayonne gerade weg ist. Die nächste Fahrt geht erst in drei Stunden. Ich kaufe trotzdem schon mal ein Ticket. Diesmal ist der Fahrpreis deutlich höher, obwohl die Strecke gar nicht so lang ist. Wahrscheinlich liegt das daran, dass die Landesgrenze passiert wird. Bayonne liegt nämlich in Frankreich. Somit bleibt mir viel Zeit zum Frühstücken.

Im nahen Bahnhofscafé bestelle ich Milchkaffee und ein paar fettige Donuts. Um mich herum rascheln Zeitungen, Finger hacken auf Laptops herum, jemand flucht in sein Telefon. Wer nichts zu tun hat, schaut in die Glotze, wo einige Trickfilme laufen, die im Fünfminutentakt von knalligen Werbespots unterbrochen werden. Irgendwann torkeln ein paar überdrehte Mädchen zur Tür hinein. Sie sehen ziemlich gerupft aus. Scheinbar sind sie gerade aus der Disco gekommen. Nacheinander setzen sie sich auf die Hocker am Tresen und pumpen bewusst ihre Hintern auf, damit auch ja jeder hinschaut. Es funktioniert. Kurz darauf folgt die nächste Welle. Eine Gruppe Jungs mit grausigen Vokuhilafrisuren poltert ins Lokal. Nachdem sie bei den Mädels an der Bar abgeblitzt sind, fläzen sie sich an den Tisch neben mir. Sicherheitshalber gurte ich den Rucksack am Tischbein fest.

Nach dem Frühstück geht es wieder in die Stadt. Wie ein herrenloser Hund streune ich durch die Gassen von Bilbao. Und ich bin nicht der Einzige. Vor mir schlürft ein Obdachloser den Bordstein entlang und durchwühlt die Mülleimer nach Nützlichkeiten. Ich halte einen Sicherheitsabstand ein, da die Luft plötzlich von einem verwesenden Geruch erfüllt ist. Dummerweise rammle ich mit meinem Rucksack gegen einen Laternenpfeiler, was sofort Aufmerksamkeit erregt. Der Stadtstreicher verwickelt mich in ein wirres Gespräch. Er erschnorrt eine Zigarette nach der anderen. Das Feuerzeug, das ich ihm reiche, wandert flugs in seine Hosentasche. Als der Gestank fast unerträglich ist, passiert mich eine Schulklasse. Das ist meine Chance! Ruckzuck verschwinde ich zwischen den Ranzen. Ein paar Blocks weiter setze ich mich auf eine Bank. Ein ganz schön schräger Morgen ist das heute. Höchste Zeit für eine kleine Stärkung. Gerade habe ich die Salami und ein paar Kekse auf dem Schoß, als es plötzlich Staub und Hundefutter regnet. Mein Blick geht nach oben. Im Balkon über mir schütteln zwei Hände einen Vorleger aus. Abschießend fliegt noch ein glimmender Kippenstummel hinterher. Zuerst die falsche Metro, dann der Obdachlose und jetzt das! Das grenzt schon an Mobbing, was Bilbao mit mir treibt. Ich packe Wurst und Kekse wieder ein und ziehe weiter.

Auf meiner Suche nach einem neuen Frühstücksplatz lande ich am Fluss. Eine Weile spaziere ich am Ufer entlang und bestaune die verschiedenartigen Brücken, welche die Stadt zu bieten hat. Das seltsame blecherne Gebilde, das ich anfangs für einen zerbeulten Dampfer halte, entpuppt sich als das Guggenheim-Museum. Das Wahrzeichen Bilbaos zählt jährlich mehr als 600.000 Besucher. Auf einer Fläche von 11.000 m² werden hier u.a. moderne Installationen und Videokunst präsentiert. Das von Frank O. Gehry konzipierte Museum wird in Fachkreisen für seinen dekonstruktivistischen Baustil gerühmt und prägte den sogenannten „Bilbao-Effekt". Unter dem Begriff versteht man die Aufwertung von Städten durch moderne Architektur. Für eine genauere Inspizierung ist die Zeit inzwischen aber zu knapp.

Zurück am Busbahnhof erwische ich diesmal gleich das richtige Gefährt. Sogar einen Fensterplatz gibt's obendrauf. Wie schon in Santander, führt die Fahrt durch zerzauste Vororte, die größtenteils aus Industrie und Neubaublocks bestehen. Dann zeigt sich aber der blaue Streifen des Atlantiks am Horizont. Der Golf von Biskaya ist erreicht.

Irgendwie gehört zu jeder Reise ein bisschen Meer dazu. Wenn ich am Ende meiner Wanderung noch Zeit habe, könnte ich von Santiago de Compostela noch weiter zum Kap Finisterre laufen. Doch das ist noch ferne Zukunftsmusik. Bis jetzt bin ich noch keinen Kilometer gelaufen. Der Bus legt einen Zwischenstopp in San Sebastian ein, dann geht es schnurstracks an der Küste entlang Richtung Frankreich. Eine knappe Stunde später ist das Ziel erreicht.

Bayonne oder Baiona, was im Baskischen soviel wie „Guter Hafen" bedeutet, hatte es in Sachen Vormundschaft nicht immer leicht. Zuerst regierten hier die Römer, danach kamen die Westgoten, Basken, Franken und Normannen. Bei so viel kriegerischer Vergangenheit ist es nicht verwunderlich, dass hier das Bajonett erfunden wurde. Heute werden in Bayonne nur noch Touristen aufgespießt, gibt es doch wie in Pamplona ein jährliches Stiertreiben. Allerdings werden die Bullen nicht durch enge Gassen getrieben, sondern auf einem zentralen Platz ausgesetzt, wo sie fröhlich Hintern aufgabeln können. Danach müssen sie zum Schafott in die Arenen.

Am Busbahnhof treffe ich die ersten Pilger, gut zu erkennen an den großen weißen Jakobsmuscheln, die an ihren verdächtig schlanken Rucksäcken baumeln. Scheinbar haben sie beim Packen deutliche Abstriche gemacht und nur das Nötigste dabei. Dagegen sehe ich aus, als hätte ich gleich ein Vorstellungsgespräch bei der Fremdenlegion. Trotzdem schön ein paar Leute zu treffen, die das gleiche Ziel haben. Gemeinsam flüchtet es sich doch viel schöner.

Die zentrale Sammelstelle für die Pilger ist der örtliche Bahnhof, der aus allen Nähten platzt. Eine ganze Legion Rucksackträger hat sich hier versammelt. Da würden selbst die Römer neidisch werden. Nachdem ich fertig mit Staunen bin, reihe ich mich in die Schlange hinterm Ticketschalter ein.

Hier kann ich bereits erste anthropologische Studien durchführen: Vor mir diskutieren zwei rosige Engländer ein Fußballspiel von Manchester United, wobei sie vornehmlich das Wort *fuck* benutzen. Schließlich besänftigen sie sich mit zwei Dosenbieren und reden dann in eloquentem Oxford-Englisch über Gartenbau. Alkohol hat anscheinend doch manchmal eine gemütsregulierende Wirkung.

Eine knappe Stunde später bekomme ich meine Fahrkarte nach Saint-Jean-Pied-de-Port ausgehändigt. Da noch Zeit ist, bis der Zug kommt, begebe ich mich in das kleine Café hinterm Bahnhof. Hineinquetschen wäre der bessere Ausdruck, denn fünfhundert andere Pilger haben dieselbe Idee. Spanier, Franzosen, Deutsche, Iren, Italiener, Schweden und Österreicher tummeln sich hier. Das reinste Nationengulasch. Trotzdem fühle ich mich wie die Salatbeilage. Etwas Gesellschaft ist ja schön und gut, aber das hier ist ein bisschen zu viel davon. Da wünsche ich mich glatt in meine baskische Blackbox zurück. Ich hole mir einen Kaffee und flüchte zum Bahnsteig, wo die nächste Legion Pilger stationiert ist. Da wird man glatt zum Misanthrop.

Als nach einer Stunde eine Lautsprecherdurchsage den Zug ankündigt, geht ein Ruck durch die Massen. Alle rammeln gleichzeitig los. So ähnlich muss der Sturm auf eine Neulieferung des Intershops verlaufen sein. Es dauert geschlagene zwanzig Minuten, bis alle Pilger und Rucksäcke verstaut sind. Jetzt fehlt nur noch jemand, der zum Abschied winkt. Mit reichlich Verspätung fährt der Zug los – und diesmal ruckelt er wirklich ganz wunderbar. Entlang der

Pyrenäenausläufer geht es durch lichtgrüne Wälder und blumenstrotzende Bergtäler. Die meisten Pilger dösen, knabbern Kekse oder blättern in ihren Reiseführern. Jeder Dritte hat zudem ein Buch von Paulo Coelho oder Shirley McLaine auf dem Schoß. Ich nutze die Zeit, um etwas in meinem *credencial*, dem Pilgerpass, zu schmökern.

Der Pappflyer ist für die nächsten vier Wochen mein Personalausweis. Mit dem *credencial* gibt man sich nicht nur als Jakobspilger aus, sondern erhält Zutritt zu den Herbergen, wo übernachtet wird. Hauptzweck des Pilgerpasses ist aber das Archivieren von Stempeln. Hierfür gibt es extra vorgedruckte Felder. Hat man eine Etappe bewältigt, gibt es einen sogenannten *sello*. Wer unterwegs genug dieser Stempel gesammelt hat, darf in Santiago de Compostela die *compostela* in Empfang nehmen. Die prestigeträchtige Urkunde beglaubigt, dass man auch wirklich die ganze Zeit gelaufen ist. Wer will, kann natürlich auch mit dem Pferd oder Fahrrad kommen.

Anderthalb Stunden später ist Saint-Jean-Pied-de-Port erreicht - der offizielle Startpunkt des Jakobsweges. Wie Getreide aus aufgeschlitzten Säcken platzen die Pilger aus den Wagons. Danach formieren sie sich ihrer Nationalitäten entsprechend und rücken stoßweise ab.

Auf dem Weg vom Bahnhof in die Ortschaft wird zum ersten Mal das ganze Teilnehmerfeld überschaubar. Ich zähle mindestens hundertfünfzig Paar Schuhe. Irgendwie habe ich mir das etwas beschaulicher vorgestellt.

Saint-Jean-Pied-de-Port („Heiliger Johann am Fuße des Passes") war zwischen 1512 und 1530 Schauplatz des kriegerischen Treibens zwischen den Königshäusern von

Aragon und Navarra. Doch wenn zwei sich streiten, freut sich bekanntlich der Dritte. In diesem Fall Frankreich, dass sich die begehrte Ortschaft unter den Nagel riss. Heute wirkt Saint-Jean wie der Ausgangspunkt eines Märchens der Gebrüder Grimm. Die gedrungenen Häuser und steinernen Gassen verströmen eine schaurig-schöne Atmosphäre. Das Wetter tut dazu sein Übriges. Dunkle Gewitterwolken ziehen heran, der Wind frischt merklich auf.

Im Pilgerbüro von Saint-Jean wird es dann tatsächlich gruselig. Sämtliche Übernachtungsmöglichkeiten sind ausgebucht! Verzweiflung macht sich unter den (obdachlosen) Pilgern breit. Nur die zwei Engländer vom Bahnhof in Bayonne zeigen sich unbeeindruckt. Sie kippen sich noch ein Bier hinter die Binde und beschließen dann kurzerhand loszulaufen. Unter den verbliebenen Pilgern wird es derweil immer unruhiger. Die Lage ist explosiv. Passenderweise setzt draußen der erste Donner ein.

Schließlich stellt sich der Büroleiter auf seinen Stuhl, hebt wie ein Heiland die Arme und bittet um etwas Geduld. Ein paar hastige Telefonate werden geführt. Binnen einer Viertelstunde sind für alle Gestrandeten Ausweichquartiere organisiert. Eine französische Mitarbeiterin, die ich auf Englisch anspreche, erklärt mir auf Deutsch, dass ich im Gemeindehaus übernachten kann. Danach drückt sie mir feierlich den ersten Stempel in den Pilgerpass. Anschließend bekomme ich sogar eine Isomatte überreicht. Nun werden die Pilger in Grüppchen aufgeteilt und zu den Unterkünften geführt.

Mein erster Schlafplatz ist der Fußboden eines Gemeindehauses. Ich teile mir die Fläche mit zwei Spaniern, einem Iren und einem Franzosen. Kaum ist das Nachtlager bereitet, machen die Gewitterwolken ernst. Zuerst trommelt der Regen nur zaghaft auf das Dach, dann wird die Dusche bis zum Anschlag aufgedreht. Das Rauschen ist ohrenbetäubend. Im Sekundentakt erhellen Blitze den Raum, der Donner klingt wie Geschützfeuer. Der ganze Himmel befindet sich im Kriegszustand. Eigentlich wollte ich noch irgendwo ein Bier trinken, von einem warmen Abendessen ganz zu schweigen. Aber da draußen gerade die Welt untergeht, gibt es Knüppelsalami und Schokolade. Die Spanier begnügen sich mit einer Tüte Chips, der Franzose geht schon mal ins Bad. Einzig der Ire wagt sich trotz des Wolkenbruchs nach draußen.

Nach dem Essen stelle ich mich unter das Vordach und rauche. Schließlich höre ich ein lautes Patschen. Zwei gekrümmte, in Ponchos gehüllte, Gestalten nähern sich mir. Wahrscheinlich hat das Arbeitsamt meine Flucht bemerkt und die Feldjäger auf mich angesetzt. Meine Hand greift nach einer klobigen Eisenstange, die an der Hauswand lehnt. Die vermeintlichen Schergen vom Arbeitsamt entpuppen sich schließlich die zwei abtrünnigen Engländer. Scheinbar haben sie ihren verwegenen Plan aufgegeben, die Pyrenäen bei dieser Sintflut zu überqueren. Wir teilen uns zu dritt in ihre letzte Dose Bier, dann ziehen wir uns zurück. Vor dem Schlafengehen spannen die Engländer noch eine Leine quer im Raum, um die klatschnassen Ponchos zu trocknen. Danach verkriecht sich jeder in seinen Schlafsack. Als das Licht aus ist, geht es gleich wieder an.

Der Ire rumpelt in den Raum. Dem Geruch nach zu urteilen, hat er ein ganzes Fass Bier getrunken. Damit ist die WG vollzählig. So endet der Prolog meiner Reise. Morgen beginnt ganz offiziell der Jakobsweg. Fünf Wochen bleiben, um meinem Schicksal eine Wendung zu geben – oder zumindest einen kleinen Schubser. Eine Weile lausche ich dem Regen, bis die Engländer ihn mit ihrem knarrenden Geschnarche übertönen - ein Geräusch, an das ich mich noch gewöhnen sollte.

3 Von echten und falschen Bären

An meinem ersten Wandertag erwache ich unter einem Tisch. Noch verwunderlicher ist die Tatsache, dass die Isomatte zwei Meter neben mir liegt. Auch meine Schuhe sind schon mal losgelaufen: Einer liegt am Kopfende, der andere steht auf einem Stuhl. Und wie die Zahnbürste in meinen Schlafsack kommt, kann ich mir auch nicht erklären. Immerhin habe ich noch meine Unterhose an. Bis auf den dösenden Franzosen unterm Nachbartisch sind alle verschwunden. Im Nebenraum höre ich bereits das Röhren eines Staubsaugers. Es ist kurz vor sieben – also für mich noch mitten in der Nacht.

Auf allen vieren krieche ich unter meinem Verschlag hervor. Das Aufrichten ist schmerzhaft. Mein Kreuz fühlt sich an wie eine morsche Zaunlatte. Dabei habe ich noch nicht mal den Rucksack auf. Hoffentlich sind die nächsten Herbergen komfortabler.

Als ich auf der Suche nach einer Toilette ins Freie trete, überkommt mich Staunen. Der Himmel strahlt in schönstem Blau. Honiggolden liegt die Sonne auf den Dächern, die Spatzen plantschen vergnügt in der Regenrinne. Einzig die ententeichgroßen Pfützen bezeugen, dass es gestern hier ein Unwetter gab. Der Anblick eines nicht angeleinten Hundes treibt mich zurück ins Haus.

Nachdem der Rucksack gepackt ist, werfe ich ein paar Euros in den Spendenkasten am Ausgang und gebe die Isomatte zurück. Dann überprüfe ich noch einmal, ob das Schuhwerk sitzt. Meine Treter haben gerade mal dreißig Euro gekostet. Mehr hat das verbliebene Bafög leider nicht hergegeben.

Hoffentlich halten sie die nächsten achthundert Kilometer durch – und ich auch. Nun kann es also losgehen. Fragt sich nur wo. Es ist gar nicht so leicht sich in den verschachtelten Gassen von Saint-Jean-Pied-de-Port zu orientieren. Meine Hand greift in die Hosentasche.

Darf ich vorstellen: Rother. Mein wichtigster Ratgeber für unterwegs. Das handliche Buch enthält neben Wegbeschreibungen und Streckeninfos auch sehr nützliches Kartenmaterial. Genau das, was ich jetzt brauche. Ich blättere mich zur heutigen Etappe durch.

Knapp 25 Kilometer sind es bis zum Tagesziel Roncesvalles. Eine Gehzeit von 7,5 Stunden wird veranschlagt. Ich denke, das schaffe ich deutlich schneller. Die grafische Darstellung des Streckenprofils flößt allerdings Respekt ein: Es geht bis auf 1430 Meter hinauf. In solchen Höhen hält sich die Natur an keinen Wetterbericht. Man kann bei strahlendem Sonnenschein loslaufen und sich drei Stunden später in einem Orkan mit über 120 km/h Windgeschwindigkeit wiederfinden, im schlimmsten Fall in einer Felsspalte. Zudem kann es in den Pyrenäen auch im Mai noch zu Schneefällen kommen. Aufgrund dieser Extreme darf der Pilger zwischen zwei Wegvarianten entscheiden: Die *route napoléon* führt über die höheren Pässe, was bei genannten Bedingungen nicht ganz ungefährlich ist. Dafür sind grandiose Bergpanoramen garantiert. Mit etwas Glück kann man die seltenen Steinböcke antreffen. Mit etwas Pech, die noch selteneren Braunbären. Die Alternativroute über Valcarlos verläuft weiter unten. Dieser Weg ist befestigt und gilt als weniger spektakulär. Dafür werden einige Ortschaften und somit auch Verpflegungsstellen passiert. Die Entscheidung fällt mir leicht: Ich will die Steinböcke! Vorher gibt es aber ein kurzes Frühstück bestehend aus Limo, Knüppelsalami und Schokolade. Danach wird noch eine geraucht und schon ist ein neuer Tag ein neuer Freund.

Kaum habe ich Saint-Jean-Pied-de-Port verlassen, steigt die Straße steil an. Zerzauste Brombeersträucher und rustikale Weidezäune flankieren meinen Weg. Dahinter breiten sich saftiggrüne Almen mit verstreuten Höfen aus. Fehlt nur noch, dass Heidi mit einem Krug Milch den Hang hinabgestolpert kommt. Wobei mir ein Radler lieber wäre. Inzwischen wird es nämlich zunehmend wärmer, um nicht zu sagen heiß. Nach zehn Minuten bin ich klatschnass.

Schließlich ist es soweit. Ich sehe Rucksäcke vor mir. Die erste Nachhut von Pilgern ist eingeholt. Es handelt sich um ein Rudel Bayern. Meine gute Laune trübt sich augenblicklich ein. Eigentlich wollte ich ja von Deutschland weder etwas hören noch sehen. Und jetzt das! Zu allem Übel diskutiert die Gruppe auch noch akademische Themen. Ich schiebe die Daumen unter die Riemen, lege einen Schritt zu und überhole die Bayern. Einer jodelt mir tatsächlich ein „Grüß Gott" hinterher. Nochmal und er kann seine Botschaft persönlich überbringen.

Die kurze Begegnung hat Folgen: Ich fange an nachzudenken. Neben Essen, Laufen und Schlafen, die häufigste Beschäftigung auf dem Jakobsweg. Keine Ahnung, wie es nach Santiago weitergehen soll. Der Haftbefehl vom Arbeitsamt ist ja bereits heraus. Ich sehe mich schon mit Kopfhörern und rosa Poloshirt im Callcenter Werbefahrten verticken. Hoffentlich bringt mir der Camino Erleuchtung, ansonsten sieht die Zukunft ziemlich finster aus.

Im Schatten eines Baumes mache ich kurz Rast. Noch einige Kilometer, dann ist Spanien erreicht. Für einen Ossi stellt eine Grenzüberquerung noch immer ein echtes Highlight dar. Hinter mir höre ich Stimmen. Die Bayern holen auf. Höchste Zeit weiterzulaufen.

Auf meiner Flucht kommt mir eine Herde Schafe entgegen. Wie ein paar Halbstarke beanspruchen sie die ganze Straße für sich. Ihnen folgt ein Bauer im Unterhemd, der paffend auf einem Moped sitzt. Durch systematisches Hupen dirigiert er die Herde zielsicher ins Tal hinab. Direkt vor mir teilt sich der wollige Strom. Blökend und meckernd fließen die Schafe vorüber. Einige davon versuchen nach meinen baumelnden Rucksackriemen zu schnappen. Sofort ertönt scharf die Hupe. Als der Bauer vorbeiknattert, zeigt er mir anerkennend den ausgestreckten Daumen.

Nach gut zwei Stunden wartet auf 650 Metern Höhe eine erste (und einzige) Einkehrmöglichkeit für heute. Rein äußerlich erinnert die Auberge Orisson an Skihütten in den Alpen. Auch die Kundschaft auf der Terrasse wirkt reichlich dekadent. Blonde Frauen mit beschleiften Schoßhündchen, halten die Dekolletés in die Sonne, während die Männer mit ihren verspiegelten Sonnenbrillen alle wie George Clooney aussehen. Weil man die Preise den Höhenmetern angepasst hat, verzichte ich auf eine Mittagspause. Immerhin kann ich so meinen Vorsprung auf die Bayern vergrößern.

Der weitere Weg führt nun steil bergauf. Allmählich verhärtet sich die Landschaft: Die grasigen Hügel werden zunehmend kantiger, erste Felsformationen zeichnen sich ab. Auf 1095 Metern wartet die Vierge de Biakorri. Die Marienstatue steht mitten auf einem zerklüfteten Felsen und soll über die vorbeiziehenden Pilger wachen. Mein Rother informiert mich zudem darüber, dass es im Mittelalter hier oben ein Pilgerhospital gab. Auch die Ruinen vom Château Pignon sollen sich ganz in der Nähe befinden. Ein Imbisswagen wäre mir lieber.

Nach fast vier Stunden ist gerade mal ein Drittel der heutigen Etappe geschafft. Ich habe Hunger, ich habe Durst und meine Lunge hängt mir in den Kniekehlen. Auf einer kleinen Asphaltstraße geht es nun weiter hinauf. Allmählich schwindet mein Wasservorrat. Auch die Salami ist fast alle. Jetzt weiß ich, wie das mit den 7,5 Stunden Gehzeit gemeint ist. Da ist die nachlassende Laufbereitschaft schon mit eingerechnet. Aber ich wollte es ja so.

Nach ein paar Kilometern wird die Straße verlassen und es geht auf einem Trampelpfad weiter. Am Wegesrand entdecke ich ein Steinkreuz mit allerlei Hinterlassenschaft anderer Pilger. Wenn es weiter so bergauf geht, bin ich bald eine davon. Inzwischen trübt sich der Himmel ein. Nebel zieht auf. Es wird merklich kühler.

Schließlich ist der Col de Bentarte erklommen. Jener Pass befindet sich auf stattlichen 1344 Metern. Vor Stolz übersehe ich fast die rettende Wasserquelle. Es ist Liebe auf den ersten Tropfen! Hastig fülle ich meine zerdrückte Flasche auf, trinke sie aus und halte sie erneut unter den Hahn. Bei der Quelle handelt es sich übrigens um den Rolandsbrunnen, benannt nach einem Befehlshaber vom Heere Karls des Großen.

An diesem geschichtsträchtigen Wegpunkt kann ich nicht nur meinen Durst stillen, sondern lerne auch einen Amerikaner kennen. Jake kommt aus Alabama – genau wie Forest Gump. Rein äußerlich haben die beiden aber wenig gemein. Während der berühmte Filmheld einen Kasernenschnitt bevorzugt, sprudeln aus Jakes Kopf rötlich-quirlige Locken. Das Ganze hat etwas von einem überkochenden Topf. (Im Laufe der Reise sollte ich immer wieder neue Umschreibungen für die Haartracht meines Freundes finden. Möge er mir verzeihen.) Aber auch die Requisiten stimmen: Mit dem Holzstab und dem Pfeifchen im Mundwinkel verströmt Jake fast schon etwas Biblisches. Gleich fragt er mich die Zehn Gebote ab. Weil ich nach wenigen Minuten seinen Namen schon wieder vergessen habe, rede ich ihn mit Forest an. Und Forest sollte er ab sofort bleiben.

Wir unterhalten uns ein wenig über das gestrige Unwetter und lästern über die Promitouristen in Orisson. Anfangs habe ich mit der Dechiffrierung von Forests Südstaatenakzent so meine Probleme. Netterweise schaltet er bald auf ein klares Schulenglisch um. Zum Dank bekommt er das letzte Stück Salami. Wir setzen den Weg gemeinsam fort.

Im Übrigen befinden wir uns jetzt offiziell in Spanien. Hier lernen wir einen neuen Freund kennen: den gelben Pfeil. Man findet ihn auf Steinen, Baumstämmen, Hauswänden und Laternen. Manchmal ist er auch mitten auf die Straße gemalt. Der gelbe Pfeil ist zweifellos das Markenzeichen des Caminos. Da kann selbst die Mareile vom heimischen Rennsteig nicht mithalten. (Für alle Nicht-Thüringer: Die Mareile ist ein weißes R, das den Höhenwanderweg in Thüringen markiert.) Früher dienten gewöhnlich Jakobsmuscheln als Wegweiser. Doch dazu an passender Stelle mehr. Fest steht: Der gelbe Pfeil wird mir den Weg bis nach Santiago weisen – falls ich jemals dort ankomme. Nach einer kurzen Tabakpause geht es weiter hinauf. Nach ein paar hundert Metern vernehmen wir plötzlich ein Geräusch vor uns im Nebel. Forest und ich werden langsamer. Schließlich bleiben wir stehen und lauschen. Da ist es wieder! Ein feuchtes Schnaufen. Scheinbar haben wir tatsächlich einen der wenigen Braunbären aufgeschreckt. Zur Beruhigung zünde ich mir eine neue Zigarette an. Forest strafft den Körper und umfasst seinen Holzstab fester. In seinen Augen glüht eine grimmige Entschlossenheit. Vielleicht bin ich ja gleich meine Bafögschulden los.

Wir kommen dem Schnaufen immer näher. Vor uns zeichnet sich eine massige Silhouette ab. Noch ein paar Meter, dann sehen wir ihn: den Bären - den … Teddybären! Bei der Gestalt vor uns handelt es sich nicht um Meister Petz, sondern schlichtweg um einen Pilger mit ziemlich großem Rucksack. Und an dessen Seite baumelt ein kleiner Plüschteddy. Das Schnaufen des Eigentümers ist trotzdem bedrohlich. Wir halten erstmal einen Sicherheitsabstand ein.

Auf dem Col de Lepolder, den mit 1430 Metern höchsten Punkt der heutigen Etappe, lichtet sich der Nebel etwas. Jetzt trauen wir uns den vermeintlichen Braunbären anzusprechen. Statt zu antworten, schmeißt er seinen wuchtigen Rucksack vor uns zu Boden. Es folgen ein paar extra tiefe Schnaufer. Vielleicht wäre der Braunbär doch besser gewesen.

Flint kommt aus Neuseeland und gehört zu den Menschen, die immer böse aussehen – obwohl sie gar nicht böse sind. Schon erstaunlich wie die Mimik im Laufe eines Lebens aushärten kann. Während er seine Biografie um ein paar Punkte ergänzt, massiert seine Hand das linke Knie. Vermutlich hat er Schmerzen. Das würde den durchgeladenen

Gesichtsausdruck erklären. Eigentlich wollte ich ja fragen, was es mit dem Teddybären auf sich hat. Aber vielleicht doch lieber später.

Forest kramt derweil sein GPS-Gerät hervor. Per Satellitenübertragung kann er so seinen gesamten Weg aufzeichnen und ihn später Lieutenant Dan oder seiner Jenny zeigen, insofern es denn eine gibt.

Nachdem wir uns etwas ausgeruht haben, geht es durch dichten Wald steil bergab. Hier macht sich dann doch der gestrige Guss bemerkbar. Der aufgeweichte Boden gleicht einer Wildschweinsuhle. Schritt für Schritt rutschen wir blätterraschelnd und ästebrechend den Hang hinab. Und dann ist auf einmal der Weg verschwunden! Wir bleiben stehen. Jeder blättert in seinem Reiseführer. Wir finden alle dasselbe: nämlich nichts. Da sind wir wohl irgendwo falsch abgebogen. Plötzlich raschelt es hinter uns in den Büschen. Wir zucken zusammen.

Wieder kein Bär. Stattdessen tritt eine Pilgerin aus dem Gestrüpp. So machen wir die Bekanntschaft von Leona aus Brasilien. Zu unserer Überraschung versteht Flint ein bisschen Portugiesisch. Wie sich bald herausstellt, hat sich auch die Dame vom Zuckerhut verlaufen. Nach kurzer Beratung schlagen wir eine Route quer durch die Büsche ein. Wir lassen Leona absichtlich den Vortritt, damit wir ihr ein bisschen auf den Hintern starren können. Hier hat der liebe Gott beim Schöpfungsakt wortwörtlich etwas „aufgerundet".

Nach ein paar hundert Metern, brechen wir zerkratzt und verdreckt aus dem Unterholz. Vor uns in der Abendsonne strahlt ein idyllisches Dörfchen. Das Etappenziel ist erreicht! Roncesvalles (Baskisch: Orreaga) hatte damals vor allem kriegsstrategische Bedeutung. Karl der Große nutze den Übergang über die Pyrenäen für seinen großen Spanienfeldzug. Im Jahre 778 gab es dabei ordentlich was auf die Mütze. Eine Nachhut Karls wurde einst hier von den Basken platt gemacht, die sich für die Zerstörung von Pamplona rächen wollten. Manch historische Quelle schiebt aber auch den Mauren den schwarzen Peter zu. Am Ende kam jedenfalls das Rolandslied dabei raus. Hauptattraktion von Roncesvalles ist die 1130 gegründete Augustinerabtei. Das Kloster war früher ein wichtiger Anlaufpunkt für Pilger aus aller Welt, nicht zuletzt wegen der üppigen Essensrationen. Hoffentlich ist das heute auch noch so. Auch die Stiftskirche Colegiata de Santa Maria ist einen Besuch wert – aber heute nicht mehr. Ich fühle mich, als hätte ich selbst an einem Feldzug teilgenommen.

Kurz darauf treffen wir an unserer Unterkunft ein. Bei dem altertümlichen Bau handelt es sich um ein ehemaliges Pilgerhospiz. Am Einlass begrüßt uns ein Geistlicher in perfektem Englisch. Mit fünf Euro ist die Übernachtung erstaunlich günstig. Nachdem der Check-in durchlaufen ist, gibt es den nächsten Stempel ins Heftchen. Dann werde ich in meine erste echte Herberge geführt. Ein Paradies für jeden Soziologen.

Auf engstem Raum wird hier gemeinsam geschlafen, geduscht – und vor allem geschnarcht. Augustinerabtei und Stiftskirche hin oder her - die größte Sehenswürdigkeit von Roncesvalles ist dieser Schlafsaal. Über hundert Pilger finden hier Platz. Das Fundament bilden massive Steinwände, die zu einem hohen Spitzbogengewölbe zulaufen. Auch die niedrigen Deckenlampen in Heiligenscheinform verströmen mittelalterliches Flair. Die Welt darunter ist aber eine ganz andere. Ich muss unweigerlich an eine Kaserne aus amerikanischen Soldatenfilmen denken: Drei Reihen gestählter Doppelstockbetten, jede fast hundert Meter lang. Handtücher und Socken hängen über dem Gestänge. Überall klappert, knistert, raschelt und klimpert es. Ausgeweidete Rucksäcke lehnen schlaff an den Bettpfosten, sämtliche Matratzen sind mit Schlafsäcken, Kleiderhaufen und erschöpften Pilgern belegt.

Der Geistliche bittet mich die Schuhe auszuziehen und sie in eines der Regale zu stellen. Dann geleitet er mich zu meinem Doppelstockbett. Im Obergeschoss breite ich meinen Schlafsack aus, dann geht es zum Duschen.

Die wenigen Kabinen sind alle belegt. Überall hört man die Pilger lustvoll unter dem Wasser aufstöhnen. Nachdem ich mein Hemd ausgezogen habe und vor einen Spiegel trete, zucke ich zusammen! Auf meinen Schultern sind lauter Druckstellen und rote Striemen zu erkennen. Ich sehe aus, als käme ich gerade aus dem Sadomasokeller. Auch einer meiner Leberflecke fühlt sich irgendwie lose an.

Nach fünf Minuten ist eine Dusche frei. Auch ich stöhne unter dem Wasser auf. Dann gilt es die Dreckwäsche zu reinigen. Mit Bürste und Kernseife scheuere ich Hemd, Hose und Socken. Es dauert eine ganze Weile, bis das Wasser wieder klar ist. In Badelatschen schmatze ich nach draußen und werfe die Sachen über die Leine. Da es bereits dämmert, bezweifle ich aber, dass alles bis morgen trocken ist.

Eine Stunde später sitze ich mit Flint und Forest im Restaurant. Mein erstes Pilgermenü besteht aus Fisch und Pommes. Dazu werden eine Flasche Rotwein und eine

Karaffe Wasser gereicht. Das Essen ist mühevolle Handarbeit, denn der Fisch besteht größtenteils aus Gräten. Als ich endlich fertig bin, habe ich noch fast mehr Hunger als vorher. Flint ordert immerhin eine zweite Flasche Wein.

Als wir später den Schlafsaal betreten, ist es erstaunlich still. Die meisten Pilger haben sich bereits in ihre Schlafsäcke verkrochen, nur vereinzelt leuchten noch Stirnlampen oder Handydisplays. Mühsam erklimme ich mein Nachtlager. Dabei quietscht und wackelt das ganze Gestell bedrohlich. Ein paar Bettreihen neben mir haben die Bayern ihr Quartier bezogen. Diesmal diskutieren sie die Transferpolitik von Bayern München. Die Entfernung ist aber zu weit, um mit dem Kissen nach ihnen zu schmeißen.

Nachdem alle Schäfchen im Stall sind und keiner mehr auf Toilette oder Rauchen muss, knipst der Geistliche das Licht aus. Ich fühle ich mich wie auf Klassenfahrt. Es dauert nicht lang und die Atemzüge um mich herum werden rauer. Nach einer halben Stunde scheint der ganze Saal zu vibrieren. Bei diesem Geschnarche würden selbst die Mauren Reißaus nehmen. Da wünsche ich mir doch glatt meinen Tisch zurück.

4 Ein Hoch auf das Bocadillo

Das Rascheln einer Tüte. Neben Schnarchen, Bettenquietschen und Klospülung der häufigste Soundeffekt im Schlafsaal - und einer der nervigsten. Irgendwo raschelt es immer, weil irgendjemand immer irgendetwas sucht. Vor allem in den frühen Morgenstunden. Dabei handelt es sich um jene Pilger, die bereits mittags am nächsten Zielort eintreffen wollen. Deswegen müssen sie um vier Uhr aufstehen. Nachdem der Handywecker ausgestellt ist, werden die Stirnlampen eingeschaltet. Es folgt genanntes Tütenrascheln – und zwar minutenlang. Scheinbar haben die Frühaufsteher jeden Gegenstand einzeln verpackt. Wenn sie so weitermachen, werden sie auch gleich eingetütet – und zwar in Leichensäcke! Nach zehn Minuten sind die Lärmer endlich fertig und schleichen sich hinaus. Es kehrt wieder Ruhe ein.

Als ich zum zweiten Mal aufwache, ist der ganze Schlafsaal auf den Beinen. Überall beobachte ich dieselben Rituale: Hände, die wulstige Schlafsäcke in zu kleine Hüllen quetschen, meditatives Schuhebinden, akribische Feinjustierungen an den Hüftgurten und natürlich jede Menge Tütenrascheln. Ich richte mich auf. Doch weder Flint noch Forest sind von meinem Ausguck zu entdecken. Auch von Leona fehlt jede Spur. Wahrscheinlich sind die Drei schon unterwegs. Das Gute aber ist, dass man sich auf dem Camino immer wieder trifft - spätestens abends in der Herberge. In der Regel wählen die Pilger nämlich dieselben Tagesziele. Vielleicht hole ich meine Gefährten sogar noch vorher ein.

Kaum das ich stehe, möchte ich mich schon wieder hinlegen. Meine Beine sind so steif, als wären es Prothesen. Ich spüre jeden Muskel. So sagt der Camino Guten Morgen. Für das Anziehen der Schuhe lasse ich mir Zeit. Da darf nichts reiben oder drücken, sonst sprießen bald die ersten Blasen. Um mein Kreuz mache ich mir ebenfalls Sorgen. Einem Rücken früh halb acht so eine Gepäckbombe zuzumuten ist schon hart.

Mein heutiges Etappenziel trägt den schönen Namen Larrasoaña. Dabei könnte es sich auch um eine orientalische Prinzessin aus Tausendundeiner Nacht handeln. Die knapp 26 Kilometer bis dahin sind aber alles andere als märchenhaft. Das gezackte Höhenprofil in meinem Rother verspricht neuen Muskelkater.

Der Camino führt zunächst die Straße bergab, dann weiter durch den Wald nach Burguete (baskisch: Auritz). Dieser Ort genießt eine gewisse Prominenz, hielt sich doch hier einst Ernest Hemingway auf, als er an seinem Roman *Fiesta* schrieb. Erst jetzt fällt mir ein, dass noch meine Wäsche auf der Leine hängt. Aber wegen einem zerfledderten Hemd und ein paar Socken nochmal zurück nach Roncesvalles? Eigentlich habe ich noch genug Kleidung. Der Rucksack ist sowieso zu schwer.

Am Ortsausgang gibt es den ersten Adrenalinschub des Tages: Der Hund, der plötzlich aus dem Schatten einer Garage hervorschießt, hat die feste Absicht mich zu zerfleischen. Nur die Eisenkette um seinen Hals verhindert Schlimmeres. Ich laufe etwas schneller. Der Camino sollte noch einige Hundedates dieser Art für mich arrangieren. Einfach nur gemütlich von A nach B wandern ist nicht drin.

Hinter Burguete schlingert sich der Weg durch Wald und

Wiesen eine kleine Anhöhe hinauf. Inzwischen wird es auch deutlich wärmer. Die dünnen Wolken zerfasern nach und nach und verschwinden schließlich ganz. Oben angekommen, schmeiße ich erschöpft den Rucksack ins Gras. Dabei schrecke ich nicht nur zahlreiche Heuschrecken, sondern auch eine Pilgerin auf, die gerade ihr Geschäft verrichtet. Sie reißt ruckartig ihre Hose nach oben und sprintet hinter den nächsten Baumstamm. So lerne ich keine neuen Freunde kennen. Langsam steht mir doch der Sinn nach etwas Gesellschaft. Im Übrigen wäre es auch nicht schlecht, wenn eine der nächsten Ortschaften eine Einkaufsmöglichkeit bietet. Meine Essensvorräte sind nahezu verbraucht.

Nach einem kurzen Abstieg ist Espinal erreicht. Hier gibt es immerhin eine Bar. Durch einen schweren Vorhang trete ich ein. Viel ist nicht gerade los. Zwei Baskenopas sitzen am Tisch und rühren fast synchron in ihren Kaffeetassen. In einer Ecke über dem Tresen flimmert ein klobiger Fernseher, aus dessen Boxen Werbejingles rieseln.

Ich bestelle Milchkaffee und ein *bocadillo*. Dabei handelt es sich um ein schlichtes Baguette, wahlweise mit Käse, Schinken oder Rührei belegt. *Bocadillos* sollten künftig trotzdem meine Hauptnahrung sein. Der Wirt geht in die Küche und säbelt einige Scheiben vom Schinkenstück ab. Frischer geht's nicht.

Wenig später mache ich eine befremdliche Beobachtung: Die Baskenopas holen sich am Tresen einige eingeschweißte Kuchenstückchen. Nachdem sie die Verpackung entfernt haben, schmeißen sie sie auf den Boden – und zwar mit voller Absicht. Ich warte auf eine Rüge des Wirtes, doch nichts passiert. Tatsächlich ist es in Spanien üblich Abfälle auf den

Boden zu werfen, da am Ende sowieso gekehrt werden muss. Sieht vielleicht nicht schön aus, ist aber effektiv. Im Fernsehen läuft gerade ein Interview mit Staatschef Zapatero. Der Wirt stöhnt leise auf, nimmt die Fernbedienung und drückt sich bis zu einem Musikvideo von Shakira durch. Das gefällt auch den Opas, die kurz von ihren Tassen aufblicken.

Schließlich betreten zwei ältere Engländerinnen das Lokal. Das Wörterbuch im Anschlag nehmen sie geradewegs Kurs auf den Wirt. Nach einer kurzen, erfolglosen Unterredung werden die Damen auf mein *bocadillo* aufmerksam. *Tambien* - das wollen sie auch. Später erzählen mir die beiden Britinnen in perfektem Oxford-English die (sehr lange) Geschichte vom heiligen Jakobus. Dabei setzen sie besonders salbungsvolle Minen auf. Artig lausche ich, bis der Wirt die *bocadillos* bringt, was mir die Gelegenheit zur Flucht eröffnet.

Nach dem Frühstück fällt das Laufen erheblich leichter. Das ist auch gut so, denn der kommende Anstieg führt noch mal bis auf 922 Meter. Der Alto de Mezkiritz ist die vorletzte größere Erhebung. Danach laufen die Pyrenäen in flacheres Gelände aus. Oben wird die N135 überquert, dann verkriecht sich der Camino in einen schönen Buchenwald. Unter dem dichten Blätterdach ist es deutlich kühler. Nach einer Weile wird der Waldweg zu einer unschönen Betonpiste. Ab jetzt fegen immer wieder Radfahrer vorüber und prüfen meine Reaktionsfähigkeit. Ein paar Mal überlege ich, mit einem Stock zwischen die Speichen der Raser zu stochern und dann ihre Umdrehungen bis zum Aufschlag zu zählen.

Schließlich habe ich eine erste Nachhut von Pilgern eingeholt. Darunter sind auch zwei überlaunte Niederländer, die ihre Begleiter mit derben Scherzen drangsalieren. Einer lässt sich schon absichtlich etwas zurückfallen. Ein alter Kanadier namens Pat führt den Tross an. Wir kommen ins Gespräch. Mit schartiger Stimme erzählt er mir von den Schwarzbären, die immer die Mülltonnen vor seinem Haus umstoßen, weil sie die Abfälle riechen. Schließlich frage ich, warum er den Camino läuft. Pat sagt nur zwei Worte: Wegen Diane. Mehr kommt nicht. Doch ich bemerke, wie sein Blick für einen Moment in der Landschaft nach Halt sucht.

Wir durchlaufen die Ortschaften Gerendiain und Linzoáin. Hier gibt es einen überdachten *frontón* zu bestaunen. In dieser „Turnhalle" wird der baskische Nationalsport *pelota* betrieben. Mit einer Art Korbhandschuh wird dabei ein Lederball abwechselnd gegen eine Wand geschlagen. Das Ganze ist dem Squash nicht unähnlich. Pelota hat im Baskenland den gleichen Stellenwert wie Fußball.

Hinter Linzoáin geht es ein letztes Mal bergauf. Der Alto de Erro prüft mit seinen 801 Metern noch einmal die Kniegelenke. Mein Rother erklärt mir, dass man die Augen nach den *Pasos de Roldán* offenhalten soll. Diese länglichen Findlinge sollen angeblich dem Schrittmaß von Ritter Roland entsprechen. Immerhin an die zwei Meter. Muss ein ziemlich großer Kerl gewesen sein. Der hätte den Camino bestimmt in einer Woche geschafft. Roland ist Protagonist des „Rolandslied" (französisch: La Chanson de Roland), einem altertümlichen Versepos, das von Heldenmut, Pathos und Nationalstolz nur so trieft. Im Großen und Ganzen geht es darin um Karl den Großen, der gegen die Sarazenen auszog, die große Teile von Spanien besetzt hielten. Am Ende starb sein Vorstopper Roland im Pfeilhagel, aber der Feldzug wurde immerhin gewonnen. Auch wir sind wenig später siegreich. Der Berg ist bezwungen! Neben einem schönen Panorama-Rundblick erwartet uns auch ein Imbisswagen. Nachdem wir uns gestärkt haben, beginnt der Abstieg. Schnell stellt sich heraus, dass der Weg nach unten nicht ganz ohne ist: Klaffende Felsspalten, erodierte Gräben, Geröll und improvisierte Steinbrücken erfordern eine gewisse Trittsicherheit. Im Dauerregen ist das bestimmt kein Spaß hier. Nach einer Stunde sind wir schließlich in Zubiri.

Bekanntestes Bauwerk des Ortes ist die Puente de la Rabia. Die „Brücke der Tollwut" verfügt angeblich über besondere Kräfte. Genau dreimal sollte man erkrankte Haustiere darüber treiben, dann sind sie angeblich wieder geheilt. Im Mittelpfeiler der Brücke vermutet man nämlich heilige Reliquien. Ob es auch Menschenversuche gab, ist nicht geklärt. Passenderweise vernehme ich genau jetzt das schrille Gelächter der Holländer hinter mir. Pat meint, dass wir in die nächste Bar flüchten sollten.

Wenig später sitzen wir bei einem kalten Bier unterm Sonnenschirm. Nach und nach trudeln auch andere Pilger ein. Die meisten hinken bereits erheblich. Auch für Pat ist in Zubiri Endstation. Die alten Knochen machen sich dann doch bemerkbar. Vielleicht sollte ich auch hierbleiben. Andererseits, wenn ich weitergehe, könnte ich die morgige Etappe nach Pamplona verkürzen. Am Ende beschließe ich weiterzulaufen – auch weil die zwei Holländer sich in Zubiri einquartieren. Schweren Herzens verabschiede ich mich von Pat. Aber irgendetwas sagt mir, dass wir uns nochmal begegnen werden.

Parallel zur N135 geht es nun ins letzte Viertel des heutigen Tages. Ich durchlaufe zwei Ortschaften mit den popeligen

Namen Illaratz und Ezkirotz. Nach anderthalb Stunden ist schließlich auch Larrasoaña erreicht. Meinem Laufkonto werden 26,5 Kilometer gutgeschrieben. Im Moment ist es unvorstellbar, dass noch fast 750 dazukommen werden.

In der Herberge von Larrasoaña wartet keine orientalische Prinzessin - dafür aber Flint. Mit seiner verspiegelten Sonnenbrille, dem Goldkettchen und den Badeschlappen sieht er aus wie ein Bademeister vom städtischen Freibad. Fehlt nur noch die Trillerpfeife. Wir verabreden uns für später auf ein Bier, dann betrete ich meine zweite Unterkunft auf dem Camino. Der Unterschied zu Roncesvalles ist enorm. Im ganzen Raum herrscht das reinste Gewächshausklima, ein Gemisch aus Deo, Hirschtalkcreme und verschwitzten Socken, Sauerstoff ist nur bedingt vorhanden. Auf den Betten liegen wie aufgebahrt die Pilger. Verbundene Knöchel, Knieschoner, zugepflasterte Füße. Das reinste Lazarett. Kaum vorstellbar, dass die alle morgen weiter nach Pamplona laufen wollen. Immerhin entdecke ich auch Leona, die scheinbar kurz vor mir eingetroffen ist. Meine Füße haben die heutige Etappe ganz gut verkraftet. Ein paar Rötungen und Druckstellen. Mehr nicht. Meinen Rücken hingegen versuche ich mir nicht vorzustellen.

Eine halbe Stunde später stehe ich, mit einem Klumpen nasser Sachen unterm Arm, vor den Wäscheleinen. Viel Platz ist nicht mehr. Zwischen einigen Unterhosen entdecke ich schließlich auch Forest. Ich wusste es gibt ein Wiedersehen!

Nachdem die Pflichten erledigt sind, wird zum angenehmen Teil des Tages übergegangen. Zu dritt sitzen wir auf unseren Plastikstühlen im Hof. Forest pafft sein Pfeifchen, ich rauche meine Zigarette und Flint versucht einfach nur möglichst böse auszusehen. Über unseren Köpfen pfeifen die Mauersegler. Wir sitzen einfach nur da und schauen. Vor uns trippelt Leona in Hotpants durch das Gras und hängt ihre Unterwäsche auf. Das ist einer dieser perfekten Momente, wo nichts fehlt. Außer vielleicht jemand, der uns neues Bier holt - denn aufstehen will jetzt keiner.

5 Die Stadt der Stiere

Es heißt ja, der dritte Wandertag sei immer der Schlimmste. Wahrscheinlich gilt das auch für die Nächte. Es wurde so heftig geschnarcht, dass ich ernsthaft in Erwägung zog in den Waschraum umzuziehen. Schließlich habe ich Zellstofftaschentücher genommen, sie in Streifen gerissen und daraus kleine Kugeln geformt, um mir damit die Ohren zu verschließen. Doch die Geräusche wurden nicht leiser, sondern klangen einfach nur anders. Gegen drei Uhr bastelte ich mir aus Kissen und Spanngurt eine Art Helm. Das half zwar etwas, aber dafür habe ich jetzt einen steifen Hals. Irgendwo muss ich unbedingt Ohropax kaufen - oder mehr Alkohol trinken. Noch so eine Nacht halte ich nicht durch.

Ich drücke die Zigarette aus und stecke sie in die Brusttasche meines Hemdes, da kein Mülleimer in Sichtweite ist. Dann mache ich mich auf den Weg nach Pamplona, dem heutigen Etappenziel. Was mir unterwegs wiederholt auffällt, ist die Freundlichkeit der Einheimischen. Ein kurzes Nicken, eine zum Gruß erhobene Hand oder einfach nur ein Lächeln - als würde man sich schon jahrelang kennen. Da kann sich Deutschland mal eine dicke Scheibe von abschneiden.

Irgendwann erreiche ich eine mittelalterliche Brücke. Die Szenerie ist wie gemacht für die Liebesszene eines Ritterfilms. Die Magd ist schon da. Am Ufer sitzt eine Frau auf ihrem ausgerollten Schlafsack und massiert sich die Füße. Um sie herum verstreut liegen verschiedene Salben und Unmengen von Heftpflaster. Als ich die Kamera anlege, blinkt leider die Batterieanzeige. Auch in meinen Schuhen rumort es. Die

Vorwehen der ersten Blase. Der Geburtsvorgang wird aber hoffentlich noch nicht eingeleitet.

Es dauert nicht lange und Trinidad de Arre ist erreicht, ein erster Türsteher der Urbanität. Der Nachbarort Villava darf sich damit brüsten einen der besten Radfahrer der Welt hervorgebracht zu haben: Miguel Indurain hat fünf Mal die Tour de France gewonnen.

Entlang der Hauptstraße geht es weiter nach Burlada, einem industriegestählten Vorort, den man am besten schnell durchläuft. Danach wird es aber besser. Entlang schöner Schrebergärten, hinter deren Hecken Schaukeln quietschen und Rasenmäher knurren, führt der Camino nun zielstrebig nach Pamplona hinein. Bald ist auch der Rio Arga erreicht. Auch wenn die Versuchung groß ist, ich widerstehe einem Mittagsschläfchen am Flussufer. Ich will jetzt ankommen. Weiter geht es über eine Steinbrücke, die Puente de la Magdalena und schließlich durch den alten Befestigungsgraben ins historische Zentrum.

Die Legende erzählt, dass Karl der Große Pamplona mehrere Monate erfolglos belagerte. Also betete er zum lieben Jakobus und prompt stürzten die Mauern ein. Da hätte er ruhig auch mal nach Ostberlin kommen können. Eine andere Geschichte besagt, dass sich französische Belagerer einst eine Schneeballschlacht mit dem Wachpersonal auf den Mauern der Zitadelle lieferten. Die Wachmänner waren davon anscheinend so begeistert, dass sie ihre Posten vernachlässigten und die Stellung im Nu eingenommen war. Kaum zu glauben. Genauso wie die Tatsache, dass hier einmal Schnee gelegen haben soll. Die Hitze ist nämlich kaum zu ertragen. Wenn ich jetzt eine meiner verschwitzten Socken über die Mauer schmeiße, könnte ich bestimmt auch Pamplona einnehmen.

Allmählich ändert sich die Ausschilderung des Weges. Die gelben Pfeile befinden sich jetzt nicht mehr auf Schildern oder Steinblöcken, sondern vornehmlich an Hausfassaden oder sind direkt auf die Straße gesprüht. Das Ordnungsamt in Deutschland hätte hier schon ein Millionenbußgeld verhängt.

Nach einem ausgedehnten Kaffeestopp werden die letzten Kilometer in Angriff genommen. Mein Rother rät mir eine der Herbergen außerhalb Pamplonas aufzusuchen, da die städtischen Unterkünfte in der Regel von Frühausreißern besetzt sind bzw. von Pilgern, die ihren Jakobsweg erst hier beginnen. Also weiter.

Die schattigen Gassen münden immer wieder in helle ausladende Plätze. Ich versuche mir vorzustellen, wie es hier während der *sanfermines* zugeht.

Die Feierlichkeiten zu Ehren des heiligen Firmin werden jährlich vom 6. bis 14. Juli abgehalten - übrigens seit 1591. Alles beginnt mit einer Prozession. Der Marsch führt von der Kapelle San Lorenzo über die Kirche San Cernín hin zum Dom und wieder zurück zur Kapelle. Bei dem Umzug werden übrigens *gigantes*, große Figuren aus Pappmaché, mitgeführt, um so richtig Eindruck zu schinden. Während der gesamten Veranstaltung gibt es einen strengen Dresscode, bestehend aus weißer Kleidung und rotem Halstuch. Maximal eine Baskenmütze ist noch drin.

Höhepunkt sind natürlich die *encierros*, die Stierläufe. Wer sich auf die Hörner nehmen lassen möchte, sollte sich um 8.00 Uhr in der Innenstadt einfinden. Die Teilnehmer kommen inzwischen aus aller Welt. Ernest Hemingway hat mit seinem

Roman *Fiesta* ja beste Werbung für diesen „Volkssport" betrieben. Ein paar grobe Regeln gibt es auch: Man darf nicht stehen bleiben und nicht rückwärtslaufen. Schwangeren Frauen und Kindern ist die Teilnahme untersagt. Wer sich den nötigen Mut oder Wahnsinn erst ansaufen muss, sollte das nicht zu sehr raushängen lassen. Alkoholisierte *mozos* (Läufer) werden von der Polizei umgehend selektiert. Wobei ich sagen muss, dass man sich kaum im nüchternen Zustand zum Stierhaschen breitschlagen lässt. Neben einer gehörigen Portion Selbstüberschätzung, sollte der Läufer auch eine gewisse körperliche Ausdauer mitbringen. Immerhin gilt es 825 Meter zu sprinten. Und die bis zu 700 Kilogramm schweren Bullen sind nicht gerade langsam. Übrigens nehmen auch Ochsen an dem Treiben teil. Diese sollen zögerliche oder zurückgebliebene Stiere wieder in Richtung der zu durchbohrenden Hintern treiben. Jedes Jahr gibt es zahlreiche Schwerverletzte. Kastration, zertrampelte Rippen und gebrochene Gliedmaßen zählen zu den häufigsten Diagnosen. Seit 1924 wurden 15 Tote gemeldet. Sollte einer der Stiere übrigens ausscheren, darf man sich nur mit einer zusammengerollten Zeitung zu Wehr setzen. Das dürfte die Gehörnten allerdings nur zu noch mehr Brutalität anstacheln.

Die Tradition der Stierläufe führt auf einen alten Brauch der Viehmärkte zurück. Damals trieben die Metzger das künftige Schlachtvieh durch die Gassen. Nach den *encierros* wird der Spieß wortwörtlich umgedreht. Die Bullen werden am Abend in der Stierkampfarena blutig niedergemetzelt, was bis heute für berechtigte Empörung sorgt.

Wer seinen Besuch weniger reißerisch bestreiten möchte, dem sei eine Stadtführung ans Herz gelegt. In Sachen

Bauwerke besticht vor allem das Rathaus der Stadt. Auf so einem prunkvollen Balkon lässt man sich bestimmt gerne feiern oder ausbuhen. Auch die Kathedrale Santa Maria la Real ist einen Besuch wert.

Die schönste Sehenswürdigkeit von Pamplona wartet an einer Ampel: eine junge Frau mit Fahrrad, auf dem Gepäckträger einen geflochtenen Korb mit rotwangigen Äpfeln – ein Bild wie aus einer französischen Eiscremewerbung. Man sagt ja, wenn man einer Person lange genug auf den Hinterkopf starrt, dreht sie sich irgendwann herum. (Ich starre auf den Hintern. Es funktioniert trotzdem.) Für einen Moment begegnen sich unsere Blicke und ich wünsche, dass es niemals grün wird. Die Fahrradelfe reicht mir einen Apfel aus ihrem Körbchen und zwinkert mir zu. Die folgenden Sekunden verbringe ich wie in Trance, bis mich die Fußgänger auf die Straße schubsen.

Schließlich holt mich die harte Realität ein. Meine Blase meldet sich zu Wort. Es ist furchtbar inmitten einer Großstadt pinkeln zu müssen. Meine Augen suchen die Umgebung nach Grünflächen ab, doch außer menschenvoller Bürgersteige und achtstöckiger Wohnblocks entdecke ich nichts. Mit fortwährendem Druck im Unterleib merke ich, wie meine Hemmschwelle gefährlich sinkt. Vielleicht sollte ich mich einfach vor einen hüfthohen Postkasten stellen. Die Lage ist ernst. Auch für die Briefe. Im wirklich letzten Moment entdecke ich einen krausen Busch. Gerettet!Nachdem ich mich erleichtert habe, fällt mir auf, dass die gelben Pfeile verschwunden sind. Na so was.

Wie es aussieht, habe ich mich auf meiner Toilettenodyssee verlaufen. Auf der erstbesten Bank setze ich den Rucksack ab und esse meinen Apfel. Schließlich leistet mir eine Oma Gesellschaft. In grammatikalisch desaströsen Spanisch frage ich sie nach dem Weg. Statt einer klaren Antwort, erzählt sie mir mal eben ihr ganzes Leben. Man kann das Mündungsfeuer förmlich zwischen ihren Lippen aufflackern sehen. Nachdem die Magazine entleert sind, schickt mich ihr ausgestreckter Krückstock zwei Querstraßen weiter. Und tatsächlich, auf dem Pflaster entdecke ich eine eingelassene Jakobsmuschel. Da ist er wieder, der Camino!

Irgendwann weichen die Häuser zurück, die Stadt weitet sich. Inzwischen macht sich eine leichte Verkrampfung in meinem Bauch bemerkbar. Ein Apfel über den ganzen Tag ist dann doch nicht genug. Die letzten Kilometer ziehen sich in die Länge. Auf dem offenen Gelände heizt mir die Sonne noch einmal tüchtig ein. Immerhin kann ich meine heutige Bleibe schon sehen.

Cizur Menor liegt auf einer kleinen Anhöhe vor der Stadt. Ich freue mich auf ein kaltes Bier und ein Nickerchen. Die Herberge ist schnell gefunden. Der Hospitalero lässt mich allerdings zehn Minuten warten, ehe er mir mitteilt, dass alles belegt ist. Also schleppe ich mich weiter die Straße hinauf. Ein paar fette Katzen, die unter einem verbeulten Müllcontainer faulenzen, gähnen mir gelangweilt zu. Immerhin keine Hunde. Dann ist die Unterkunft endlich erreicht!

Im Gegensatz zu den vorangegangenen Herbergen macht sich diese durch gehobenen Komfort bemerkbar. Getränke- und Snackautomat sind vorhanden. Auch der große Garten gefällt mir. Ich gehe duschen und mache mich dann in Badelatschen noch einmal auf den langen Weg in die Stadt.

Für morgen muss dringend neue Marschverpflegung besorgt werden. Das hätte mir auch ruhig eher einfallen können.

Zurück in der Herberge laden mich ein paar Italiener zum gemeinsamen Nudelessen ein. Bevor ich antworten kann, habe ich schon einen Teller und ein Glas Wein in den Händen. Insgesamt sind wir zehn Leute. An der Tafel lerne ich zwei nette ältere Herrschaften kennen. Philip und Wout kommen aus Belgien und sind frisch pensioniert. In ihrer hellen Kleidung sehen sie fast wie Safaritouristen aus. Vielleicht wollen sie aber auch beim Stierlaufen mitmachen. Ihr Deutsch ist eindeutig besser als meins. Eine längere Konversation kommt aber nicht zustande, denn immer wieder kracht das Gelächter der Italiener in unsere Unterredung.

Nach dem Essen folgt die nächste Einladung. Diesmal zum Volleyball. Zwar haben wir kein Netz, dafür aber eine lange Wäscheleine. Zum besseren Kennenlernen sagt jeder, der mit Schlagen an der Reihe ist, seinen Namen und den seines Zuspielpartners. Auch wenn ich den Ball regelmäßig gegen den Snackautomaten fauste - ich lerne eine Menge Leute kennen. Bis zum Sonnenuntergang sind wir wieder Kinder. Keine Uhr oder Verpflichtung ruft uns heim. Der dritte Wandertag ist immer der schönste.

6 Oh wie schön ist Iowa

Eigentlich habe ich keine Lust aufzustehen, aber ich muss – weil ich mal muss. Der Sanitärblock befindet sich nicht im Schlafbungalow, sondern in einem angrenzenden Nebengebäude. Eigentlich auch gut so. Es gibt bestimmt Schöneres, als mitten in der Nacht von Furzfanfaren geweckt zu werden. Vorsichtig steige ich die Leiter hinunter und taste mich dann von Bettgestell zu Bettgestell bis zur Türklinke.

Auf halbem Weg zur Toilette bleibe ich stehen. Da war doch irgendwas? Täusche ich mich, oder höre ich da ein leises Schluchzen? Auf Zehenspitzen schleiche ich durch den Garten und gehe hinter einem Busch in Deckung.

Tatsächlich. Auf der Wiese zwischen den Wäscheleinen sehe ich eine dunkle Gestalt. Jemand sitzt dort und weint. Im Prinzip nichts Ungewöhnliches. Es wird ja behauptet, dass jeder Pilger mindestens einmal auf dem Camino weint - ob er nun will oder nicht. Ich lausche dem Schluchzen und überlege von drinnen zwei Zigaretten zu holen. Andererseits, wahrscheinlich sitzt die Person hier draußen, weil sie einfach allein sein will. Ohnehin komme ich mir hinter meinem Busch wie ein Spanner vor. Das Gefühlsleben anderer geht mich eigentlich gar nichts an. Eigentlich wollte ich ja auch nur auf Toilette. Inzwischen sogar recht dringend. Als ich fertig bin, ist die weinende Gestalt verschwunden. Die Nacht gehört wieder den Grillen.

Ein paar Stunden später sitze ich mit einem Kaffee auf den Treppenstufen. Überall wird gepackt, geschnürt, gecremt und geschnattert. Mein Rother schlägt heute Obanos als Ziel vor.

Knapp 16 Kilometer. Das erscheint mir doch etwas wenig. Also beschließe ich bis zur nächsten Ortschaft Puente la Reina zu laufen. Der Name klingt auch einfach schöner. Im Gegensatz zu den letzten Tagen trägt sich der Rucksack inzwischen etwas angenehmer. Scheinbar haben wir zwei uns so langsam aneinander gewöhnt. Freunde sind wir deswegen aber noch lange nicht.

Es dauert eine Weile, bis ich den Camino wiederfinde. Kein Wunder, denn in Cizur Menor sehen nämlich alle Häuser gleich aus. Wenn man nachts angetrunken aus der Stadt zurückkommt, steigt man bestimmt gelegentlich zur falschen Frau ins Bett. Am Ende folge ich einfach wieder den Rucksäcken.

Hinter Cizur Menor geht es ein Stück auf der Straße entlang. Dann zweigt der Camino nach links in die Felder ab. Das Gelände steigt merklich an. Vor mir erhebt sich ein Bergkamm voller Windräder. Das müsste dann der Alto del Perdon, der „Berg der Läuterung", sein. Da geht es nachher noch hinauf. Vorher wird aber die traurigschöne Burgruine des Grafen von Guendulain passiert, die zugewachsen auf einem Hügel schlummert. Die dazugehörige Ortschaft ist heute verlassen. Hinter Zariquiegui wird es ernst für die Wadenmuskulatur. Der Camino verengt sich zu einem holprigen Pfad und windet sich fortan zwischen Geröll und Ginsterbüschen den Hang hinauf. Mein Rother verbucht den Anstieg als mäßig anstrengend. Ich bin da anderer Meinung, aber vielleicht liegt das daran, dass ich während des Laufens eine Zigarette rauche.

Mit zunehmender Höhe wird es kühler und windiger. Nebel zieht auf. Trotz der körperlichen Anstrengung mache ich immer mehr Plätze gut. Ich passiere schwitzende Engländer, schnaufende Franzosen und röchelnde Spanier. Nur die Deutschen wollen sich partout nicht überholen lassen. Schließlich zeichnen sich im Dunst die schemenhaften Silhouetten der Windkraftanlagen ab. Rotierendes Rauschen erfüllt die Luft. Ich schiebe die Daumen unter die Träger meines Rucksackes und nehme die letzten Höhenmeter in Angriff. Wenig später ist der Alto del Perdon bezwungen.

Auf dem Gipfelplateau herrscht ein Treiben wie auf der Aussichtsplattform vom Eiffelturm. Überall wuseln Pilger herum und drängen sich für Fotoaufnahmen zusammen. Aller Euphorie zum Trotz ist Vorsicht geboten. Der Wind hier oben ist ein garstiger Zeitgenosse. Wer einen Hut oder ein Toupet aufhat, sollte beides gut festhalten. Die rostige Pilgerkarawanenskulptur fliegt leider nicht davon. Normalerweise habe ich nichts gegen Denkmäler, aber dieser zweidimensionale Blechaufsteller verstellt einfach nur den Blick auf die Landschaft. Trotzdem finden sich Fotos davon in nahezu jedem Reiseführer. Immerhin die Inschrift hat ein gewisses Niveau. Sie lautet:

„Wo sich der Weg des Windes mit dem Weg der Sterne kreuzt."

Doch wo der Himmel sich zeigt, ist die Hölle nicht weit. Ganz in der Nähe soll sich die Fuente de la Teja befinden, die „Quelle der Abkehr". Kein Geringerer als der Teufel selbst versuchte hier die durstigen Pilger zu verführen. Wer trinken wollte, musste als Gegenleistung dem lieben Jakobus abschwören. Angeblich widerstanden die Wallfahrer. Heute hat er seinen Unterhändler geschickt. Auf dem Berg wartet nämlich ein Mann, der auf einer ausgebreiteten Decke Coca Cola und Butterkekse anbietet. Zu seinem Ärgernis lehnen auch die modernen Pilger ab. Vielleicht liegt das aber auch an den infernalen Preisen.

Schließlich lösen sich die Nebelschleier auf und geben einen schönen Blick auf Pamplona frei. Hinter der Stadt ragen die blauen Züge der Pyrenäen auf, von denen ich nun endgültig Abschied nehme. Vorher mache ich dann doch noch ein Foto von der Blechkarawane.

Der Abstieg von Alto del Perdon ist der Schrecken jeder Unfallversicherung. Der Weg ist die reinste Geröllhalde. Ein Fehltritt wird umgehend mit einem umgeknickten Knöchel bestraft. Es geht nur schleppend voran. Unzählige Walking-Sticks stochern haltsuchend zwischen den Steinen umher. Es kommt immer wieder zu kleineren Staus. Ein kleiner Schubser könnte jetzt einen netten Dominoeffekt auslösen. Wenig später ist der schwierigste Teil geschafft. Ich blicke in den Schoß eines grünen Tals hinab. Eine Landschaft wie ein Versprechen. Hohe Hecken kräuseln sich entlang der Wegränder, eine sanfte Dünung zieht durch die Getreidefelder. Ich gehe absichtlich langsam und trotzdem viel zu schnell.

Uterga ist keine baskische Großmutter, sondern der Name der nächsten Ortschaft. Ältere Herrschaften treffe ich trotzdem. Genauer gesagt Philip und Wout. Ihre Einladung zum Kaffee nehme ich natürlich an. Ich erfahre, dass die beiden Belgier über Jahrzehnte erfolgreich ein großes Logistikunternehmen in Antwerpen geführt haben. Mit einer Wanderung auf dem Camino wollen sie sich in den wohlverdienten Ruhestand verabschieden.

Schließlich fragt mich Wout, wie denn meine Zukunftspläne aussehen. Oje! Eine knifflige Situation. Jetzt muss ich ganz schnell improvisieren, um nicht als „Hartzer" enttarnt zu werden. Schließlich schwindle ich den zwei Belgiern etwas von einem Naturschutzprojekt in Neuseeland vor. Dabei versuche ich möglichst begeistert dreinzublicken. Der Glaubhaftigkeit wegen garniere ich meine Lüge noch mit ein paar zungenbrecherischen Fachtermini, die mir vom Studium in Erinnerung geblieben sind. Zum Glück haken Philip und Wout nicht weiter nach. Ich mache mich trotzdem wieder auf den Weg, um weitere unangenehme Nachfragen zu vermeiden.

Die kommende Ortschaft Muruzábal lockt mit einem Abstecher zur Iglesia de Santa Maria de Eunate. Auch wenn die Kirche angeblich zu den eindrucksvollsten am Jakobsweg gehört, lasse ich sie links liegen, was nicht zuletzt an dem pelzigen Riesenköter liegt, der an besagter Abzweigung döst. Nach einer halben Stunde ist Obanos erreicht.

Hier stößt der *camino aragones*, der vom 1640 Meter hohen Somport-Pass kommt auf die Hauptroute hinab. Unterwegs wird es noch einige dieser Autobahnzubringer geben, speziell im letzten Drittel des Jakobswegs. Ganz zu schweigen von den vielen Pseudopilgern, die sich auf den letzten hundert Kilometern vor Santiago dazumogeln. Aber darüber werde ich mich später noch genug auslassen. Neben der Pfarrkirche ist Obanos vor allem für sein hochreligiöses Freilufttheater bekannt. Laiendarsteller führen hier jährlich das sogenannte „Misterio de Obanos" (Mysterium von Obanos) auf.

Das Stück handelt vom Geschwisterpaar Felicia und Guillermo, beides Kinder des Herzogs von Aquitanien. Ein Leben in Saus und Braus vor Augen, unternimmt Felicia eine Wallfahrt nach Santiago, um sich das endgültige Okay vom heiligen Jakobus zu holen. Nach ihrer Rückkehr pfeift sie allerdings auf jeglichen Luxus. Stattdessen will sie ins Kloster. Auch eine Heirat kommt für Felicia neuerdings nicht mehr in Frage. Guillermo findet das gar nicht lustig und tötet seine aufmüpfige Schwester im Streit versehentlich. Aus Reue macht auch er sich auf den Weg nach Santiago. Auch für ihn sollte sich danach einiges ändern, denn fortan führt er ein Leben als Eremit auf einem Berg bei Obanos. Manch einer sagt, er hause dort noch immer. Noch ein Grund weiterzulaufen.

Die letzten Kilometer bis zum Etappenziel ziehen sich, zumal Füße und Kopf mürbe sind. Aber die Anstrengung sollte sich später noch lohnen. Die Herberge von Puente la Reina befindet sich netterweise gleich am Ortseingang.

Ich teile mir das Zimmer mit etwa zwanzig anderen Leuten. Nachdem mit dem Schlafsack das Revier markiert ist, geht es ins Bad. Weil ich zu faul zum Waschen bin, kommt die Dreckwäsche gleich mit in die Duschkabine. Hygienisch grenzwertig, aber wassersparend. Während ich dusche, stampfen meine Füße reichlich braune Brühe aus den Kleidungsstücken. Wenig später stehe ich vor dem Spiegel und überlege, ob eine Rasur notwendig ist. Eigentlich kann man auf einer Reise ja ruhig etwas verwildern. So ein bisschen Bart ist doch ganz schön. Mein Waschbeckennachbar hat da eine ganz andere Philosophie: Nachdem er zehn verschiedene Cremes auf sein glatt gemähtes Gesicht aufgetragen hat, zaubert er tatsächlich einen Fön aus dem Kulturbeutel. Nach der Prozedur sieht er aus wie ein zugekokster Schlagerstar.

Da noch Siesta ist und die Geschäfte erst in einer Stunde öffnen, entscheide ich mich für ein Nickerchen. Kurz nach sechs weckt mich Flint mit einem Tritt gegen den Bettpfosten. Anschließend wirft er mir eine Dose Bier in den Schoß. Wir platzieren uns auf einer Bank vor der Herberge. Später gesellt sich auch noch Forest mit einer Tüte Haribo dazu. Da sitzen wir wie die Abrafaxe im Abendrot. Jetzt könnte eigentlich der Abspann eingeblendet werden, aber der beste Teil des Tages kommt noch.

Durch unser Tütenrascheln wird eine Pilgerin angelockt, die ich bisher noch gar nicht bemerkt habe. Wie sich herausstellt, handelt es sich um eine Landsfrau von Forest.

Evelyn, wie sie heißt, kommt aus Iowa und hat sich für ihre erste Europareise den Camino ausgesucht. Als sie mich mit ihren pfefferminzeteegrünen Augen anschaut, rutscht mir das Herz augenblicklich in die Hose. Für die nächsten drei Wochen befinde ich mich im freien Fall. Wegen solcher Frauen wurde der Liebeskummer erfunden. Nachdem die Gummibärchen alle sind, machen wir uns auf den Weg in die Stadt. Höchste Zeit für ein richtiges Abendessen.

Auf der extrem schmalen Hauptstraße führt der Weg durch eine schummrige Häuserklamm. Im Erdgeschoss befinden sich vorzugsweise Geschäfte und Bars. Weiter oben ragen Balkone wie aufgezogene Schubladen auf. Viele Kaufleute und Handwerker, darunter nicht wenige Franzosen, ließen sich in Puente la Reina nieder und sorgten für mittelalterliches Ambiente. Noch immer sind viele Gebäude mit kunstvollen Wappen geschmückt. In einem davon finden wir eine passende Taverne. Die erste Runde Bier übernimmt Forest. Netterweise spendiert der Wirt noch ein Schälchen Oliven. Ich habe mich stuhlgeografisch so platziert, dass ich Evelyn perfekt anstarren kann. Scheinbar zu sehr, denn plötzlich legt sie ein Foto ihres Mannes und ihrer Kinder auf den Tisch und stellt uns alle mit Namen vor. Bei UNO nennt man das wohl Aussetzer. Ich bestelle noch ein Bier.

Als unser Abendessen kommt, wird wieder deutlich, dass Pommes frites fester Bestandteil der spanischen Küche sind. Dazu gibt es eine öltriefende Hähnchenkeule und eine Schüssel gehäckselten Salat. Es schmeckt aber besser, als es aussieht. Flint ist kulinarisch etwas mutiger. Seiner Meinung nach gehört zu einer richtigen Reise auch die einheimische Küche. Das hat er jetzt davon. Sein Muschelragout sieht nämlich wie ein Fladen Moppelkotze aus.

Der Alkohol lockert schließlich die Zungen. Jeder erzählt von seinen Beweggründen den Camino zu laufen. Evelyn braucht laut eigener Aussage eine Auszeit vom Ehealltag. Nach zehn Jahren Landleben in Iowa, hat die Liebe wohl doch etwas Rost angesetzt. So ganz chancenlos bin ich vielleicht dann doch nicht. Forest und Flint hingegen geben wenig von ihrem Gefühlsleben preis. Aber der Camino wird sie schon noch knacken.

Nach dem Essen wollen wir noch einen Abstecher zum namensgebenden Wahrzeichen der Stadt machen. Forest meldet sich allerdings ab. Er will noch mal zur Iglesia del Crucifijo. Mir ist schon länger aufgefallen, dass er einen gewissen Kirchenfetisch hat. Das gibt Pluspunkte beim heiligen Jakobus.

Es dauert nicht lang und die Straße erweitert sich wieder. Durch ein Spitzportal betreten wir die berühmte Brücke, vielleicht die schönste auf dem ganzen Camino. Die Puente la Reina wurde höchstwahrscheinlich auf Wunsch von Königin Dona Mayor errichtet, um den Zugang zur Stadt zu erleichtern. Das romanische Bauwerk ist 110 Meter lang und schwingt sich in sieben Rundbögen über den Rio Arga, wobei der erste unter der Erde liegt. Zwischen den Bögen befinden sich fensterförmige Aussparungen, die vermutlich Hochwasserstaus vermeiden sollen. Früher gab es drei Wehrtürme auf der Brücke. Auf einem davon stand die Virgin del Puy, eine Marienstatue der Renaissance. Diese wurde regelmäßig gepflegt und gewartet – und zwar von einem Vogel. Der *txori* wusch ihr mit Wasser das Gesicht, und pickte sie sauber. Immer wenn dies geschah, läuteten die Kirchenglocken und religiöse Feste fanden statt. Heute kommt kein Vogel zur Maniküre vorbei. Auch wenn Flint in seiner Statur ein bisschen an den Wehrturm erinnert.

Inzwischen ist die Sonne untergegangen. Himmel und Wasser haben die Farbe desselben Blaus. Auch wir geben ein gutes Bild ab. Eine Amerikanerin, ein Neuseeländer und ein Deutscher gemeinsam auf einer Brücke in Spanien. Flint holt schließlich noch seinen Teddy hervor und setzt ihn auf die Mauer. Unser Blick geht ans andere Ufer. Dort drüben geht es morgen weiter. Eigentlich geht es immer weiter. Eine schöne Vorstellung. Es reicht zwar nicht ganz für meine ersten Tränen, wohl aber für ein Lächeln, das erste nach langer Zeit. Ich glaube, ich mag Brücken.

7 Ein waschechter Wikinger

Die kalte Morgenluft zwickt in den Waden, der Rucksack hat noch kein Gewicht. Es ist ein schönes Gefühl zu wissen, dass der neue Tag einem ganz allein gehört. Und alles, was man tun muss, ist loszulaufen.

Puente la Reina befindet sich noch im Dornröschenschlaf und macht keinerlei Anstalten geweckt zu werden. Allerdings ist auch Sonntag. Vielleicht hätte ich das bei der Zusammenstellung meines Reiseproviants berücksichtigen sollen. Bis auf ein paar Kekse und etwas Schokolade ist nicht viel übrig. Auch die Zigaretten sind fast alle.

Durch morgenblaue Gassen geht es durch die stille Altstadt. Nirgends stottert ein Motor, dudelt ein Radio oder ruft eine Stimme. Das einzige Geräusch ist das Klacken der Pilgerstäbe auf dem Pflaster. Bestimmt werde ich noch lange an diesen Morgen in Puente la Reina zurückdenken.

Schöne Erinnerungen sind wie Winterspeck, von dem man eine Zeitlang zehren kann, wenn angenehme Realitäten gerade selten aufgetischt werden. Also werde ich mir hier eine ordentliche Wampe anfressen - und zwar mit allen Sinnen!

Für heute steht Estella auf dem Speiseplan. Ein Name, der Lust macht dort anzukommen. Die baskische Zweitbezeichnung Lizarra hingegen klingt irgendwie hart und stachlig. Mal sehen, was mich erwartet.

Weiter geht es bis zur berühmten Brücke. Hier bleibe ich stehen – weil ich es muss. Manchmal kann man Stille nicht nur hören, sondern auch sehen. Wie geschliffenes Glas liegt der Rio Arga zwischen den Ufern. Die Spiegelungen auf dem

Wasser sind so klar, dass man die Welt auf den Kopf stellen könnte, ohne einen Unterschied zu bemerken. Ich mache etliche Fotos, weiß aber, dass keines davon diesen Moment einzufangen vermag.

Hinter der Brücke biegt der Camino scharf ab und führt entlang kahler Berghänge, auf denen einzelne Sträucher hervorstoppeln. Später kommen wenigstens noch einige Kiefern hinzu, bemüht eine Art Wald zu bilden. Nach zwanzig Minuten gilt es eine kleine, aber steile Anhöhe zu erklimmen. Bei Bergen laufe ich immer automatisch schneller, wahrscheinlich, um sie schnell hinter mir zu haben. Auf die Plätze. Fertig. Los! Zuerst überhole ich meine italienischen Freunde, dann zwei erstaunlich junge Koreaner und schließlich einen Mistkäfer. Erster! Außer Atemnot und einem verschwitzten Hemd gibt es auch nichts zu gewinnen. Das hätte ich mir eigentlich sparen können.

Im Mañeru gibt es Frühstück - dachte ich zumindest! Es ist kurz vor neun, da passiert auf dem Land noch nicht viel. Sonntags erst recht nicht. Als sich ein riesiger gescheckter Hund breitbeinig auf die Straße stellt, bin ich gezwungen mein Urteil zu revidieren. Sieht aus wie Cristiano Ronaldo beim Freistoß. Ich suche in meinen Hosentaschen nach dem Taschenmesser, finde aber nur zusammengeknülltes Schokoladenpapier. Schließlich ertönt ein scharfer Pfiff. Widerwillig gibt der Köter den Weg frei. Ein älterer Herr, der sich an einem rostigen Betonmischer zu schaffen macht, hebt die Hand zum Gruß. Glück gehabt! Zumindest vorerst. Konfrontationen wie diese sollte es noch einige geben.

Nach einer halben Stunde ändert die Landschaft die Garderobe. Wald und Berge treten beiseite, der Boden beginnt sich zu wellen und die Erde wechselt zu einem staubigen Rot. In weichen Kurven windet der Camino sich nun durch schier endlose Weinplantagen. Der Anblick ist beeindruckend: der strahlend blaue Himmel, darunter die rostrote Erde, durchsetzt mit dem glänzenden Grün der Rebstöcke. Man hat regelrecht Lust einen Pinsel in all diese wunderbaren Farben zu tauchen und ein Bild zu malen.

Am Wegesrand treffe ich dann auch auf eine Art Dionysos. Ein kräftiger Kerl mit der Aura eines Schlagbaums. Er sitzt auf seinem zerbeulten Rucksack zwischen den Rebstöcken, auf dem Schoß allerdings kein Weinglas - sondern eine Dose Bier. Dionysos trägt ein Fußballtrikot vom FC Liverpool, das merklich über dem Bauch spannt, auf dem Kopf sitzt ein zerknautschter Sonnenhut. Mit etwas Kabelbinder hat er zudem kleine Zöpfchen in seinen Rauschebart geflochten. Ein wirklich kreatives Outfit.

Dionysos heißt in Wirklichkeit Haldor und kommt aus Norwegen. Skandinavier sind toll. Und nicht nur wegen Ikea und den tollen Fjordlandschaften. Die Nordvölker strahlen immer so eine Ruhe und Gelassenheit aus, Eigenschaften, die man im gehetzten Mitteleuropa vergeblich sucht. Auch auf Haldors Gesicht liegt vollkommener Frieden. Kann aber sein, dass das am Bier liegt. Wir wechseln ein paar Worte auf Englisch, dann reicht mir der Norweger seine Dose. Ein paar Minuten sitzen wir zwischen den Weinstöcken und trinken und schwitzen und plaudern. Danach setzen wir den Weg gemeinsam fort. Erst beim Gehen fällt mir auf, wie riesig der Nordmann ist, ganz so, wie es sich für einen Wikinger eben gehört. Ich spekuliere darauf, dass hinter der nächsten Kurve plötzlich ein Drachenboot auftaucht.

Haldor setzt mich gestenreich über die letzten Fußballergebnisse in Kenntnis. Besonders die englische Liga hat es ihm angetan. Wir reden über Manchester United, wie sie 1999 die Bayern aus allen Titelträumen geschossen haben und hoffen beide, dass irgendwann Leeds United wieder Premier League spielt. Schließlich kommt Cirauqui in Sicht.

Die Ortschaft ist wie Muschelkalk auf einem Berg aufgeschüttet. Auf der Spitze nadelt ein Kirchturm hervor, dahinter flimmern die graublauen Züge des kantabrischen Gebirges. Cirauqui ist ein bemerkenswerter Ort - bemerkenswert steil. Unerbittlich zieht sich der Weg bis zur Kirche hinauf. Mein Atem geht schneller. Die Träger des Rucksacks drücken mir ins Fleisch. So manch früherer Eroberer muss bei der Erstürmung der Stadt einem Herzinfarkt erlegen sein. Immerhin ist es in den Gassen etwas kühler.

In einem kleinen Laden decke ich mich mit Proviant ein und kraule sogar einen altersschwachen Schäferhund hinterm Ohr. Dafür wäre eine Tapferkeitsmedaille angebracht. An der Iglesia San Roman verabschiede ich mich von Haldor, der irgendwo noch ein, zwei Bier trinken will.

Hinter dem Muschelberg gilt es die Nationalstraße zu überqueren. Das Hupen der vorbeifahrenden LKW, was ich als Aufforderung zu mehr Leitplankennähe interpretiere, ist als aufmunternder Gruß gemeint. Schön dieses Spanien! Vor der nächsten Ortschaft, Lorca, mache ich Bekanntschaft mit dem berüchtigten Rio Salado.

Es heißt, dass das giftige Wasser des Flusses schon manch durstiges Pferd auf die himmlischen Weiden geschickt hat. Den kleinen Kindern, die unten plantschen, scheint das egal zu sein. Fröhlich hauen sie mit ihren gelben Schaufeln auf das Wasser, das es nur so spritzt. Ein ledersofabrauner Großpapa sitzt derweil zeitungslesend am Ufer. Ja. Eine Abkühlung wäre jetzt genau das Richtige. Allerdings sollte der Wanderer einem Bad unbedingt widerstehen, denn feuchte Haut ist anfällig für Blasen. Also stelle ich mir die Erfrischung nur vor - dazu ein paar barbusige Badenixen, die meine Luftmatratze versenken wollen. Blöde Idee, denn beim Gedanken daran wird mir nicht unbedingt kühler.

In Lorca ist es Zeit für einen Imbiss. Unter einem löchrigen Sonnenschirm beziehe ich Quartier. Diesmal gibt es Rührei auf das *bocadillo*. Am besten schmeckt aber das Bier. Schließlich beobachte ich einen Pilger, der gerade seinen Teddy am Rucksack festzurrt. Als mich Flint entdeckt hat, humpelt er über den Platz auf mich zu. Ich stehe auf und hole noch ein Bier.

Flint teilt mir seinen Entschluss mit, in Estella ein oder zwei Tage auszusetzen. Seit Pamplona hat er große Probleme mit dem linken Knie. Da hilft auch die Bandage wenig. Außer Mitleid empfinde ich auch Trauer. Mein neuseeländischer Freund wird durch seine Zwangspause weit zurückfallen oder vielmehr werde ich ihm entlaufen. Unwahrscheinlich, dass wir uns wiedersehen. Wir tauschen unsere Adressen und sprechen gegenseitig eine Einladung aus.

Bevor ich aufbreche, frage ich Flint dann doch, was es mit dem Teddy auf sich hat. Er erzählt mir, dass Peppo, so der Name des Plüschbären, ein Reisegeschenk seiner kleinen Tochter Maggie ist. Peppo soll fleißig beobachten, was Papa so alles auf dem Camino erlebt und Maggie später Bericht erstatten. Von der Mutter der Kleinen, möchte Flint aber nicht erzählen, doch ich sehe, wie sich in seiner Stirn langsam ein Gewitter zusammenbraut. Er leert sein Bier in einem Zug und knallt dann das Glas so auf den Tisch, dass das Gestänge des Sonnenschirms klirrt. Wahrscheinlich liegt da einiges im Argen.

Eines wird mir an dieser Stelle wieder bewusst: Aller historischen Brücken, Kirchen und Burgen zum Trotz - am interessantesten sind die Geschichten der Pilger. Manchmal frage ich mich, was der Camino in meinen Schritten liest. Dass ich höllische Angst vor Hunden habe, weiß er schon. Mal sehen, was er noch alles rauskriegt.

Nach einer halben Stunde heißt es aufbrechen. Es sind immerhin noch knapp zehn Kilometer bis Estella. Nach zehn Metern fasst sich Flint zum zehnten Mal ans Knie. Schließlich empfiehlt er, ich solle vorauslaufen. Meiner anfänglichen Weigerung folgt eine erneute Ermahnung, diesmal etwas nachdrücklicher. Beim dritten Mal droht er, Peppo würde mir ordentlich die Fresse polieren, wenn ich jetzt nicht verschwinde. So ähnlich muss das im Krieg sein, wenn man seinen verwundeten Kameraden verstümmelt auf dem Schlachtfeld zurücklassen muss. Widerwillig gehorche ich.

Eine Weile geht es noch auf der N111 entlang, bis der Weg wieder in die Felder abknickt. Nach einer knappen Stunde begrüßt mich Villatuerta. Am Ortseingang begegne ich ein paar biertrinkenden Bauarbeitern. Sie sitzen auf einem Haufen Ziegelsteine und prosten mir fröhlich zu. Das hätte Van Gogh bestimmt zu einem tollen Bild inspiriert.

Ich muss zugeben, ich beneide Menschen, die körperliche Arbeit tun. Es ist bestimmt erfüllender mit einer Spitzhacke Löcher in die Erde zu hacken und kurzen Röcken nachzupfeifen, statt den ganzen Tag wie hypnotisiert vor dem Bildschirm zu sitzen und Excel-Tabellen zu dechiffrieren. Lieber Muskelkater als Kopfschmerzen. Außerdem wird man draußen schön braun, auch wenn mit vierzig der Rücken hinüber ist. Vielleicht sollte ich mal eine Bewerbung hierlassen.

An einer Brücke, die über ein halbverdurstetes Flussbett führt, treffe ich Evelyn. Die Amerikanerin stellt sich mir mit ausgestreckter Hand in den Weg. Sie verlangt fünfzig Euro für die Überschreitung. Ich bezahle mit meinem schönsten Lächeln. Am anderen Ufer täusche ich einen offenen Schnürsenkel vor, um meiner Zöllnerin noch etwas nachzustarren. Nachdem die Schuhe fünfmal geknotet sind, geht es weiter.

Wie in vielen anderen Ortschaften Spaniens, fällt auch in Villatuerta auf, dass sämtliche Verkabelungen an den Häusern außen entlang verlaufen. Der klassische Deutsche würde hier heulend auf die Knie fallen. Meiner Meinung nach gibt das den Häusern einen rustikalen Charme. Falls meine Sympathien für die iberische Halbinsel weiter so austreiben, muss ich mich wohl umtopfen lassen. Kurz hinter Villatuerta, wartet mit der Ermita San Miguel eine weitere Kirche auf Besuch von mir. Diesmal mache ich wenigstens ein Foto, um den heiligen Jakobus nicht gänzlich zu enttäuschen.

Die letzten Kilometer bis Estella werden auf einem rissigen Asphaltstreifen zurückgelegt. Dann und wann braust ein Auto an mir vorüber, manchmal dringt das Wiehern eines Pferdes den Hang hinauf. Schließlich ist der Ortseingang erreicht. Ein steinernes Kreuz, das auf einem Sockel hinter der Leitplanke steht, stellt das Begrüßungskomitee. Kurz darauf führt der

Camino in einen weitläufigen Park. Ich setze mich unter eine alte Weide und pausiere. Über efeuberankte Mauerreste hinweg, geht mein Blick zur Iglesia del Santo Sepulcro, einem Kirchengemäuer, das die Jahrhunderte verschlafen zu haben scheint. Das imposante Portal erscheint wie der Eingang in eine Märchenwelt. Wenn jetzt ein buckliger Kobold hervorspringen und mich um Kleingeld anbetteln würde, wäre das ganz und gar nicht ungewöhnlich. Noch eine Zigarette, dann geht es zum Schlussspurt über.

Kurz darauf ist die Herberge erreicht. Allerdings hat sie noch geschlossen. Trotzdem haben sich bereits etliche Pilger eingefunden. Mit den Rucksäcken, die schön hintereinander aufgereiht sind, könnte man problemlos einen Staudamm abdichten. Eigentlich könnte man ihre Eigentümer gleich mit verbauen, denn nach fünfundzwanzig Kilometern weisen sie eine gewisse Ähnlichkeit mit ihren Gepäckstücken auf.

Schließlich öffnen sich die Glastüren der Herberge. Eine selig lächelnde Frau bittet uns hinein. Die Betten betreffend, ist diesmal keine Selbstbedienung angesagt. Es werden sogar Nummern zugewiesen. Namen und Adressen aller Pilger werden akribisch in einem Buch notiert. Wahrscheinlich dient das dazu, eventuelle Beschädigungen oder Verunreinigungen umgehend rückzuverfolgen. Außerdem werde ich ausdrücklich ermahnt die Schließ- und Zubettgehzeiten einzuhalten. Ganz schön überorganisiert diese Herberge.

Nachdem ich geduscht habe, werden die Sachen gewaschen und zum Trocknen aufgehängt. Um noch einen Sonnenplatz auf der Leine zu bekommen, verschiebe ich ein paar fremde Unterhosen. Dann hole ich mir am Getränkeautomaten ein Bier und setze mich in den Innenhof. Hier werden meine

Blasen in Augenschein genommen. Inzwischen sind sie richtig fest geworden, man könnte sie glatt für Warzen halten.

Aber es geht noch schlimmer: Ein älterer Herr trägt mit größter Konzentration eine Schüssel Wasser in den Hof. Kaum ist das Behältnis abgestellt, nimmt er auf einem Stuhl Platz. Dann wickelt er mit schmerzverzerrtem Gesicht die Mullbinden von den Füßen. Ich spüle den Anblick mit einem großen Schluck Bier hinunter.

Gegen halb acht mache ich mich dann aber auf den Weg in die Stadt. Estella weist zwar eine gewisse Ähnlichkeit mit Puente la Reina auf, ist aber längst nicht so beschaulich. Wie bissige Hunde, die darauf warten losgelassen zu werden, knurren die Autos hinter den roten Ampeln. Ein Schwarm Touristen formiert sich um den erhobenen Regenschirm einer Reiseleiterin. Gegenüber lungern ein paar Jugendliche um einen dröhnenden Ghettoblaster und versuchen möglichst gefährlich auszusehen.

Ich halte Ausschau nach humpelnden Gestalten, das beste Erkennungsmerkmal um die Pilger unter den Touristen auszumachen. So schön die Wanderstunden auch sind, gegen Endes eines Tages ist etwas Gesellschaft doch ganz nett. Ich würde gern jemanden von meinen Eindrücken erzählen, mich für meine Blasen und den Sonnenbrand bemitleiden lassen.

Als hätte der Camino mein Flehen erhört, winken mich plötzlich Philip und Wout, die in einem Straßencafé gegenübersitzen, zu sich. Ich bestelle mir eine Cola, die erstaunlicherweise preiswerter als ein Glas Wasser ist. Anschließend plaudern wir ein wenig über die vergangenen Stunden. Dann widmen sich die zwei belgischen Pensionäre ihren Handys. Also schlage ich mein Tagebuch auf und blättere zur letzten Seite, da wo die Adressen und Telefonnummern meiner Freunde notiert sind. Mein Blick wandert die Namensliste herunter, dann wieder hinauf. Weder weiß ich, wen ich anrufen soll, noch was ich eigentlich erzählen will. Philip schiebt sein Telefon zu Wout herüber, dann lachen beide über irgendetwas, was da geschrieben steht. Ich schaue in meine Cola und zähle die kleinen Bläschen, die zur Oberfläche aufsteigen.

Schließlich verabschiede ich mich von meinen beiden Belgiern, um der berühmten San Pedro de la Rúa noch einen Besuch abzustatten. Große Laufbereitschaft ist zwar nicht mehr vorhanden, aber bestimmt bereue ich es später, das Wahrzeichen von Estella nicht gesehen zu haben.

Die spätromanische Kirche thront majestätisch auf einer felsigen Anhöhe mitten im Zentrum. Spätes Licht liegt auf der weit geschwungenen Treppe, Schwalben wirbeln um den hohen Glockenturm. Ich gehe bis zum kunstvollen Portal hinauf. Aber es ist bereits abgeschlossen. Schade. Ich setze mich auf die oberste Stufe und schaue einigen Kindern zu, die mit Kreide auf der Straße zeichnen. Langsam sinkt die Sonne hinter die Dächer. Als die Schatten der umstehenden Häuser mich einholen, gehe ich zur Herberge zurück. Höchste Zeit etwas zu essen!

In der Küche machen sich gerade die Italiener zu schaffen. Ein großer Topf mit Nudeln blubbert auf dem Herd. Das Ploppen eines Korkens sorgt für Beifall in der Runde. Da tritt plötzlich der Herbergsvater in den Raum. In scharfem Englisch rügt er die Späthungrigen und verweist auf das Schild mit den Nutzungszeiten der Küche. Anfangs finden das die Azurri noch lustig, als aber plötzlich das Licht ausgeht, wird es mucksmäuschenstill. Sie versuchen noch ein paar Minuten zu erbetteln, aber der Chef kennt keine Gnade. Wenigstens bin ich nicht der Einzige, der heute mit leerem Magen zu Bett geht.

Im Schlafraum ist es stockfinster. Mühsam erklimme ich mein Doppelstockbett. Komischerweise liegt da schon jemand. Wo ist denn jetzt meine Pritsche? Ich klettere wieder nach und schleiche anschließend durch die Dunkelheit, bis sich die heutige Etappe um einen weiteren Kilometer verlängert hat. Zum Glück hat einer meiner italienischen Kumpels dasselbe Problem. Mit vorgehaltenem Feuerzeug irren wir durch ein Labyrinth von Bettgestellen. Endlich entdecke ich meinen Rucksack. Das wurde auch Zeit. Meine Hand sucht in der Seitentasche noch nach irgendwas Essbarem. Außer Wäscheklammern und einem Stück buttriger Kernseife gibt's aber nichts mehr zu holen. Ich wische mir die Hände an einem fremden Handtuch ab und besteige dann meine Koje. Geschafft! Noch rascheln ein paar Tüten, der Schein einer Taschenlampe wandert durch den Raum. Irgendwo fällt ein Pilgerstab zu Boden - das Schlusswort eines langen Tages. Dann wird es still, so still, dass es mir eigentlich viel zu laut ist.

8 Guter Wein und gute Musik

Das Frühstück wird zum kulinarischen Gemetzel: Ein Schlachtfeld aus Apfelsinenschalen, Keksen, Schokolade, Müsliriegeln, Teebeuteln und Salamipelle säumt die Tische. Dazwischen liegen marmeladenverklebte Taschenmesser, bebutterte Fotoapparate und kaffeebekleckste Reiseführer. Löffel klirren in den Tassen. Wasserkocher brodeln. Verbranntes Weißbrot schnippt aus Toastern. Und mittendrin zwei Dutzend vergnügte Pilger, die nach Herzenslust schmausen und lachen.

Mich hat die Frühstückslust noch nicht erfasst. Noch geistig im Dispo sitze ich in der Ecke und warte darauf, dass der Kaffee wirkt. Das monströse Geschnarche der letzten Nacht klingt mir jetzt noch in den Ohren. Vielleicht sollte man es in Erwägung ziehen mit Plexiglas abgetrennte Bereiche in den Schlafsälen einzuführen. Alternativ könnten kurz vor dem Zubettgehen auch Morphiuminjektionen an die Notleidenden verteilt werden. Trotzdem habe ich mir vorgenommen heute bis Torres del Rio zu laufen. Fast dreißig Kilometer. Hoffentlich mute ich mir da nicht zu viel zu.

Nach ein paar Minuten sind die Tische abgeräumt, das Geschirr gewaschen, es ist, als wäre nie jemand hier gewesen. Der Herbergsleiter atmet tief durch, dann setzt er mich vor die Tür. Draußen justiere ich ein letztes Mal den Rucksack. Dann kann es losgehen.

Der Camino führt an der San Pedro de la Rua vorbei, bis der historische Kern Estellas durch ein Portal verlassen wird. Kurz darauf erreiche ich einen Kreisverkehr.

Hier mache ich die Bekanntschaft mit einem angetrunkenen Spanier, der fröhlich den Bordstein entlangtorkelt. Er stinkt so nach Schnaps, dass man ihn am liebsten mit einem Tritt in den Berufsverkehr befördern möchte. Selbstverständlich bietet er mir einen Schluck aus seiner verbeulten Bierdose an. Ich verneine höflich, doch der Suffi lässt nicht locker. Er legt mir den Arm um die Schulter und lallt munter drauf los. Erst mit ein paar Zigaretten kann ich mich freikaufen.

Hinter der Stadt geht es leicht bergauf. Mit dem Weingut Irache erreicht man eine weitere Sehenswürdigkeit Navarras. Das Monasterio Santa Maria la Real de Irache ist eine der ältesten kirchlichen Institutionen im Umkreis. Hier gründete Abt Veremundo Ende des elften Jahrhunderts eines der ersten Pilgerhospitäler am Camino. Das war auch von Nöten, denn die damaligen Wanderfreunde hatten es weitaus schwerer als unsereins. Beinahe täglich waren sie Raubüberfällen und Wolfsangriffen ausgesetzt. Und gefederte Schuhe und belüftete Rucksäcke gab es damals auch nicht. Jedenfalls machte Veremundo seine Arbeit soviel Spaß, dass er sich Zeit seines Lebens karikativen Tätigkeiten widmete und zum Schutzpatron des Jakobsweges in Navarra wurde.

Der heutige Besuchermagnet ist jedoch nicht das Kloster, sondern die Fuente de Vino, ein Brunnen, wo der Pilger sich mit einem Gläschen Wein beleben kann. Als ich den Hahn aufdrehe, passiert allerdings gar nichts. Zugegeben, es wäre auch verwunderlich, wenn man sich hier kostenlos zulaufen lassen könnte. Dann wäre Irache das Mekka sämtlicher Alkoholiker. Vielleicht wird der Weinspender aber auch erst zu späterer Stunde in Betrieb genommen. Oder er ist schlicht leergesoffen. Kurz nach mir treffen die Italiener mit derselben

Vorfreude am Brunnen ein. Einer kippt sogar seine volle Wasserflasche aus und hält sie erwartungsfroh unter den Hahn. Ich schaue eine Weile belustigt zu, dann geht es weiter.

Nicht lang und Azqueta ist in Sichtweite. Das kleine Dorf liegt anheimelnd auf einem grünen Hang. Dahinter ragt ein spitzer Berg wie ein überdimensioniertes Festzelt auf. Azqueta weist eine Mischung aus gepflegter Geschichte und liebevollem Verfall auf. Hier könnte ich mir durchaus vorstellen meinen Ruhestand zu verbringen. Aber es wäre schön, wenn vorher noch jemand eine Bar eröffnet. Trotz der frühen Stunde verspüre ich nämlich schon einen gewissen Bierdurst.

Hinter Azqueta nimmt die Erde wieder ihr markantes Rot an. Überall strahlen Rebstöcke in sattem Grün. Ein erster kleiner Vorgeschmack auf die kommende Provinz Rioja. Auf dem Gipfel des Festzeltberges thront eine alte Festung. Wahrscheinlich hat sich da der Winzer eingenistet und hält mit einem Scharfschützengewehr potenzielle Traubendiebe im Auge. In Wahrheit handelt es sich um die Überreste einer alten Wehrburg. Kein Wunder, dass es eine Ruine ist. Ich hätte auch keine Lust da Baumaterial raufzukarren.

Wenig später zeigt sich am Wegesrand ein kleiner Verschlag mit auffälligen Spitzbögen. Es handelt sich um die Fuente de Moros – die „Maurenquelle". Die Spanier sind ja nicht gerade begeistert von den Hinterlassenschaften ihrer einstigen Besatzer. Aber alle historischen Pickel lassen sich eben doch nicht ausdrücken, zu Recht, haben die Mauren doch im Land viele Bauwerke von Rang hinterlassen. Man denke nur an die Alhambra in Granada. Hinter der nächsten Kurve ist Villamayor de Monjardin erreicht. Die kleine Ortschaft ist nicht nur für guten Weißwein bekannt, sondern auch für die vier kleinen Schwindeleien, die sich im Namen verbergen: *villa* bedeutet Stadt, *mayor* steht für groß, *monja* bezeichnet Nonnen und *jardin* meint den Park. Keines davon ist vorhanden. Immerhin gibt es eine Bar.

Hier gibt es ein Wiedersehen mit Pat, meinem großzügigen Bierspender aus Zubiri. Eigentlich wähnte ich den alten Kanadier ein gutes Stück hinter mir. Als ich ihn darauf anspreche, erzählt er, dass er meistens nachts läuft. Zum einen seien die Temperaturen viel angenehmer und es sind kaum Leute unterwegs. Hauptargument ist aber der grandiose Sternenhimmel. Vielleicht wäre das auch mal was für mich. Im Anschluss erzählt mir Pat, dass 2002 zwischen Villatuerta und Estella eine Kanadierin tödlich verunglückt ist. Die Inschrift auf der Gedenktafel lautet: *„Möge sie immer über die Felder von Gold wandern können."* Worte, die uns innehalten lassen. Aber nicht lange, denn inzwischen finden sich immer mehr Wanderer ein. Schließlich verabschiede ich mich von Pat. Es sind immerhin noch an die zwanzig Kilometer bis zum Etappenziel. Leider habe ich den alten Herrn danach nie wieder getroffen. Ich hoffe, der Sternenhimmel hat ein Auge auf ihn.

Mein Rother informiert mich darüber, dass jetzt eine ganze Weile erstmal gar nichts kommt. Der Abschnitt wird als eintönig und demoralisierend bezeichnet. Erst nach zwölf Kilometern wartet mit Los Arcos die nächste Ortschaft. Das wird ein Spaß, so ganz ohne Wasser. Dummerweise habe ich nämlich vergessen meine Flasche in Villamayor aufzufüllen. Immerhin, entgegen der Meinung meines Rothers, ist die Landschaft sehr ansehnlich: Immer wieder steigen

Schmetterlinge von Disteln auf und flimmern die Wegränder entlang. Dahinter breiten sich weite Grasmeere aus in denen Kontinente aus Mohn treiben. *Gar nichts* ist manchmal ganz schön viel.

Nach gut zweieinhalb Stunden sticht ein Kirchturm aus dem Horizont. Da muss dann wohl Los Arcos sein. Zwei Drittel der heutigen Etappe sind geschafft. Zu den bekanntesten Sehenswürdigkeiten der Stadt zählt die Iglesia de Santa Maria. Gotik, Barock und Romantik treffen sich hier zum architektonischen Dreier. Um weiter ins Detail zu gehen, habe ich aber zu viel Hunger - und vor allem zu viel Durst! Zum Glück ist die örtliche Bar nicht weit. Nach dem Essen fühle ich mich nicht in der Lage weiterzulaufen. Vielleicht war es auch ein Bier zu viel. Also beschließe ich, unter den Arkaden der Kirche eine kleine Verdauungs-Siesta zu halten.

Nach zwei Stunden wache ich wieder auf. Die Sonne steht schon bedrohlich tief. Bis zum Tagesziel Torres del Rio sind noch gut acht Kilometer zurückzulegen. Kurzerhand entscheide ich mich in Los Arcos zu bleiben. Unterkünfte gibt es hier ja genug. Meine Wahl fällt spontan auf die Herberge *La Casa Austria,* was sich als gute Entscheidung herausstellt. Ich staune nicht schlecht, als man mir zur Begrüßung ein Weißbier anbietet. Auch das Ambiente stimmt: Dicke Holzbalken durchziehen die Decke, es gibt ein Bücherregal und eine historische Wäschepresse. Sogar eine Gitarre ist vorhanden. Ich fläze mich in einen der knautschigen Sessel. Eigentlich könnte ich jetzt die nächste Siesta halten. Neben mir hat sich nur ein weiterer Gast in die Herberge verirrt.

Bogdan stammt ursprünglich aus Polen, ist aber bereits in den Achtzigern nach Deutschland übergelaufen. Mit seinem

Namen passt er perfekt auf den Camino. Im Slawischen bedeutet *bog* Gott und *dan* meint den Tag. Alternativ darf ich ihn auch mit Grzegorz Brzeczyszczykiewicz anreden. Allerdings habe ich dafür eine Zunge zu wenig. Am Ende einigen wir uns auf Bo.

Bis zum Abend ist die Herberge lediglich zur Hälfte gefüllt. Die meisten Pilger laufen doch bis Torres del Rio weiter. Wenn die wüssten, was sie gleich verpassen! Nachdem sich Bo genug Mut angetrunken hat, greift er nach der Gitarre. Sachte werden die ersten Töne angeschlagen und verdichten sich zu einer Melodie. Nach einer kurzen Pause wechselt Bo in einen markigen Rhythmus. Die Musik zeigt augenblicklich Wirkung. Binnen Minuten sind sämtliche Pilger versammelt. Man wippt mit den Füßen, klopft sich auf die Schenkel oder summt einfach leise mit. Einer der Anwesenden zückt eine Mundharmonika und steigt ins Spiel mit ein. Der ganze Raum beginnt zu leuchten. Das vermag eben nur ein „Gott des Tages". Schöner als mit Musik kann man einen Tag eigentlich nicht ausklingen lassen.

9 Die Bacardi-Brüder

Bei all dem unnützen Zeug, das ich auf meine Reise mitgenommen habe - die Klopapierrolle war eine gute Idee. Rein funktionell betrachtet, ist Klopapier das Schweizer Taschenmesser unter den Reiseutensilien. Kaum ein Material ist so vielseitig einsetzbar. Egal ob man eine zusätzliche Einlegesohle braucht, einen Wundverband oder gerade kein Taschentuch zur Hand hat. Auch der Schlafkomfort lässt sich verbessern: Wie jeder weiß, ist auf dem Camino das ganze Jahr über Schnarchsaison. Wie schon die Zellstofftaschentücher, eignet sich auch Klopapier in geknülltem und befeuchtetem Zustand hervorragend, um die Gehörgänge abzudichten. Ein weiterer Vorteil ist, dass das Material mit der Zeit aushärtet und noch ein paar zusätzliche Dezibel absorbiert. Ebenso kann man es als nasales Verschlussmaterial verwenden, z.B. wenn jemand auf Toilette mal wieder nicht gezogen hat – was in den Herbergen auch häufiger vorkommt.

Ich benutze heute das Klopapier, um meine Schultern zu polstern. Die Trageriemen meines Rucksackes drücken nach einer Weile nämlich ganz schön ins Fleisch. Kommt dann noch Schweiß dazu, bilden sich auf der Haut kleine fiese Pickelpopulationen, die ziemlich schmerzhaft sind. Ein Klopapierpolster könnte da Linderung verschaffen. Vorher wird noch etwas Zinksalbe auf die aknetisierten Stellen aufgetragen. Auch anderswo ist heute Kreativität gefragt: Meine Hose rutscht nämlich. Kein Wunder, bedenkt man, dass man bei fünfunddreißig Grad im Schnitt zwanzig Kilometer zurücklegt.

Nicht zu vergessen die ganzen Zigaretten und der Hunde-Angstschweiß. Da wird ordentlich was verbrannt. An einen Gürtel habe ich zwar nicht gedacht, aber an eine Nylon-Wäscheleine. Diese fädle ich durch die Schlaufen und knote dann die Enden vorn zusammen. Die Hose sitzt wieder. Eigentlich könnte ich noch meine Socken und Boxershorts zum Trocknen daran befestigen. Aber dann wird es nix mit einem Evelyn-Date. Außerdem, wenn ich jetzt wieder den Rucksack absetze, verrutschen meine neuen Schulterpolster.

Das Frühstück fällt aus, weil ich nichts zum Frühstücken habe. Aber sicher gibt es heute etliche Einkaufsmöglichkeiten. Die Etappe führt nämlich nach Logroño, immerhin die Hauptstadt der Rioja. Bis dahin sind es aber knapp dreißig Kilometer. Ich verlasse Los Arcos auf einer grobkörnigen Schotterpiste. Auch heute Morgen ist kein Wetterumschwung zu verzeichnen: An sich ist Blau eine wirklich schöne Farbe, aber so ganz ohne Wolken wirkt der Himmel doch ziemlich trist. Ich sehne mich regelrecht nach ein paar Schornsteinen und Kondensstreifen. Der einzige Schatten, den es auf den nächsten Kilometern gibt, ist mein eigener. Und weil ich gerade nichts Besseres zu tun habe, schalte ich zum ersten Mal das Handy ein. Ein unverzeihlicher Fehler!

Es sind drei SMS eingegangen: Zwei sind von meinem Telefondienstanbieter, die dritte ist vom Arbeitsamt. Man erinnert mich noch einmal an meinen Vorladungstermin. Mir zieht sich sofort der Magen zusammen. Insgeheim hatte ich ja auf eine Begnadigung der Fachhochschule gehofft. Und jetzt das! Jetzt möchte ich am liebsten etwas kaputtschlagen, aber es gibt nichts. Da hilft nur eins: Klopapierschulterpolster zurechtrücken, Wäscheleine festzurren und feste auftreten, damit die Blasen so richtig schön wehtun. Manchmal verschafft der Schmerz auch Linderung.

Durch stille Feldlandschaften geht es nach Sansol, dann direkt weiter nach Torres del Rio. Der kleine Ort (dt.: Türme am Fluss) liegt aufgehäuft in einem grünen Tal, als hätte man ihn irgendwann zusammengekehrt und dann vergessen wegzubringen. Wie fast überall, siedelten auch hier die Römer. Keramik und behauene Steine zeugen von einer zeitweisen Niederlassung. Apropos niederlassen, normalerweise ist jetzt beste Frühstückszeit, aber aus Angst meine miese Laune könnte mich wieder einholen, gehe ich weiter.

Nach einer halben Stunde überquere ich die N111. Der Camino passiert die Virgin del Poyo. Die in der Kapelle befindliche Marienfigur soll trotz mehrmaligem Abtransport wie von Geisterhand immer wieder zurückgekehrt sein. Manche Dinge wissen eben, wo sie hingehören. Ich trete abermals fest auf.

Über einiges Geröll geht es nun langsam hinab. Dann höre ich plötzlich Musik. - und zwar ziemlich schlechte. Hinter der nächsten Kurve tauchen zwei oberkörperfreie Pilger auf. Einer der beiden hat tatsächlich einen Ghettoblaster auf der Schulter. Ein dumpfer Bass hämmert in die Landschaft hinaus. Die zwei Lärmer tragen Bacardi-Strohhüte und haben rosa Halstücher umgebunden. Damit verstoßen sie eindeutig gegen den Dresscode auf dem Camino. Ich inspiziere schon mal die Umgebung nach geeigneten Stellen, wo ich ihre Leichenteile verscharren könnte. Schließlich setze ich zum Überholmanöver an. Doch da gehen die zwei Strohhüte plötzlich schneller. Nachdem wieder eine gute Buslänge

Abstand zwischen uns liegt, werden sie wieder langsamer. Das Ganze wiederholt sich dann noch zweimal. Irgendwie erinnert mich das an die Egospielchen auf deutschen Autobahnen.

Die nächste Ortschaft Viana ist meine Rettung. Forest und Evelyn sitzen in einem Café am Straßenrand und winken mir schon von weitem zu. Ich setze den Blinker. Die Bacardi-Brüder gehen mitsamt ihrer Basskanone weiter. Wir trinken Milchkaffee und essen klebrigen Kuchen. Diesmal bin ich bemüht nicht allzu penetrant auf Evelyn zu starren. Als meine Fußspitze etwas unter dem Tisch berührt, bekomme ich eine Gänsehaut. Allerdings handelt es sich dabei um das Bein von Forest. Ich vertiefe mich umgehend in meinen Rother.

Viana bekommt eine halbe Seite gewidmet. Die Stadt ist die letzte auf navarrischem Boden. Kurz dahinter beginnt die Rioja. Früher war Viana eine politische Hochburg und genießt bis in die Gegenwart hohes Ansehen. Noch heute trägt Kronprinz Felipe den Titel „Fürst von Viana". Auch der uneheliche Sohn von Rodrigo Borgia, besser bekannt als Papst Alexander VI, wurde hier bestattet. Die Stadt verfügt also über reichlich A-Prominenz und dazugehörige Skandale. Heute gibt es hier einige prachtvolle Bauten im Barock- und Renaissancestil zu bestaunen. Eine Viertelstunde später gehen wir weiter.

Bis Logroño sind es nur noch zehn Kilometer. Vorher müssen aber noch einige industriehaltige Vororte durchlaufen werden. Aber auch das gehört zu einer Reise dazu. Von einigen Pilgern kann man das hingegen nicht behaupten. Die Bacardi-Brüder kommen wieder in Hörweite. Als sie Evelyn entdecken, verlangsamen sie den Schritt, bis wir auf gleicher

Höhe sind. Trotz der verspiegelten Sonnenbrillen kann man ihre grabschenden Blicke erahnen. Ihre gezupften Augenbrauen hüpfen im Rhythmus des Basses auf und ab. Bald folgen die ersten Anmachsprüche. Aber Evelyn bleibt ganz gelassen und lächelt. Wahrscheinlich fühlt sie sich eher sexuell belustigt, statt belästigt. Forest und ich beziehen trotzdem schon mal strategisch Stellung. Beim nächsten LKW stoßen wir die Strohhüte auf die Fahrbahnmitte.

Doch der heilige Jakobus nimmt sich selbst des Problems an. Plötzlich verstummt nämlich der Ghettoblaster. Die Bacardi-Brüder setzen das Gerät ab und befingern sämtliche Knöpfe und Regler. So sehr sie sich auch mit der Reanimierung mühen, das war es wohl mit der Beschallung. Ich überlege im Vorbeigehen trotzdem noch mal zuzutreten – nur um auf Nummer sicher zu gehen.

Hinter Viana zweigt der Camino von der N111 ab und entführt uns in paradiesische Schrebergärten. In den hohen Hecken singen Vögel, Schmetterlinge steigen über roten und weißen Blüten auf. Das Beste aber ist: Es gibt endlich etwas Schatten. Kurz darauf kommt Logroño in Sicht, eine graue zusammengepappte Häusermasse, aus der Baukräne und Funkmasten hervorstacheln. Dahinter zeichnen sich verwaschen die Züge des Kantabrischen Gebirges ab. Die letzten Kilometer werden auf Asphalt zurückgelegt. Hier endet auch das Baskenland. Die kommenden Tage führt der Camino durch die Rioja, die vor allem für ihre Weine berühmt ist. Heute werden hier etwa 250 Mio. Liter produziert, Tendenz steigend. In der Geschichte hingegen spielte die Rioja eher eine Nebenrolle. Lange Zeit zankten sich Navarra und Kastilien um das alleinige Sorgerecht.

Nachdem Diktator Franco jedoch gestützt war, wurde die Region unabhängig und beanspruchte Logroño für sich. Heute ist die Stadt in erster Linie Autobahndrehkreuz und verfügt über eine intakte Keramik- und Weißblechindustrie.

Auf dem Weg ins Zentrum überqueren wir die Puente de Piedra, die steinerne Brücke. Darunter fließt braun und träge der Ebro, mit seinen 910 Kilometern der zweitlängste Fluss Spaniens. Laut meinem Rother ist es bis zur Herberge nicht mehr allzu weit. Aber häufige Ampelstopps und dichter werdender Fußgängerverkehr verzögern die Ankunft.

Die heutige Unterkunft gehört zu den größeren auf dem Camino. Knapp hundert Pilger finden hier Platz. Beim Einlass werden wir ausdrücklich ermahnt die Schließzeiten einzuhalten. Andernfalls droht eine Nacht im Freien.

Abends mache ich mich mit Forest und einem Schweizer namens Maurice auf den Weg in die Stadt. Da unser Hunger zu groß ist, um groß nach einem Restaurant zu suchen, darf es heut ein Döner sein. Nach dem Essen überlegen wir noch in eine der zahlreichen Bars einzukehren, um uns selbst vom guten Wein zu überzeugen. Leider drängt die Zeit. Bald werden die Pforten geschlossen.

Vor der Herberge begegnen wir Lars aus Dänemark, der mit dem Fahrrad unterwegs ist. Rennradfahrer gibt es ja viele auf dem Jakobsweg. Meist handelt es sich dabei um austrainierte Modellathleten, die den Camino in weniger als einer Woche abrasen und dem Fußvolk nicht selten die Schlafplätze streitig machen. Mitunter kommt es hierdurch auch zu Spannungen. Lars hingegen hebt sich mit seiner Hippiemähne und dem Zottelbart deutlich von seinen Sattelschwagern ab. Statt Sixpack zeichnet sich eine ordentliche Bierplauze unter dem

Trikot ab. Das Rad steht seinem Besitzer in nichts nach: Ausgefranste Wimpel zieren die Lenkstange, Schaumstoff quillt aus dem löchrigen Sattel. Die wulstigen Fahrradtaschen auf dem Gepäckträger sind mit allerlei Flicken und Aufnähern versehen. Über allem liegt ein Hauch von Marihuana.

Lars erzählt, dass er meistens im Zelt übernachtet. Mit den Herbergen sei man immer so zeit- und ortsgebunden. Da tut es auch mal ein stoppliger Acker oder eine leere Scheune. Manchmal hat er auch Gesellschaft im Stroh, wie er grinsend berichtet. Während er so dahinschwadroniert spielt sein Daumen mit der rostigen Klingel, die statt einem Bimmeln ein metallisches Schnarren von sich gibt. Trotz fortgeschrittener Stunde hat es sich Lars in den Kopf gesetzt noch ein paar Kilometer zu machen. Es sei so schön unter Sternen auf leeren Straßen zu fahren. Ein echter Easy Rider. Gerne würden wir ihm noch länger zuhören, aber der Herbergsvater drängelt zum Zapfenstreich. Lars setzt sein bestes Jack Nicholson Grinsen auf, knipst die Beleuchtung ein und holpert dann in die Nacht hinaus. Zum Abschied schnarrt noch einmal die Klingel. Ich weiß, dass mir von dieser Begegnung kein Bild, sondern für immer ein Geräusch in Erinnerung bleiben wird.

Der Herbergsvater spricht eine letzte Warnung aus. Entweder wir kommen jetzt sofort rein oder die Tür ist zu. Wie gern würde ich ihm jetzt das Maul stopfen – am liebsten mit Klopapier.

10 Ein Container für alle

Es dauert eine Weile, bis ich mich selbst im Spiegel erkenne. Meine Haare stieben in alle Richtungen auseinander, als hätte ein Vogel darin genistet. Dazu kommen die üblichen Falten und Augenringe – alles Ornamente einer viel zu kurzen Nacht. Ich drehe den Hahn auf, warte bis das Wasser eiskalt ist und halte dann den Kopf darunter.

Nach der Morgenwäsche widme ich mich dem Rucksack. Meinem Rücken zuliebe, gedenke ich mich einiger nutzloser Gegenstände zu entledigen. Also breite ich alles auf dem Schlafsack aus. Nach längerer Überlegung trenne ich mich von zwei T-Shirts und einem Paar Socken. Auch die langen Unterhosen werden disqualifiziert.

Als wieder alles eingepackt ist, scheint der Rucksack seltsamerweise mehr als vorher zu wiegen. Für eine zweite Inventur fehlt mir aber die Zeit. Ich bin nämlich mal wieder der Letzte. Sämtliche Betten sind geräumt. Lediglich ein paar zerknautschte Kissen und Pflasterreste beweisen, dass bis vor kurzem hier Menschen zugange waren. Auch draußen vor der Herberge ist kein einziger Pilger anzutreffen. Alle sind fort. Es fühlt sich an, als sei mir der Tag davongelaufen - und ich muss ihn jetzt irgendwie wieder einholen.

Vorher wird auf einer Bank aber noch gefrühstückt. Es gibt die üblichen drei Gänge: Gummibärchen, Schokokekse und Zigarette. Inzwischen habe ich meinen Magen da konditioniert. Auch das Wetter zeigt keine Veränderungsbereitschaft. Der Himmel ist geschliffen blau. Ich drücke meine Zigarette aus und stecke den Stummel in die Hemdtasche. In den Boden eingelassene Jakobsmuscheln dirigieren mich durch die Altstadt von Logroño. Immer wieder halte ich nach anderen Rucksäcken Ausschau. Doch wie es scheint, habe ich wirklich den Anschluss verloren.

Plötzlich bemerkte ich einen versengenden Geruch. Dünner Rauch steigt aus meiner Hemdtasche. Wahrscheinlich war die letzte Zigarette doch nicht ganz aus. Ich lösche den Brand mit Wasser und sprühe anschließend etwas Deo hinterher. Um ein Haar hätte ich mich selbst abgefackelt. Was bleibt, ist ein daumengroßes Brandloch und die verstörten Blicke einiger Passanten.

Hinter der Stadt öffnet sich großzügig der Parque San Miguel. Immer wieder sausen Radfahrer oder Jogger an mir vorüber. Spanier treiben beneidenswert viel Sport. Aber mit einem fünfzehn Kilo Rucksack, bei gut dreißig Grad achthundert Kilometer durch ein komplettes Land zu laufen, ist ja auch nicht schlecht.

Am Stausee Pantano de la Grajera treffe ich Haldor wieder. Endlich! Mein erster Pilger! Mein norwegischer Freund kauert mit hochgekrempeltem Hosenbein auf dem Uferwall und massiert sich die Waden. Ein Titelbild wie gemacht für die *Apotheken Umschau*. Statt Liverpool trägt Haldor heute ein Trikot von Manchester United. Mit der Vereinstreue scheint er es nicht so zu haben. Wir plaudern ein wenig über die heutige Etappe und natürlich über Fußball. Unser Gespräch wird kurz unterbrochen, als ein Schwan lautstark zur Landung auf dem Wasser ansetzt. Haldor deutet mit den Armen Gewehrfeuer an und lässt ein gehässiges Grinsen folgen. Danach bekomme ich eine Dose Bier gereicht. Zweites Frühstück sozusagen. Nach einer halben Stunde zieht es mich aber weiter. Meine Füße haben noch Hausaufgaben zu erledigen. Haldor bleibt noch etwas am See. Wir verabreden uns für den Abend in Nájera, dem heutigen Etappenziel, zum Abendessen.

Der Camino führt entlang des Stauseeufers und steuert dann auf eine Anhöhe zu. Diese kleinen, immer wiederkehrenden Anstiege sind nicht zu unterschätzen. Schon nach wenigen Minuten läuft mir der Schweiß aus sämtlichen Poren, mein Herz hämmert gegen die Rippen. Ich habe große Lust mich hinzulegen und zu sterben. Doch dann naht der rettende Defibrillator: Vor mir entdecke ich Leona. Mein Blick klinkt sich an ihrem Hintern ein und ich lasse mich ein Stück ziehen.

Oben auf der Anhöhe steht ein Stier. Zum Glück nur aus Blech. Der sogenannte Osborne-Stier findet sich in ganz Spanien. Ursprünglich sollte er den *brandy veterano* bewerben, den Weinbrand eines spanischen Familienunternehmens. Über die Jahrzehnte hat sich der Blechkamerad aber zum nationalen Symbol Spaniens gemausert. Nach einer kurzen Verschnaufpause geht es weiter. Schließlich ist mit Navarrete die nächste größere Ortschaft erreicht. Wer will, kann hier die freigelegten Ruinen des Pilgerhospitals San Juan de Acre besichtigen. Neben den regionalen Töpferwaren lobpreist mein Rother zudem die Altstadt und - na klar - mal wieder eine Kirche.

Meine erste Anlaufstelle ist die nächste Bar. Ich setze mich an den Tresen und bestelle ein großes Bier. Meine Aussprache wird im Übrigen immer besser. Als Zeichen der Anerkennung bekomme ich vom Wirt einen hauseigenen Schnaps spendiert.

Heiter geht es zurück auf die Piste. Der Camino führt an der Ermita Santa Maria de Jesús vorbei bis er wieder in die

Weinberge abschwenkt. Nach knapp anderthalb Stunden passiere ich eine Abzweigung, die auf die kleine Ortschaft Ventosa verweist. Da es die nächsten Kilometer keine Einkehrmöglichkeit gibt, überlege ich dort ein Frühstück zu mir zu nehmen. Nur Bier, Schnaps und Zigaretten sind dann doch nicht so nahrhaft. Allerdings würde das einen Umweg bedeuten. Bei über dreißig Kilometern Wegstrecke verzichte ich auf jeden zusätzlichen Schritt.

Die nächsten Stunden passiert nicht viel. Eigentlich gar nichts. Die Landschaft dümpelt geradezu vor sich hin. Das ist wie, wenn jemand die ganze Zeit etwas erzählt, was man aber eigentlich gar nicht wissen möchte. Immerhin schaukelt manchmal ein Traktor durch die Felder. Schließlich kommen markante rote Felswände in Sicht. Ich bin fast am Ziel.

Einst war Nájera ein römisches Basislager, ehe es später von Westgoten und Arabern wie ein Wanderpokal umhergereicht wurde. Damals residierten hier zudem die Könige von Navarra, weil ihr Hauptsitz in Pamplona in Schutt und Asche lag. Im 17. Jahrhundert ereilte auch Nájera dieses Schicksal. Diesmal randalierten die Franzosen. So rückte die Stadt langsam wieder ins zweite Glied der Geschichte zurück und döst bis heute im Schatten vergangener Zeiten.

Mein Rother informiert mich darüber, dass zu Festtagen hier so genannte *vueltas* stattfinden. Dabei veranstalten die Dörfler ein fröhliches Sing- und Tanzgelage zur Blasmusik. Blasmusik wird es heute Nacht wohl auch geben. Ich entnehme meinen Reiseführer nämlich, dass die heutige Unterkunft Platz für mindestens 100 Menschen bietet.

Schon bald ist das Zentrum von Nájera erreicht. Die glühend roten Felsen über der Stadt verströmen eine marsianische

Atmosphäre. Meine Arme und Waden weisen inzwischen eine ähnliche Färbung auf. Auf einer gepflegten Brücke wird der Rio Najerilla überquert. Dann geht es links am Flussufer entlang in Richtung Herberge.

Herberge ist eigentlich übertrieben, denn es handelt sich dabei um eine Art Baucontainer, weswegen ich fast vorbeigelaufen wäre. Nach der Zuweisung einer Pritsche gehe ich erwartungsfroh ins Bad. Mein Vorduscher weist mich noch kurz darauf hin, dass es nur kaltes Wasser gibt. Danach werden die Schuhe gelüftet und die gewaschenen Kleider aufgehängt. Schon erstaunlich wie schnell man sich auf dem Jakobsweg seinen eigenen kleinen Alltag schafft. Haldor ist immer noch nicht eingetroffen. Wahrscheinlich sitzt er noch am Stausee und schießt auf die Schwäne.

Bei Einbruch der Dämmerung mache ich mich mit den Italienern auf den Weg in die Stadt. Mein heutiges Pilgermenü besteht aus Salat, Pommes und einem Steak mit der Konsistenz einer Schuhsohle. Immerhin der Nachtisch stimmt. Es gibt *flan*, eine Art Karamellpudding, der neben dem *bocadillo* zu meiner Leibspeise werden sollte. Nicht lange und die zweite Flasche Wein ist geleert.

Der Alkohol macht mich mutig und ich versuche ein wenig mit der Kellnerin zu flirten. Sie macht eine Handbewegung, als versuche sie eine Schmeißfliege zu verscheuchen. Wahrscheinlich werden Kellnerinnen öfter von Ungeziefer wie mir belästigt.

Zurück im Container trifft mich fast der Schlag. Drinnen ist es so heiß und stickig wie in einem Tropenhaus. Es riecht nach getragenen Socken, Hirschtalkcreme und Männerschweiß. Die wenigen Fenster sind nicht mehr als

Atemlöcher. Ein paar Pilgerinnen versuchen den strengen Geruch mit etwas Deo zu übertünchen, aber das macht alles nur noch schlimmer. Jetzt stinkt es wie in einem Billigpuff. Da hilft nur eins: Licht aus und schnell einschlafen.

Leider klappt das nicht, denn das gleichmäßige Atmen im Raum schwillt binnen Minuten zu einem Dolby-Surround-Schnarchen an. Ein paar Pilger nehmen schließlich Reißaus und verlassen mitsamt ihren Schlafsäcken den Container. Alle paar Minuten treffen zudem noch Nachzügler ein. Dem Gepolter und Geruch nach zu urteilen, haben sie ordentlich einen gesoffen. Lallend rumpeln sie durch den ganzen Raum, bis wirklich auch der Letzte wieder wach ist. Ich meine auch die lallende Stimme von Haldor zu hören. Nach zehn Minuten hat sich der Tumult halbwegs gelegt. Jeder liegt in seinem Bett und hofft vor der nächsten Schnarchattacke einzuschlafen. Dann vernehme ich wieder das Zischen des Deos. Ganz ehrlich, jetzt wo ich den Tag eingeholt habe, möchte ich am liebsten wieder davonlaufen.

11 Hugo und die Hähnchen

Über Nacht hat das Wetter umgeschlagen. Ein frischer Wind bläst mir ins Gesicht, zerfetzte Wolken geben dem Himmel eine ungewohnte Dramatik. Es riecht nach Regen. Vor der Herberge wappnen sich die Pilger für den neuen Tag. Eigentlich ist es immer wieder dasselbe Bild, aber es ist immer wieder schön: Wanderschuhe werden geschnürt, Schulterriemen festgezurrt. Man hört das Ratschen von Kniebandagen, Rucksackschnallen klacken, Reißverschlüsse schnurren, hier und da klickt ein Feuerzeug. Wie die Gewehre einer ausrückenden Armee lehnen die Wanderstäbe griffbereit an der Hauswand.

Entlang des Rio Najerilla geht es auf den Camino zurück. Bald grüßt der erste gelbe Pfeil. Es ist irgendwie beruhigend zu wissen, dass jeden Tag jemand sagt: „Da geht's lang. Hier ist dein Weg". Selbst wenn *jemand* nur ein bisschen gelbe Farbe auf einer Hauswand ist.

Ich beobachte die vor mir laufenden Pilger. Dabei muss ich unweigerlich an meine Schulzeit denken. Da die eingeschworenen Cliquen, die tratschend dahinbummeln, dort die Streber, die strammen Schrittes vorauseilen, um ja keine Sekunde vom Unterricht zu verpassen. Den Schluss des Feldes bilden die Außenseiter, die gedankenversunken am Wegesrand entlangtaumeln. Doch wir gehen alle in dieselbe Klasse. Nur statt Ranzen gibt es eben Rucksäcke. Mal sehen, was wir heute lernen.

Über einen steilen Anstieg wird Nájera verlassen. Nach einer guten Stunde ist Azofra erreicht. Das kleine Straßendorf ist

Treffpunkt vieler Frühstückshungriger. Die kleine Bar ist voll ausgelastet. Etliche Stühle stehen mitten auf der Straße. Die bereits anwesenden Italiener begrüßen alle Neuankömmlinge mit einer La-Ola-Welle. Ich setze mich zu Bo und Maurice, die erfolglos versuchen, den wackligen Tisch mit Zellstofftaschentüchern zu stabilisieren.

Eine Weile belauschen wir die Gespräche an den Nachbartischen. Nebenan diskutieren die Bayern aus den Pyrenäen so dekadent über Landespolitik, dass ich Lust habe, ihre Zungen als Unterlegscheiben für unseren Wackeltisch zu verwenden. Die Italiener haben da ganz andere Probleme: Ihre Grasvorräte gehen zur Neige und sie müssen sich zu fünft die letzte Tüte teilen. Die Wetterlage wird inzwischen bedrohlicher. Nach und nach türmen sich die Wolken zu einem finsteren Gebirge auf. Der Wind rüttelt gefährlich an den Sonnenschirmen. Da kommt bestimmt bald was.

Nach dem Frühstück gehen wir zu dritt weiter. Vor uns läuft ein Pilger mit einer Gitarre auf dem Rücken. Anfangs habe ich auch überlegt ein kleines Reiseinstrument mitzuführen. Auch wenn meine musikalischen Fähigkeiten begrenzt sind, so würde mich der Weg doch bestimmt manche Melodie lehren.

Nach einer Weile erreichen wir einen Rastplatz. Für Erheiterung sorgt ein Warnschild mit der Aufschrift: „PROHIBIDO DEFECAR". Darunter steht die englische Übersetzung: „DON'T SHIT".

Hier ist es tatsächlich untersagt zu kacken. Sogar ein passendes Piktogramm wurde dazu kreiert. Die umliegenden Klopapierfetzen und mumifizierten Häufchen lassen allerdings darauf schließen, dass gerade bewusst gesetzte

Verbote zum Verstoß einladen. Oder kurz gesagt: Scheiß drauf!

Die nächsten Kilometer geht es leicht bergauf, bis eine kleine Ferienkolonie erreicht ist. Das muss dann wohl Cirueña sein. Die Ortschaft scheint über Nacht aus dem Boden gestampft worden zu sein. Hinter symmetrischen Hecken und überpflegten Vorgärten reiht sich Haus an Haus. Eines sieht aus wie das andere. Dazwischen gibt es einen hoch umzäunten Tennisplatz. Hier und da blitzt ein Pool auf. Das wirklich Gruselige aber an Cirueña ist: Es ist erschreckend still. Nirgends schreit ein Kind oder knurrt ein Rasenmäher. Ja nicht mal ein Hund bellt. Sollte Spanien demnächst Atomwaffentests durchführen, empfehle ich diese Fertighausplantage als Versuchsareal. Passenderweise fallen genau jetzt die ersten Regentropfen.

Nach einem weiteren Anstieg kommt tatsächlich schon Santo Domingo de la Calzada in Sicht. Doch das Ganze täuscht gewaltig. In Sichtweite, das heißt auf dem Jakobsweg noch richtig weit weg. Die Stadt will und will einfach nicht näherkommen, manchmal denke ich sogar, sie läuft weg. Inzwischen dreht Petrus den Wasserhahn kräftiger auf und ich bin seit zehn Tagen das erste Mal gezwungen meine Regenjacke überzuziehen. Als wir den Stadtrand erreichen, lässt der Guss aber schon wieder nach. Für einen Moment tritt die Sonne durch die Wolken. Direkt vor uns materialisiert sich ein Regenbogen. So wird man gerne begrüßt.

Santo Domingo de la Calzada ist nach einem wohltätigen Eremiten benannt, der zugleich auch Schutzpatron der Straßen- und Brückenbauer ist. Domingo de Viloria gründete neben einer Herberge auch ein Pilgerhospiz, wo er höchstpersönlich die Kranken umsorgte. Für seine Dienste wurde der Stadtvater kurz nach seinem Ableben heiliggesprochen. Zusammen mit dem heiligen Jakobus und San Juan de Ortega bilden die Drei die Lichtgestalten des Caminos. Doch die Stadt hat noch mehr zu bieten, zum Beispiel das berühmte Hühnerwunder.

Im 16. Jahrhundert machte sich der deutsche Pilger Hugonell (mein Beileid für diesen Namen) mit seinen Eltern auf den Weg nach Santiago. Unterwegs machten sie Halt in Santo Domingo. Sie kehrten in ein Gasthaus ein und prompt verliebte sich die Tochter des Wirts in den schnieken Jüngling. Allerdings schienen ihre Zuneigungsbekundungen nicht sonderlich zu zünden, denn Hugonell verschmähte sie. Das behagte der Dame gar nicht. So fasste sie einen finsteren Plan, um es dem Liebesunwilligen heimzuzahlen. Sie schmuggelte heimlich Silberware in sein Gepäck und bezichtigte ihn anschließend des Diebstahls. Alle Unschuldsbeteuerungen zum Trotz, landete Hugonell am Galgen. Seine Eltern hingegen zogen schweren Herzens weiter nach Santiago. Aber es handelt sich ja bei dieser Geschichte um ein Wunder. So trug es sich zu, dass Vater und Mutter ihren Sohn bei der Rückkehr aus Santiago lebend vorfanden. Zwar hing der Gute noch am Strick, aber putzmunter, denn Jakobus höchstpersönlich trug ihn auf seinen Schultern. Umgehend informierten sie den Richter der Stadt, der gerade zu Mittag aß. Dieser schwor darauf, dass Hugonell so tot wäre wie das Geflügel auf seinem Teller. Kaum waren die Worte gesprochen, flatterten die Brathähnchen fröhlich davon. Manche Quellen besagen, dass dafür die Wirtstochter aufgehängt wurde und diesmal hatte der heilige Jakobus anscheinend keine Lust auf Huckepack. Zumindest kann man in der Kathedrale von Santo Domingo fortan lebendiges Federvieh besichtigen. Dieses muss natürlich immer mal ausgewechselt werden. Die Ersatzhühner befinden sich im Hinterhof unserer Herberge. Eine schöne Geschichte, die nicht nur spannend ist, sondern vor allem Hunger macht.

Nach dem Einchecken werden wir im Obergeschoss einquartiert. Mein Bett steht direkt unter der Dachschräge und ich lerne schnell, dass man sich hier ganz wunderbar den Kopf stoßen kann.

Später erkunde ich mit Bo die Stadt. Da gerade Siesta ist, sind die meisten Geschäfte geschlossen. Zwischen zwölf und siebzehn Uhr ist in Spanien immer Sonntag. Immerhin finden wir einen Bankautomaten, um die Reisekasse aufzufüllen. Ein bisschen mulmig wird mir schon, als meine EC-Karte vibrierend eingezogen wird. Es folgen sehr seltsame Geräusche, die an einen Verdauungsvorgang erinnern. Letztendlich gibt die Maschine aber Geld und Karte frei. Bo hat weniger Glück. Der Automat bockt. Eine Auszahlung wird verweigert. Weitere Versuche bleiben ebenfalls erfolglos. Also suchen wir einen anderen Geldautomaten auf. Dasselbe Problem. Bo rechnet aus, dass ihm unter diesen Umständen etwa zwei Euro fünfzig pro Tag bleiben. Das könnte knapp werden. Statt in Panik zu verfallen oder den Automaten zu demolieren, telefoniert Bo mit seiner Bank. Diese teilt ihm mit, dass seine Karte unterqualifiziert ist. Sie kann zwar als Zahlungsmittel genutzt werden, ist aber technisch nicht in der Lage Geld abzuheben. Auf den Schrecken spendiere ich erstmal eine Runde Bier.

Später am Abend sammeln sich die Pilger vor der Herberge zum gemeinsamen Abendessen. Hier gibt es nicht nur ein Wiedersehen mit Philip und Wout, meinen zwei Lieblingsbelgiern, sondern auch mit Haldor, der zur Abwechslung mal ein geschecktes Unterhemd trägt. Schließlich gesellt sich auch noch Evelyn in unsere Runde, was mich natürlich ganz besonders freut.

Wenig später sitzen wir wie die Ritter der Tafelrunde beisammen. Feierlich heben wir unsere Weingläser und toasten einander in unserer Landessprache zu. Danach unterhalten wir uns in einem Mischmasch aus Spanisch, Englisch, Deutsch und Französisch. Schwierige Begriffe werden pantomimisch oder durch Skizzen auf Bierdeckeln erklärt. Hin und wieder versuche ich ein bisschen mit Evelyn zu flirten. Leider verdeckt mir Haldor mit seinem Brachialkörper immer wieder die Sicht.

Nach der Vorspeise teilt uns Bo sein Dilemma hinsichtlich des Bankautomaten mit. Statt kollektiven Beileids gibt es eine schnelle Lösung: Wir beschließen, dass Bo ab sofort für die Klassenkasse zuständig ist. Wir sammeln unser Geld und er begleicht die gemeinsame Rechnung elektronisch. So findet die mürrische Karte Verwendung und er selbst kann sein Barvermögen wieder auffüllen. Eigentlich müssten wir jetzt gehen – aber es geht nicht. Der Wein ist einfach zu gut um es bei vier Flaschen zu belassen. Also nehmen wir wieder Platz.

Eine gute Stunde später taumeln wir zufrieden in den Abend hinaus. Der Wind hat sich gelegt, Sterne funkeln durch die Wolkenlücken. Zum Abschied drücken wir uns alle noch einmal. Als Evelyn ihre Arme um mich schließt, ist das für mich der Höhepunkt des Tages. Mein zweiter Regenbogen.

Kurz nach zehn liegen alle im Bett – alle bis auf Haldor, der noch fröhlich furzend seine Sportzeitung auf Toilette liest. Als er sich endlich hingelegt hat, darf er gleich wieder aufstehen, denn der Letzte macht das Licht aus. Noch quietschen ein paar Betten, ein Handy purzelt zu Boden. Ich fühle mich wunderbar müde. Doch in genau solcher Wohligkeit muss man natürlich pinkeln. Als ich aufstehe, stoße ich mir natürlich ordentlich die Birne an der fiesen Dachschräge. Da lachen ja die Hühner - und das tun sie wirklich. Jedenfalls ertönt vom Hinterhof gedämpftes Gegacker.

12 Vom Ploppen zerplatzter Männerträume

Der neue Morgen lässt sich auf zwei Adjektive reduzieren: grau und kalt. Dächer und Straßen glänzen nass vom Regen, die Wolken hängen tief. Unschlüssig stehen Bo und ich vor der Herberge. Irgendwie wartet einer darauf, dass der andere jetzt den ersten Schritt macht – damit er mitgehen kann.

Wie mit dem Lineal gezogen, verläuft der Camino entlang der Hauptstraße. Am Ortsausgang von Santo Domingo wird der Rio Oja überschritten. Dann geht es auf einer Schotterpiste direkt neben der N120 entlang.

Nach einer Weile offeriert ein Hinweisschild zwei Wegvarianten nach Grañón: Entweder man entscheidet sich für die Straße (1,9 km) oder nimmt den Pfad durch die Felder (3,2 km). Wir wählen Vorschlag zwei, um einer Weile dem Verkehr zu entkommen.

An der Kirche von Grañón erwartet uns ein seltsamer Anblick: In wulstige Schlafsäcke verpuppt, liegen überall Pilger im Gras. Um sie herum stehen zahlreiche Weinflaschen und Bierdosen. Das gab wohl ein ordentliches Gelage gestern. Ein paar der Stoffmumien zucken aber schon leicht. Kein Wunder, denn inzwischen frischt der Wind merklich auf. Bo öffnet den Rucksack, um seine Fleecejacke herauszuholen - nur findet er sie nicht. Das liegt daran, dass sie noch im Waschraum von Santo Domingo liegt. Im Laufe unserer Reise sollte mein Freund noch etliche Kleidungsstücke einbüßen.

Schließlich erreichen wir den Grenzstein von Castilla y Leon. Kein anderer Landstrich war so hart umkämpft wie Kastilien.

Unzählige Eroberer gaben sich hier die Klinke in die Hand. Als die Kriege beendet waren, folgten die innerpolitischen Zänkereien. Kurz nachdem das Königreich León gegründet wurde, spaltete sich die Grafschaft Burgos (Castilla) ab. Die beiden Regionen hielten es wie ein zerstrittenes Ehepaar. Man kommt zusammen, trennt sich, versucht es noch mal. Erst König Ferdinand III. hielt den Laden zusammen. Trotzdem blieb eine gewisse Rivalität bestehen. Bis heute wird zwischen Burgos und León darum gewetteifert, wer die tollste Kathedrale hat.

Eine halbe Uhrumdrehung später ist mit Redecilla del Camino auch die erste kastilische Ortschaft erreicht. Wer will, kann hier das romanische Taufbecken der Pfarrkirche besichtigen. Wir entscheiden uns aber erstmal für die nächste Bar.

Beim Frühstück kommen Bo und ich auf Filme zu sprechen. Es stellt sich heraus, dass wir beide große Liebhaber von Star Trek sind. Gemeinsam verfügen wir über ein beeindruckendes interstellares Wissen. Leider nützt das auf Erden recht wenig. Die Zeit nach dem Jakobsweg ist nach wie vor ein schwarzes Loch, dem ich mit jedem Kilometer näherkomme. Bo deutet meinen Gesichtsausdruck richtig und bestellt zum Kaffee noch zwei Bier.

Nach gut zwanzig Minuten geht es weiter. Die halbe Strecke bis zum heutigen Zielort Belorado ist bereits geschafft. Es folgen in kurzen Abständen die Ortschaften Castildelgado, Viloria de Rioja und Villamayor del Rio. Hinter einer Kurve entdecken wir eine hinkende Gestalt. Der kleine Teddy, der außen am Rucksack baumelt, sorgt für freudige Gewissheit. Flint begrüßt uns mit einem Grinsen wie ein zugezogener

Reißverschluss. Wir erfahren, dass der Neuseeländer aufgrund seines lädierten Knies mit dem Bus ein paar Kilometer vorausgefahren ist. Umso deprimierender für ihn, dass wir ihn schon wieder eingeholt haben. Wir nehmen Flint in die Mitte und setzen den restlichen Weg gemeinsam fort.

Am frühen Nachmittag ist dann Belorado erreicht. Wir müssen nicht lange nach einer Unterkunft suchen, denn direkt am Ortseingang wartet eine piekfeine Herberge. Flaggen verschiedener Nationen schmücken die Terrasse, lange Sitzbänke und breite Sonnenschirme verströmen Biergartenflair. Als besonderes Extra gibt es einen Pool. Die Entscheidung fällt uns nicht schwer. Auch in Sachen Schlafkomfort hat man sich hier Gedanken gemacht. Am Einlass werden die Pilger nämlich befragt, ob sie Schnarcher sind und dementsprechend auf die Zimmer aufgeteilt. Die Frage ist nur, ob auch jeder wirklich die Wahrheit sagt.

Nachdem wir ein bisschen die Füße in den eisigen Pool gehalten haben, machen wir uns auf den Weg in die Ortschaft. Hauptmission ist das Auffinden einer Bar. Hoffentlich brauchen wir dafür nicht allzu lange, denn der Himmel verfinstert sich zusehends.

Schließlich stehen wir vor der Iglesia de Santa Maria. Was gleich ins Auge fällt, ist der zweidimensionale Glockenturm. Die gesamte Front wirkt wie eine Kulisse aus Pappmaché. Ein echtes Magermodel unter den Kirchen. Doch die abgeflachte Bauweise ist keine Seltenheit in Spanien. Scheinbar war das Baumaterial chronisch knapp. Den Störchen ist das egal. Sie freuen sich über die vielen Nistplätze und die Touristen über die vielen Fotomotive. Einen weitaus beleibteren Eindruck bildet die mittelalterliche Festung auf dem Burgberg.

Angeblich verbrachte kein Geringerer als der legendäre El Cid hier seine Flitterwochen. Der spanische Nationalheld bekam jene Burg nämlich von König Ferdinand höchstpersönlich als Hochzeitsgeschenk überreicht. Das nenn ich mal großzügig.

Der Bierdurst treibt uns weiter. Wir erreichen einen malerischen Marktplatz mit einem kleinen Pavillon in der Mitte. Diesen suchen wir auch gleich auf, denn plötzlich beginnt es wie aus Kübeln zu schütten. Das Rauschen ist ohrenbetäubend. Unsere Arche Noah ist die nächste Bar.

Kaum eingetreten, verlieben wir uns alle gleichzeitig in die schöne Kellnerin. Flint ist der Erste am Tresen und darf eine Runde Bier bestellen. Der Rest setzt sich daneben an den Tisch. Ich denke, hier bleiben wir eine Weile. Nach und nach trudeln auch andere klatschnasse Pilger ein. Darunter auch Maurice, Haldor und das italienische Geschwader. Nacheinander kugelt die Bedienung auch ihnen das Herz aus.

Bis zum Abend ist die Bar gefüllt. Die Einheimischen sind längst in der Minderzahl. Schließlich kann gespeist werden. Natürlich geben wir uns absichtlich dumm. Jeder lässt sich von der Kellnerin die Speisekarte persönlich ins Englische übersetzen. Nachdem alle aufgegessen haben, ordern wir zwei neue Flaschen Wein. Der ist allerdings nicht nur zum Trinken da. Maurice benetzt seinen Zeigefinger und bringt mit langsamen Kreisbewegungen das Glas zum Singen. Ein hoher Ton flirrt durch die Luft und versetzt die Anwesenden in Staunen. Haldor versucht ihm nachzueifern, aber seine Feinmotorik ist auf dem Entwicklungsstand eines Vorschülers. Am Ende stößt er das Glas um und der Wein ergießt sich weitläufig über den Tisch. Plötzlich teilt sich geräuschvoll der Vorhang. Ein wildbärtiger Hüne in lederner

Motorradkluft stampft in die Bar. Mit durchgeladenem Blick mustert er alle Anwesenden. Natürlich ziehen wir besondere Aufmerksamkeit auf uns, weil Haldor das nächste Glas umstößt. Zwei weitere Biker kommen in den Saal. Um bedrohlicher zu wirken, lassen sie die Helme auf und schieben nur die Visiere hoch. Anscheinend drehen sie gerade ihre allabendliche Runde, um die örtlichen Kneipen abzukassieren. Der Bärtige marschiert breitbeinig zum Tresen und grabscht der Bedienung an den Hintern. Es folgt eine beispiellose Knutschorgie. Im ganzen Saal ist das Ploppen zerplatzter Männerträume zu hören. Haldor versucht es nochmal mit dem Musizieren, aber Maurice nimmt ihm das Glas weg.

Gegen 22.00 Uhr stehen wir im Nieselregen vor unserer Herberge. Aus den schnarchfreien Zimmern dringt Geschnarche. Wir stehen da und schauen uns an. Irgendwie wartet einer darauf, dass der andere jetzt den ersten Schritt macht – damit er mitgehen kann.

13 ALLES, WAS ICH WISSEN MUSS

Mein Tag beginnt äußerst schmerzhaft - dabei bin ich noch nicht mal losgelaufen. Schuld ist der chirurgische Eingriff, den ich gerade an meinem Fuß durchgeführt habe: Aus Angst mir könnte ein sechster Zeh wachsen, habe ich nämlich eine meiner Blasen aufgestochen. Zwar hat mich mein Rother ausdrücklich darauf hingewiesen, solche Doktorspiele zu unterlassen, aber aus den eigenen Fehlern lernt man bekanntlich am besten – bzw. aus dem daraus resultierenden Schmerz. Trotz Pflaster brennt die Wunde wie Feuer. Meine ersten Gehversuche zeigen zudem, dass die Leidensskala nach oben noch offen ist.

Immerhin das Wetter hat sich beruhigt. Der Himmel strahlt wieder im schönsten Blau. Vom gestrigen Wind ist nur noch eine sanfte Brise übrig. Die reicht allerdings, um meine mühsam gekämmten Haare in den anfänglichen Pumuckelzustand zurückzuversetzen. Was gebe ich jetzt für einen ordentlichen Hut.

Apropos Kopfbedeckung. Auf dem Jakobsweg existiert da eine beeindruckende Vielfalt: egal ob Schirmmütze, Kopftuch, Stetson, Truckerkäppi oder Stirnband. Es ist alles dabei. Forest erbringt zudem den Beweis, dass es sogar Frisuren gibt, die wie Hüte aussehen. Aber genug der Modenschau. Bis zum Zielort San Juan de Ortega warten noch fünfundzwanzig Kilometer Wegstrecke auf mich. Mit meinem behandelten Fuß wird das sicher äußerst lustig.

Der Weg aus Belorado führt entlang der Hauptstraße, dann weiter über die Flüsse Tirón und Retorte. Wie immer ist die

Strecke vorbildlich mit gelben Pfeilen gekennzeichnet. Oftmals stößt man jedoch auch auf Markierungen anderer Art. Heute ist das ein ausgelatschter Schuh, der einsam im Maschendrahtzaun baumelt. Manchmal finden sich auch zerfetzte T-Shirts oder löchrige Socken entlang des Weges. Im Zweifel kann man auch einfach dem Müll folgen, den es leider auch am Jakobsweg zuhauf gibt.

Weiter geht es in Richtung Tosantos. Wer Lust hat, kann hier die Einsiedelei Ermita Nuestra Señora de la Peña besichtigen. Ich verzichte auf einen Abstecher, denn der Weg ist vom gestrigen Guss gut durchwässert, so dass sich an den Schuhsohlen schnell ein ordentliches Matschprofil bildet. Da fällt jeder Schritt doppelt schwer.

In Villambistia treffe ich Bo und Flint wieder. Beide sitzen barfuss auf dem Rand eines Steinbrunnens. Wir teilen uns eine Tafel Schokolade und gedenken noch einmal der hübschen Kellnerin von Belorado. Nach zehn Minuten geht es weiter. Bei zu langen Pausen melden sich nämlich sämtliche Blessuren zu Wort und dann kommt man nur schwer wieder in Tritt.

Hinter Villambistia wird die Straße überquert. Nach einer Dreiviertelstunde finden wir uns an einer stark befahrenen Straße wieder. Villafranca Montes de Oca ist erreicht. Im Sekundentakt donnern schwere Lastwagen an uns vorüber. Von einem Seitenstreifen keine Spur. Ich muss unweigerlich an all die überfahrenen Tiere denken, die genau jetzt vom Himmel auf uns herabgrinsen und ihre Wetten abschließen. Besonders in den engen Kurven sind erhöhte Wahrnehmung und schnelle Sprints von Vorteil, um nicht als Sülze zu enden.

Schließlich retten wir uns in eine Bar.

In Villafranca schöpften die Pilger noch einmal Kraft für die gefährliche Überquerung der Montes de Oca. In den Wäldern der Hochebene wimmelte es nämlich von Banditen, Wölfen und anderen üblen Gesindel. Und auch wir sollten noch unsere Erfahrung machen.

Schließlich wagen auch wir den Aufstieg. Nach den ersten zehn Schritten fasst sich Flint zum elften Mal ans Knie. Er denkt ernsthaft über eine Amputation nach. Aber es hilft ja alles nichts. Wir müssen da rauf.

Oben angekommen stoßen wir auf eine Quelle, welche Gelegenheit bietet, unsere leergetrunkenen Flaschen aufzufüllen. Die Aufschrift *aqua no potable* verheißt allerdings nichts Gutes: Kein Trinkwasser! Und was nun? Plötzlich hören wir neben uns im Gestrüpp ein Rascheln. Flint schließt die Hand fester um seinen Walkingstick. Statt einem Wolf oder Banditen stolpert ein greises Männlein aus den Büschen hervor. Ob das wirklich besser ist, bleibt abzuwarten. Der Aufzug des Alten wirkt nicht gerade seriös. Seine Kleidung besteht nämlich vorwiegend aus vergilbten Fetzen. Auch das zur Grimasse verzerrte Gesicht weckt nicht unbedingt Vertrauen. Wenn ich so aussehen würde, würde ich mich auch im Busch verstecken. Der Alte beteuert, dass das Wasser, trotz des Warnhinweises, ganz vorzüglich sei - ja sogar das Beste weit und breit. Das irre Kichern und die rotierenden Schielaugen lassen aber ernsthafte Zweifel aufkommen. Wahrscheinlich ist der Opa aus einer der umliegenden Anstalten ausgebrochen oder hat zu viel von der eigenen Quelle genascht. Allerdings gibt es auf den nächsten zehn Kilometern keine Möglichkeit Wasser aufzunehmen. Es stellt sich die berüchtigte D-Frage: Durst oder Durchfall?

Eine klassische Dilemmasituation. Schließlich lehnen wir dankend ab. Dem Alten passt das gar nicht. Er fängt an wild mit den Armen herumzufuchteln, schimpft und flucht und spuckt. Am besten wir verschwinden jetzt mal. Schon eine komische Gegend diese Oca Berge.

Nach einer Weile ist mit Valbuena der höchste Punkt der heutigen Etappe erreicht. 1160 Meter. Wir genießen einen vortrefflichen Ausblick über das Waldgebiet. Aus Angst der cholerische Brunnenkobold könnte uns einholen, verweilen wir aber nicht lange. Danach gleicht der Weg einer Achterbahn: Es geht steil nach unten und prompt wieder hinauf, eine Stelle, die im Höhenprofil meines Rothers keinerlei Erwähnung findet. Anschließend wird die Wanderung auf einem unsagbar eintönigen Forstweg fortgesetzt. Erst nach zwei langen Stunden kommen Häuser in Sicht. San Juan de Ortega ist erreicht!

Gegründet wurde das Örtchen von Juan de Quintanaortuño. Anfangs baute er fleißig Straßen und Brücken, dann verkroch er sich in die Oca-Berge, um die Iglesia de San Nicolas zu errichten. Ringsum entstand so nach und nach ein kleiner Weiler. Nachdem der gute Juan (übrigens auch Patron der Bauingenieure) verschieden war, verfiel der Ort zusehends. Bis heute gehen die Restaurierungsarbeiten nur schleppend voran.

Wem das Glück hold ist, der kann in der Iglesia de San Nicolas das *milagro de la luz,* das „Lichtwunder", bestaunen. Allerdings bedarf es dafür einer peniblen Etappenplanung. Voraussetzung ist nämlich, dass exakte Tag- und Nachtgleiche herrscht. (Also am 21. März und 21. September.) Auch das Wetter muss mitspielen. Trifft beides zu, sollte man sich

Punkt 17:00 Uhr in besagter Kirche einfinden. Zu dieser Zeit fällt die Sonne auf eine der Säulen und lässt die dort dargestellte Weihnachtsgeschichte im Licht erstrahlen. Ein architektonischer Husarenstreich.

Auch pilgerten viele Frauen, die keine Kinder gebären konnten, zum Grab von San Juan. So auch Königin Isabella von Kastilien. Scheinbar half der Besuch, denn anschließend gebar sie sogar dreimal. Die Thronfolge war somit in trockenen Tüchern. Zum Dank spendierte Isabella den gotischen Baldachin über dem Grab von San Juan.

Bei so vielen Wundern ist es schon verwunderlich, dass die Herberge nicht mehr zu bieten hat: An die hundert Pilger können hier Unterschlupf finden, allerdings lässt die dafür bereitgestellte Infrastruktur zu wünschen übrig, so fern sie denn vorhanden ist. Immerhin wird die Knoblauchsuppe von Pfarrer José María Alonso gerühmt, die hier serviert wird. Das reicht aber nicht, um uns zum Bleiben zu überreden. Das neue Ziel für heute soll nun Agés sein, ein kleines Örtchen eine Dreiviertelstunde entfernt.

Der Camino führt weiter durch den Wald. Inzwischen ist es später Nachmittag. Gedanklich stehen wir schon unter der Dusche und sind beim dritten Bier. Schließlich treten die Bäume zurück und die Landschaft öffnet sich. Von einer Anhöhe aus blicken wir auf das frühabendliche Agés hinab.

Was habe ich die letzten Tage und Wochen gegrübelt und sinniert. Unzählige Fragen gingen mir durch den Kopf. Fragen ohne Antworten. Und jetzt schaue ich auf dieses kleine Dorf hinab und weiß alles, was ich wissen muss. Ich könnte noch ewig hier stehen. Wenn da nur nicht dieser Bärenhunger wäre.

Nach zwanzig Minuten treffen wir in Agés ein. Das kleine Dorf hat laut meinem Rother achtundvierzig Einwohner. Zählt man die eintreffenden Pilger dazu, hat sich die Ortspopulation fast verdoppelt. Die Herbergsleiterin fragt beim Einchecken, ob wir Abendessen und Frühstück wollen. Zwar erhöht sich so der Preis für die Übernachtung, aber die Endsumme ist immer noch verkraftbar.

An den Duschen gibt es ein Wiedersehen mit Maurice. Erst jetzt erfahre ich, dass der Schweizer von der Haustür bis hierher gelaufen ist. Donnerwetter! Ich frage ihn, wie viele Kilometer er schon auf dem Buckel hat. Die Antwort ist ein Schulterzucken. Irgendwann hat er mit dem Zählen aufgehört. Gern würde ich noch ein paar Details aus ihm herausquetschen, aber die Dusche wird frei. Nach der Körperpflege bepflastere ich mich neu. Die aufgestochene Blase befindet sich erfreulicherweise schon wieder im Heilungsprozess. Auch mein scheinbar loser Leberfleck ist wieder angewachsen.

Später zum Abendessen gibt es Paella und Rotwein. Ich teile mir einen Tisch mit Forest und Malou, einer niedlichen Französin, die erst seit Logroño dabei ist. Forest startet sogleich seine Charmeoffensive. Mit Erfolg. Nach dem Hauptgang haben die zwei nur noch Augen füreinander und ich bin nur noch Kulisse. Immerhin bleibt somit mehr vom Wein für mich.

Nach dem Essen spaziere ich mit Bo noch etwas durch den Ort. Die meisten Häuser in Agés bestehen lediglich aus Lehm, Stroh und Holzbalken. Auch die, vor Schlaglöchern strotzende, Straße hat sicher schon bessere Tage gesehen. Aber all diese kleinen Mängel geben dem Dorf eine wunderbare rustikale Romantik. Auf unserem abendlichen Bummel stoßen wir auf eine Steintafel. Hier wird an König Garcia III erinnert, der unweit von hier zu Tode kam. Es wird erzählt, dass er und sein Bruder sich bei der Aufteilung eroberter Gebiete nicht einig wurden. Solche Familienfehden war im Mittelalter nichts Ungewöhnliches. Da Anwälte zu jener Zeit noch rar waren, wurde das Ganze mit dem Schwert geregelt. Und zwar endgültig.

Als wir wieder vor der Herberge stehen, kramt Bo in seiner Tasche. Ich spekuliere darauf, dass er nach Kleingeld sucht, um eine letzte Runde Bier zu spendieren. Doch dann öffnet sich seine Hand und er reicht mir … eine Eichel!

Okay. Damit habe ich jetzt nicht unbedingt gerechnet. Auf der Eichel befindet sich eine handgeschriebene Nummer. Bo erklärt mir, dass er jeden Tag eine davon an Mitmenschen verschenkt, die ihm unterwegs begegnen und sympathisch sind. Scheinbar bin ich einer davon. Um meine Rührung zu verbergen, zünde ich mir eine Zigarette an.

Eine Weile schauen wir in die Dämmerung und ich weiß: Der schönste Moment ist immer jetzt. Ziemlich sicher wird mir diese Erkenntnis irgendwann wieder abhandenkommen, spätestens, wenn ich den ersten Kontoauszug ausdrucke. Aber vielleicht denke ich auch dann daran, wie ich hier in Agés vor der Herberge stand: ziemlich müde, aber ziemlich glücklich - und mit einer Eichel in der Hand.

14 Der Hundefelsen

Vor mir liegt eine Straße, die kein Ende erkennen lässt. Nebel steigt von den Feldern auf, der Himmel hat die Farbe von Lavendel. Ein letztes Mal drehe ich mich nach Agés um. Der kleine Ort wird mir fehlen.

Es dauert nicht lang und ich hole Flint ein. Kein Wunder. Der Neuseeländer geht so langsam, dass man denken könnte er läuft zurück. Wie es scheint, hat er wieder Probleme mit dem Knie. Ich leiste ihm und seinem Schmerz etwas Gesellschaft.

Kurz vor Atapuerca begrüßt uns ein überdimensioniertes Plakat, auf dem ein prähistorischer Mensch abgebildet ist. Unweit von hier wurden 800.000 Jahre alte Knochenreste gefunden, die dem ersten Europäer, *homo antecessor*, zugeschrieben werden. Atapuerca zählt zu den wichtigsten archäologischen Ausgrabungsstätten. Wenn ich mir Flint so anschaue, könnte es auch bald eine Begräbnisstätte werden. Aber vorher frühstücken wir noch.

Die Bar ist fest in europäischer Hand: In einem Eckchen kauern die Italiener, am Tisch daneben blödeln die zwei Holländer. Ein paar Österreicher wechseln sich nacheinander auf der Toilette ab. Am Tresen treffe ich auch Haldor wieder. Er ist der Einzige mit Bierglas in der Hand. Bis jetzt. Normalerweise bin ich ja kein Frühstücksalkoholiker, aber wer weiß, wann es die nächste Einkehrmöglichkeit gibt. Kurz darauf treffen Bo und Maurice ein. Auch sie sind einem Bierchen nicht abgeneigt. Nachdem wir uns gestärkt haben, geht es zu dritt weiter. Flint erwägt, sich ein Taxi zu bestellen. Maurice will noch Postkarten schreiben. Es bleiben also der Eichelhäher und der Wikinger.

Hinter Atapuerca beginnt der Aufstieg zur Matagrande, einer kargen Hochebene, die vorwiegend aus scharfkantigem Gestein und Dorngestrüpp besteht. Auf halber Strecke bleibt Bo plötzlich stehen. Er setzt den Rucksack ab und beginnt hektisch sämtliche Taschen zu durchwühlen. Nach einer gründlichen Inventur ist es amtlich: Der Pilgerpass fehlt!

Oje. Ohne *credencial* kommt Bo nicht mehr in die Herbergen - ganz zu schweigen von den vielen schönen Stempeln, die ihm durch die Lappen gehen. Immerhin weiß er, wo sich der Pass befindet: Und zwar in der Herberge von Agés. Er hat ihn gestern unter das Kopfkissen gelegt, damit er ihn ja nicht vergisst. Statt sich zu ärgern, zuckt Bo mit den Schultern und dreht um. Da waren's nur noch zwei.

Nach ein paar Minuten wird Haldor zum Bleichgesicht. Mal sehen, was er vergessen hat. Der Norweger fasst sich an den Hosenboden. Ein glatter Durchschuss, wie er meint. Scheinbar hat das Bier seine Darmtätigkeit angeregt. Mit Klopapier und Ersatzunterhose verschwindet Haldor in den Büschen. Also bleibt mir nichts anderes übrig als allein weiterzuziehen. Ein fataler Fehler.

Zuerst ist noch alles schön. Ich komme gut voran. Bestimmt ist der Gipfel bald erreicht. Unterwegs kommt mir eine Herde Schafe entgegen. An sich nicht weiter ungewöhnlich, nur das die Wollmoppel selten ohne Bodyguard unterwegs sind. Als mich der Hütehund entdeckt, nimmt er umgehend eine gestraffte Körperhaltung an. Im Wilden Westen würde man sagen: Er schiebt schon mal eine Patrone in den Lauf.

Wie war das gleich noch mit Hunden? Blickkontakt

vermeiden und einfach weitergehen. Ich mache es genau umgedreht. Zur Strafe kommt noch ein zweiter Hund dazu. Wahrscheinlich denken die beiden, dass ich mich an den Schafen vergehen will. Nach kurzer Absprache teilen sich die Köter auf und beginnen mich von beiden Seiten zu umkreisen. Bald sind sie so nah, dass ich die Speisereste zwischen ihren Zähnen erkennen kann. Ihr Gebell ist ohrenbetäubend. Derweil haben sich die Schafe auf eine felsige Tribüne zurückgezogen und beobachten amüsiert das Geschehen. Die Hunde ziehen ihre Kreise enger. Gleich brauche ich auch eine Ersatzunterhose. Doch dann ertönt ein scharfer Pfiff. Gut hundert Meter entfernt, sehe ich eine Gestalt mit den Armen wedeln. Der Schäfer! Wurde auch Zeit. Widerwillig ziehen sich die geifernden Köter zurück. Um ein Haar hätte man hier die nächsten Knochenreste gefunden.

Schließlich ist der Gipfel der Matagrande erreicht. Hier oben besteht alles größtenteils aus Geröll und verkrüppelten Sträuchern. Als wäre das nicht trostlos genug, zieht auch noch Nebel auf. Ich blicke mich um. Weder Markierung noch Weg sind zu erkennen. Mein Rother rät mir dem verwitterten Zaun zur Linken zu folgen. Dazu muss man ihn aber erstmal finden. Hinter mir höre ich das Kläffen der Hunde. Wahrscheinlich ist Haldor nicht mehr weit. Ich warte trotzdem nicht.

Wenig später komme ich an einigen mit Steinen ausgelegten Kreisen vorbei. Für die einen ist es Kunst, für die anderen eine rituale Stätte von Satanisten, die hier oben ihr Woodstock der Unterwelt veranstalten. Tatsächlich entdecke ich ein paar Kerzenstummel und ein Häuflein Knochen. Ich mache trotzdem ein Foto. Kurz darauf beginnt zum Glück der Abstieg. Für mich wird dieser Berg ewig als der Hundefelsen in Erinnerung bleiben.

Allmählich wird der Nebel weniger. Die Sonne zeigt sich wieder. Laut Rother müsste ich jetzt auf eine Straße stoßen. Stattdessen finde ich mich in einer von Erdlöchern zerfurchten Landschaft wieder – und ich bin nicht allein!

Unweit von mir streifen Männer mit vorgehaltenen Gewehren umher. Selbstverständlich haben sie auch Hunde dabei. Wahrscheinlich ist das die ansässige Bürgermiliz, die es sich zum Hobby gemacht hat verirrte Pilger zusammenschießen. Plötzlich ertönt wieder ein Pfiff, gefolgt von scharfen Kommandos. Ich sehe etwas Langohriges hinter einem Busch hervorflitzen. Sofort nehmen die Hunde die Verfolgung auf. Aha. Hier werden also Hasen gejagt. Bloß weg hier! Ich habe keine Lust, ins Schussfeld der Ramboflinten zu kommen. Irgendwie bin ich ja auch ein Hase – ein Angsthase.

Schließlich finde ich die Straße. In kurzen Abständen folgen die Ortschaften Villalval, Cardeñuela-Riopico und Orbaneja-Riopico. Hier treffe ich auf einen Landsmann.

Volker kommt aus Frankfurt und ist Gymnasiallehrer. Ob Literatur, Politik, Geschichte, Wirtschaft oder Medizin. Volker hat ein fundamentales Wissen tiefgefroren, das er nun nach und nach auftaut. Er kann den Osterspaziergang von Goethe aufsagen, den Aufbau einer Zelle beschreiben und die Zahl Pi bis auf fünf Stellen nach dem Komma angeben. Außerdem weiß er, wann die nächste Sonnenfinsternis eintritt. Für mich genau jetzt. Ich beginne mich tatsächlich nach den bösartigen Hunden zu sehnen.

Nach einer Weile wird die Landschaft zunehmend symmetrischer. Der klare Himmel wechselt in ein staubiges Blau. Rauschen erfüllt die Luft. Die Vorboten einer nahenden Großstadt. Burgos, mein heutiges Etappenziel ist nicht mehr weit. Nach der Überquerung einer Autobahn eröffnen sich zwei Wegvarianten: Links geht es über Castañares und entlang des Rio Arlanzón bis ins Stadtzentrum. Die unschönen Vororte werden hier größtenteils umgangen. Alternativ kann man weiter der Hauptstraße folgen und sich vom Verkehr zudröhnen lassen.

Ich melde bei Volker einen Toilettengang an und schlage mich in die Büsche. Dort warte ich ab, welche Richtung mein geschwätziger Begleiter einschlägt. Fest steht: Ich nehme die andere. Da Volker links abbiegt, bleibt mir nur der Weg entlang der Straße. Aber mir ist alles Recht. Hauptsache wieder Ruhe.

Nach einer guten halben Stunde ist Villafria erreicht. Ab jetzt beginnt ein schier endloser Marsch durch die Gewerbegebiete von Burgos. Ein Gestrüpp aus Verkehrsschildern, Bauzäunen und Ampeln säumt die Straßenufer. Dahinter reihen sich Autohäuser, Tankstellen, Werkstätten und Lagerhallen in einer Linie aneinander. Die Straße ist erfüllt vom Schnauben der Lastwagen, gelegentlich durchmischt mit Mopedgeknatter und Busrauschen. Auf dem harten Asphalt tun mir bald die Füße weh. Vielleicht erfindet irgendjemand mal Hufeisen für Wanderer. Nach einer Weile zeichnen sich im Geflimmer vor mir die Silhouetten von Neubauten ab. Der zweite Ring der Stadt rückt näher.

Burgos (griechisch: Turm oder Burgberg) war einst Hauptsitz des vereinten Königreiches Castilla y León und diente als

Befestigung gegen die Mauren. Bis ins 16. Jahrhundert galt die Stadt als Zentrum des Wollhandels und sorgte für Wohlstand. Danach ging es allerdings rasant bergab. Nicht nur, dass zahlreiche Pestepidemien wüteten, auch die Regierung bestellte die Möbelpacker und wanderte nach Madrid ab. Zu Zeiten des spanischen Bürgerkrieges residierte zudem Finsterling Franco in Burgos. Immerhin brachte die Region mit Rodrigo Díaz de Vivar, besser bekannt als El Cid, auch eine Lichtgestalt hervor. Der spanische Nationalheld sollte noch für Schlagzeilen in der Weltgeschichte sorgen. Doch dazu später mehr.

Nach zwanzig Minuten ändert sich das Stadtbild erneut. Von nun an führt der Camino nun durch imposante Häuserschluchten Richtung Zentrum. Bald sind die Bürgersteige so mit Menschen überschwemmt, dass ich keinerlei Wegmarker mehr ausmachen kann. Also bleibt mir nichts anderes übrig, als mich im Strom mitführen zu lassen. Klassische Touristen haben neben der, von der UNESCO zum Weltkulturerbe erklärten, Catedral de Santa Maria, vor allem das historische Stadttor und das Kloster Las Huelgas auf dem Laufzettel. Auch die namensgebende Festung ist einen Besuch wert. Wer es exotischer mag, kann auch einen Abstecher zum umliegenden Kernkraftwerk machen. Aus kulinarischer Sicht ist Burgos für seine *morcilla*, mit Reis und Zwiebeln verfeinerte Blutwurst berühmt, bzw. gefürchtet. Schließlich passiere ich den Altstadtring und befinde mich auf der Flaniermeile. Sehr zur Freude meines Magens erspähe ich zwischen den Nobelboutiquen und Souvenirläden einen Dönerimbiss. Nach dem Mittag geht es weiter zur Kathedrale, die nur noch einen Katzensprung entfernt ist. Diese gehört zu den herausragendsten Bauwerken in ganz Spanien. Besonders die imposanten Türme der Westfassade, zugleich Wahrzeichen der Stadt, schinden mächtig Eindruck. Ich setze mich auf eine Bank, um das Panorama bei einer Zigarette zu genießen.

Plötzlich bekomme ich Gesellschaft. Ein älterer Herr, der dem Brunnenkobold vom Vortag erschreckend ähnlich sieht, nimmt neben mir Platz. Er plappert munter drauf los und deutet dabei immer wieder auf umliegende Häuser oder die Kathedrale. Es gilt das bewährte Rezept: Lächeln und Nicken. Schließlich fragt mich der Opa nach einer Zigarette. Ich zeige ihm meine leere Schachtel und spekuliere darauf, dass er jetzt verschwindet und sich den nächsten Pilger krallt. Doch es kommt ganz anders.

Sekunden später laufen wir im Eilschritt durch die Gassen. Der Alte hat sich bei mir untergehakt, so dass es mir ja nicht einfällt abzuhauen. Wir fegen nur so die Bürgersteige entlang, überlaufen eine rote Ampel nach der anderen und drängeln uns zwischen hupenden Autos hindurch. Nach wildem Zickzackkurs landen wir vor einem Tabakladen. Der Alte deutet auf die Tür und legt zwei Finger an die Lippen. Während ich drinnen die Zigaretten hole, nimmt er meinen Rucksack als Geisel. Wieder zurück erbittet mein Entführer eine einzige Zigarette und verschwindet dann.

Meiner Erleichterung steht die Tatsache gegenüber, dass ich keine Ahnung habe, wo ich bin. Zum Glück befindet sich ein grober Stadtplan in meinem Rother. So finde ich schließlich zum Hauptplatz zurück. Aus Angst nochmal dem Opa zu begegnen, entscheide ich mich für eine Besichtigung der Kathedrale. Hier befinden sich die sterblichen Überreste von

El Cid. Damit er sich nicht so allein fühlt, hat man ihm die Gebeine seiner Gemahlin Doña Jimena zur Seite getan. Trotz großer Verdienste im Kampf gegen die Mauren war El Cid alles andere als ein treuer Staatsdiener. Er startete eigenmächtige Eroberungsfeldzüge und liebte es, sich wie ein Teebeutel in die Angelegenheiten anderer reinzuhängen. Prompt fiel er in Ungnade und wurde verbannt. Durch einen Hinterhalt tödlich verwundet, schien seine Karriere beendet. Doch selbst nach seinem Tod zog El Cid noch einmal in die Schlacht. Seine Gefolgsleute schminkten den Verschiedenen sorgfältig und setzen ihn in voller Rüstungsmontur auf sein Schlachtross Babieca. Dies motivierte die Soldaten dermaßen, dass sie das gegnerische Heer geradezu niedermähten. Tizona, das legendäre Schwert des Nationalheiligen, kann man übrigens auch hier besichtigen - ein spanisches Excalibur sozusagen. Für Fans von El Cid empfiehlt sich das gleichnamige Filmepos mit Charlton Heston und Sophia Loren. Bei über drei Stunden Laufzeit bedarf es dafür aber einiges an Sitzfleisch.

Nach Besichtigung der Kathedrale mache ich mich auf den Weg zur Herberge. Diese ist alles andere als zentrumsnah. Es dauert gut zwanzig Minuten bis ich einen weitläufigen Park erreiche. Bei der „Herberge" handelt sich um drei heruntergekommene Holzbaracken, die aussehen, als hätten ein paar Werkenschüler sie mal eben zusammengenagelt. Die Doppelstockbetten stehen so dicht beisammen, dass man ohne Bodenkontakt den ganzen Raum durchqueren könnte. Ich platziere mich in Fensternähe und rolle den Schlafsack aus. Unter mir döst ein beleibter Spanier, der bei seinen zahlreichen Umwälzungen das Gestell bedrohlich erzittern lässt. Volker sehe ich nirgends. Vielleicht ist er dem Opa von der Kathedrale ins Netz gegangen - oder umgekehrt.

Nach dem Duschen und Wäschewaschen schließe ich mich einer Gruppe Österreicher an, die einen Supermarkt suchen wollen. Unterwegs treffe ich Forest. Mein Freund aus den Südstaaten hat sich den schweißtreibenden Temperaturen angepasst und läuft mit freiem Oberkörper herum. Seine Brustbehaarung steht dem Kopfdickicht in nichts nach. Skalpierfreudige Indianer könnten hier doppelte Beute machen. Wir wechseln ein paar Worte, dann macht sich Forest auf den Weg Richtung Herberge. Vorher zeigt er mir aber noch den Weg zum Supermarkt.

Mit vollen Einkaufstüten kehre ich zum Park zurück. Dort suche ich mir einen Tisch zum Picknicken. Davon gibt es zum Glück einige. Nach dem Essen schließe ich für einen Moment die Augen - genauer gesagt für drei Stunden.

Als ich wieder zurück bin, sammeln sich vor den Baracken die ausgehfreudigen Pilger. Unter ihnen befindet sich auch Bo, der mir mit seinem Pilgerpass zuwinkt. Auch er hat unterwegs Probleme mit den Hunden gehabt. (Diese Stelle sollte bei der Neuauflage meines Rothers unbedingt vermerkt werden.) Mit einem kolossalen Rülpser gibt jemand das Signal zum Aufbruch. Haldor ist scheinbar auch wieder dabei.

In der erstbesten Bar wird eingekehrt. Wir nehmen auf groben Fasshockern platz. Irgendjemand bestellt eine Runde Whisky für alle. Danach folgen Käsehäppchen und gefüllte Oliven. Auf einmal rammt mir Haldor den Ellenbogen in die Seite. Lallend weist er mich darauf hin, dass die Barfrau mir schöne Augen macht. Zuerst glaube ich, der Norweger will mich aufs Korn nehmen. Doch tatsächlich! Die Dame hinterm Tresen lächelt mich eindeutig zweideutig an. Eine Weile halten unsere Augen Händchen, dann schiebt sich ein massiger Körper dazwischen. Werbepause. Haldor gibt weiter die Kuppelmutter. Er meint die Chancen auf einen alternativen Schlafplatz stünden gut. Dummerweise schließt in zehn Minuten unsere Herberge. Das könnte knapp werden. Ich schicke ein letztes Lächeln Richtung Tresen, dann stürzen wir aus der Bar.

Zurück in den Baracken ist es bereits stockfinster. Haldor rammelt fröhlich von Bettpfosten zu Bettpfosten, bis auch der Letzte wieder wach ist. Wenig später liege ich auf meiner Pritsche. An Schlaf ist aber nicht zu denken. Trotz Alkohol bin ich noch viel zu aufgekratzt. Obendrein fangen meine Zimmergenossen mit Schnarchen an. Eine quälende halbe Stunde vergeht. Schließlich stehe ich auf und ziehe mich wieder an. Ein kleiner nächtlicher Spaziergang hilft vielleicht, um müde zu werden.

 Also mache ich mich noch einmal auf den Weg in die Stadt. Das Ziel ist klar. Leider finde ich die Bar mit der hübschen Kellnerin nicht mehr. Schade. Nach wildem Zickzackkurs durch die nächtlichen Gassen lande ich schließlich am Busbahnhof. Ich hole mir einen Automatenkaffee und setze mich auf eine Bank. Neben mir sitzt ein Mann mit Cordanzug und Baskenmütze. Wir kommen ins Gespräch. Zwar lässt mein begrenzter Wortschatz keine tiefere Konversation zu, aber Smalltalk funktioniert ganz gut. Gerade als wir über Bayern München lästern, trifft ein Bus ein. Zischend öffnen sich die Türen. Absatzschuhe klacken, Rollkoffer rattern, eine monotone Stimme knarzt aus den Lautsprechern. Wenig später fährt der Bus weiter nach Madrid. Bis auf die summende Deckenbeleuchtung ist es wieder still. Ich verabschiede mich von dem Mann im Cordanzug. Er will noch auf den nächsten Bus warten. Und ich glaube, auf den übernächsten auch.

Auf dem Rückweg mache ich kurz halt an der Kathedrale. So hell erleuchtet sieht sie aus wie die Krone eines versunkenen Königs, der sich jeden Moment aus der Erde erheben könnte.

Bald darauf liege ich wieder auf meiner Pritsche. Der heutige Tag war sicher einer der erlebnisreichsten überhaupt. Kein Maler könnte ihn auf eine Leinwand bringen, kein Komponist ihn in Musik verwandeln, kein Dichter ihn in Verse fassen. Doch ich kann alles. Und dafür brauche ich nur die Augen zu schließen.

15 Im Land der Felder

Der neue Morgen hält eine ungewöhnliche Überraschung bereit. Als ich nach draußen trete, staune ich nicht schlecht. Es schneit doch tatsächlich! Im ganzen Park herrscht ein goldenes Gestöber. Allerdings sind nicht etwa verirrte Winterwolken dafür verantwortlich, sondern die zahlreichen Pappeln. Ob auf Rucksäcken, in Haaren, Schuhen oder Kaffeebechern - überall findet sich der weiche Flaum. Die Welt wird sprichwörtlich in Watte gepackt. Zeit, um einen Pappelschneemann zu bauen ist aber nicht. Bis zum heutigen Zielort Hontanas sind gut dreißig Kilometer zu bewältigen. Also klopfe ich mir die Flocken aus den Kleidern und mache mich auf den Weg.

Nach einer Weile wird das ehemalige Priesterseminar passiert. Der fast schon schlossartige Bau liegt hinter akkuraten Hecken verschanzt und beherbergt heute eine Universität. Studenten sieht man aber keine. Wahrscheinlich ist es noch zu früh. Durch den Arco de San Martin, eines von einst fünf mittelalterlichen Stadttoren, wird das Zentrum verlassen. Entlang eines Bahndamms geht es nun nach Villalbilla de Burgos. Ab hier führt der Camino die nächsten drei, vier Kilometer dicht neben der N120 entlang.

Schließlich hole ich Bo ein. Diesmal hat er seinen Schlafplatz vor dem Aufbruch ausgiebig inspiziert, wie er mir versichert. Ein zweites Mal will er den Pilgerpass nicht vergessen. Dafür fällt ihm ein, dass seine Funktionsunterwäsche noch auf der Heizung hängt. Wenn das so weitergeht, kommt er in Santiago mit leerem Rucksack an – falls er ihn nicht vergisst.

Nach kurvenreicher Strecke erreichen wir schließlich Tardajos. Die Ortschaft, die nach griechischem Hirtenkäse klingt, verströmt wieder mehr Ländlichkeit. Wir nehmen ein kleines Frühstück zu uns, dann verlassen wir den Ort über eine schmale Landstraße.

Kurz darauf erhebt sich vor uns ein mächtiger Berg aus der Ebene: der gut neunhundert Meter hohe El Barrero. Allerdings biegt der Camino rechtzeitig nach links ab. Größere Anstiege gibt es demnächst nicht zu bewältigen.

Nach zwanzig Minuten ist die Gemeinde Rabé de las Calzadas erreicht, ein letzter Schlagbaum der Zivilisation. Dahinter beginnt die Prärie des europäischen Westens. Die *tierra de campos* sind erreicht, das „Land der Felder". Besser bekannt unter dem Namen Meseta.

Hierbei handelt sich um ein karges Hochplateau, auf dem vorwiegend Getreide angebaut wird. Ab sofort braucht man eine gute Sonnencreme, denn unterwegs gibt es kaum Schatten. Auch auf einen ausreichenden Wasservorrat sollte geachtet werden. Ortschaften liegen oft Stunden auseinander. Nicht zu vergessen der psychologische Aspekt. In der Meseta bekommt der Begriff Horizont eine völlig neue Bedeutung. Nirgendwo sonst auf dem Camino ist die Landschaft so weit – und vor allem so still. Zuhause fällt einem die Decke auf den Kopf. Hier ist es der Himmel. Damit kommt nicht jeder zurecht. Viele Pilger nehmen daher den Bus, um diesen Abschnitt zu überspringen. Andere hingegen schätzen den meditativen Charakter der leeren Landschaft und lassen sich besonders viel Zeit. Eine grobe Piste führt mich die nächsten zwei Stunden durch weite Felder. Schmetterlinge steigen aus schlichtschönen Blüten am Wegesrand auf, hohe Disteln blitzen in der Sonne. Nach neun Kilometern ist Hornillos del Camino erreicht.

Im Mittelalter war die Ortschaft ein bedeutender Pilgerstützpunkt. Es gab mehrere Hospitäler und eine Leprastation. Als kleine Randnotiz sei angefügt, dass 1989 hier die Tradition des betreuten Wohnens ihren Anfang nahm. Von nun an wurden viele Herbergen von *hospitaleros* geführt. Hornillos selbst wurde früher *forniellos*, „Öfchen" genannt, was auf die Ziegel- und Kalksteinbrennereien zurückzuführen ist. Ofen ist ein gutes Stichwort, denn genauso fühlt sich die Luft inzwischen an. Das hat allerdings den Vorteil, dass die meisten Hunde des Dorfes dösend im Schatten liegen und keine Notiz von mir nehmen.

In der Bar von Hornillos wird Mittagspause gemacht. Wir sitzen noch nicht lang, da treten drei Gestalten an unseren Tisch. Mit ihrer zerrissenen Kleidung und den notdürftig geflickten Schuhen machen sie keinen besonders vertrauenswürdigen Eindruck. Da helfen auch die Rucksäcke mit den Jakobsmuscheln nichts. Wie sich herausstellt, handelt es sich um drei französische Pilger, die sich uns als Pascal, Aimé und Fabienne vorstellen. Mit etwas Fantasie könnte man sie auch für die Doppelgänger von Winnetou, Popeye und Carla Bruni halten. Wie wir erfahren, befinden sich die Drei auf dem Rückweg von Santiago und gedenken nun bis in ihre Heimatstadt Grenoble zurückzulaufen. Die Kilometerzahl möchte ich mir nicht mal vorstellen. Und während sie in holprig-liebenswertem Englisch von ihren Erlebnissen berichten, strahlt ein seltsam schönes Licht in ihren Gesichtern. So sehen glückliche Abenteurer aus. Unsere Zweifel verfliegen. Nach dem Bericht wird dann doch zum

Geschäftlichen übergegangen. Pascal, der scheinbar der Wortführer ist, erbittet eine Runde Kaffee für sich und seine Mitstreiter. Er beteuert, dass die Reisekasse leer ist. Vielleicht stimmt das, vielleicht auch nicht. Nach kurzer Überlegung willigen wir ein, weil uns die drei Vagabunden einfach sympathisch sind.

Eine halbe Stunde sitzen wir da und erzählen. Dann wird es aber Zeit weiterzugehen. Es ist bereits später Nachmittag. Die drei Franzosen bedanken sich für den Kaffee. Von Carla Bruni gibt's zum Abschied sogar einen Wangenkuss. Dann setzen sie ihre verstaubten Rucksäcke auf und machen sich auf den langen Weg nach Hause. Hoffentlich bekommen sie noch den ein oder anderen Kaffee ausgegeben.

Für uns geht es weiter durch leere Feldlandschaften. Noch immer ist es drückend heiß. Nach anderthalb Stunden tut sich eine Abzweigung nach San Bol auf. Der kleine Weiler wurde unter mysteriösen Umständen von seinen Bewohnern verlassen. Es wird gemutmaßt, dass eine rätselhafte Epidemie für den Exodus verantwortlich war. Böse Zungen behaupten aber die Gründe lägen in der Fremdenfeindlichkeit der katholischen Könige, die die ansässigen Juden loswerden wollten. Von San Bol selbst ist nichts übriggeblieben. Erst in den neunziger Jahren baute man hier eine Pilgerherberge. Diese steht gut versteckt in einem kleinen Wäldchen. Wer hier übernachten will, muss auf elektrischen Strom und Warmwasser verzichten. Als Waschgelegenheit dient eine einfache Quelle, die Toilette steht frei auf dem Feld. Gespült wird mit Heu und Erde.

Nach einer weiteren Stunde nähern wir uns dem heutigen Etappenziel. Eigentlich müsste Hontanas längst zu sehen sein, aber außer Feldern und Himmel ist da nichts. Wenig später gelangen wir an den Rand einer großen Senke. Bei genauerer Betrachtung könnte es sich auch um den Einschlagkrater eines Meteoriten handeln. Jedenfalls liegt genau dort unten Hontanas. Ein wirklich gutes Versteck!

Wie bei den meisten Ortschaften Spaniens sticht zuerst der Kirchturm ins Auge. Um ihn herum drängen sich, dicht an dicht, lauter kleine Häuser, wie die Zuhörer um einen berühmten Redner. Nachdem jeder von uns ein Foto gemacht hat, beginnen wir mit dem Abstieg. Hontanas wirkt wie eine Ausgrabungsstätte von fragiler Zärtlichkeit. Man hat fast Angst, ein zu fester Blick könnte alles zum Einsturz bringen. Der Name leitet sich übrigens von *fontanas* ab und verweist auf die Quellen, die den Ort mit Wasser versorgen.

Die Nymphe ist jedenfalls schon mal da. Auf einer Bank, zwischen zwei Wäscheständern, entdecke ich Evelyn. Sie hat ein Handtuch auf den Schultern und liest ein Buch. Neben ihr steht ein Glas Wein. Als die Amerikanerin mich entdeckt, hebt sie den Kopf und lächelt. Kurz darauf komme ich in den Genuss einer Umarmung. Ich hoffe, es gibt noch viele Hontanas auf dem Weg.

Dann wollen wir mal einchecken. Am Einlass notiert man unsere Namen, Nationalität und Ausweisnummer. Fünf Euro kostet die Nacht. Statt der wackligen Stahlkojen gibt es gepflegte Holzdoppelstockbetten. Für die Rucksäcke stehen Schränke parat. Im Gegensatz zu den Scheunen in Burgos, ist das hier das reinste Hilton-Hotel. Auf einer Matratze entdecke ich einen mir wohlbekannten Teddybären. Flint muss also ganz in der Nähe sein, denn er entfernt sich nie weit von seinem Peppo. Bo und ich belegen die zwei Betten daneben. Nachdem ich den Schlafsack ausgebreitet habe, wird die Dreckwäsche in eine Tüte gestopft. Es folgen die üblichen Pflichten. Danach begeben wir uns zur hauseigenen Bar. Der angebotene Hauswein kostet tatsächlich nur einen Euro und ist damit billiger als ein Glas Mineralwasser. Selber schuld.

Gegen Abend verlassen wir die Bar und steigen querfeldein den Hang hinauf, um uns den Sonnenuntergang anzuschauen. Leider verpassen wir das Schauspiel um einige Minuten, weil Haldor, der inzwischen auch hierher gefunden hat, zu viel Wein getrunken hat. Nach acht Gläsern ist er in seiner Motorik stark eingeschränkt und taumelt immer wieder in die Felder. Natürlich muss er auch noch mal. Beim Entleerungsvorgang versucht er die Schmetterlinge mit seinem Urinstrahl abzuschießen. Am besten wir gehen schon mal voraus.

Wenig später stehen wir im lauen Abendwind in den Feldern. Der Himmel leuchtet in zartem Rosa, eine urzeitliche Stille beseelt das Land. Unter uns liegt Hontanas friedlich und vergessen in seinem Krater, als sei es irgendwann einfach vom Himmel gefallen. Ich glaube, diese Meseta ist etwas ganz Besonderes.

16 Jeder ist ein Tier

Bo teilt mir mit, dass er heute eine Schildkröte ist. Eine gewagte Behauptung. Auf den ersten Blick kann ich keinerlei Ähnlichkeit mit einem Reptil feststellen. Entweder hat er noch Restalkohol im Blut oder eine ernsthafte Persönlichkeitsstörung. Nach der Meinung von Bo verwandelt sich jeder Pilger mindestens einmal in ein Tier. Der aktuelle Gemütszustand entscheidet in welches, ganz nach dem Motto: Du bist, was du fühlst. Für jede Laune gibt es ein Fell oder Gefieder, eine Flosse oder Tatze.

 Bo empfindet sich heute als sehr träge. Egal, was er anstellt, es dauert. Außerdem geht ihm so viel durch den Kopf, dass er sich am liebsten verkriechen möchte. Deswegen ist er eine Schildkröte. Okay. Mal überlegen. Dann bin ich wohl gerade eine Hyäne. Ich stinke, bin völlig zerzaust und hoffe darauf, dass die frühstückenden Österreicher mir einige Kekse übriglassen. Schließlich machen Bo und ich ein Spiel daraus. Wir beobachten Pilger und ordnen ihnen Tiere zu.

 Da ist zum Beispiel Flint. Den Kopf gesenkt, stampft er schnaubend über den Platz. Sein Verhalten lässt auf einen inneren Stierzustand schließen. Am besten man spricht ihn vorläufig nicht an, sonst könnte man auf die Hörner genommen werden. Die zwei Holländer sind im Affenmodus, Haldor trägt einen Faultierpelz und Leona erinnert mit ihren morgendlichen Yogaübungen an eine Anakonda. Ihre Kleidung betreffend warten wir aber vergeblich darauf, dass sie sich häutet. Das heutige Etappenziel Boadilla del Camino (auch gern als „Bocadillo" del Camino bezeichnet) ist nahezu dreißig Kilometer entfernt. Da Bo heute eine Schildkröte ist, schickt er mich schon mal voraus. Er kommt dann später nach. Also mache ich mich auf den Weg – leider ohne Kekse.

Der Camino verlässt den Krater und führt anschließend an einem Bergsaum entlang. Danach geht es auf der Straße weiter. Zum Glück sind um diese Zeit noch kaum Autos unterwegs. Einzig ein paar Radfahrer schnurren dann und wann vorüber. Schließlich ist der verfallene Weiler San Anton erreicht. Der Weg führt durch ein archaisches Bogengewölbe, welches früher Kloster und Kirche miteinander verband.

In San Anton wurde unter anderem das „Antoniusfeuer" behandelt, eine Krankheit, die vorwiegend in ländlichen Regionen auftrat. Schuld daran war ein parasitärer Pilz, der den Roggen vergiftete. Allerdings konnte die hungernde Landbevölkerung nicht wählerisch sein. Hier wurde gegessen, was auf den Tisch kam. Die Folgen reichten von verengten Blutgefäßen, über Taubheitsgefühle bis hin zum Absterben ganzer Gliedmaßen. Irgendwann stieg man schließlich auf Weizen um. Nebenbei sei noch erwähnt, dass Mönche des Antonius-Ordens das sogenannte *Tau* als Erkennungszeichen trugen. Dieser T-förmige, hebräische Buchstabe hatte damals eine starke religiöse Bedeutung. Heute gilt er als eines der beliebtesten Souvenirs auf dem Jakobsweg.

Zwischen den Mauerresten von San Anton treffe ich Forest wieder. Der Amerikaner massiert sich den Knöchel. Sein Gesichtsausdruck ist nicht gerade zuversichtlich. Vielleicht hat er unterwegs ein paar Ähren angeknabbert und sich auch so einen Getreidetripper geholt. Trotz starker Schmerzen gedenkt mein amerikanischer Freund bis Boadilla durchzulaufen. Das Angebot, mich zu begleiten, lehnt er allerdings ab. Forest will sich Zeit lassen. Prima! Schon die zweite Schildkröte heute.

Auf der Landstraße geht es nun weiter bis Castrojeriz. Von den Westgoten gegründet, war der Ort eine wichtige Bastion im Kampf gegen die Araber. Später wurde er sogar Königsresidenz und umfasste satte neun Kirchen und ganze sieben Pilgerhospitäler. Am imposantesten ist aber die Burg, die weithin sichtbar über der Stadt thront. Wie viele andere ihrer Art verlor die Festung aber irgendwann ihre strategische Bedeutung und wurde fortan als Steinbruch genutzt. Trotzdem ziert sie bis heute das Stadtwappen.

Auch die Bar von Castrojeriz ist einen Besuch wert. Der ganze Raum ist mit Vereinswimpeln, signierten Spielertrikots und Fan-Schals dekoriert. Ob Real Madrid, Arsenal London, Lokomotive Moskau oder Hearts of Midlothian, die Auswahl ist riesig. Sogar Carl Zeiss Jena ist dabei. Wehe, wenn Haldor hierherkommt. Die fußballfreien Zwischenräume sind mit abgegriffenen Playboy-Postern, Bierdeckeln und Spielkarten dekoriert. Während ich auf mein Bier warte, studiere ich die gerahmten Mannschaftsfotos. Sie zeigen grimmig dreinblickende Männer mit wallenden Mähnen und wilden Räuberbärten, jederzeit bereit den Gegenspieler in Stücke zu grätschen. Heute tätowiert man sich Mandalas auf die Unterarme, hat einen Klobürstenhaarschnitt und trägt lila Schuhe. So ändern sich die Zeiten.

Erst jetzt bemerke ich Philip und Wout, die mit ihrem Milchkaffee in einer Ecke sitzen. Die beiden belgischen Pensionäre strahlen immer so eine Zufriedenheit aus. Dürfen sie auch, denn sie haben ihr Arbeitsleben bereits hinter sich. Vielleicht verfügen sie ja noch über ein paar Kontakte. Aber ohne Studienabschluss bekomme ich wohl höchstens einen Job als Fahrradständer. Wir schwatzen eine Viertelstunde, dann mache ich mich wieder auf den Weg.

Hinter Castrojeriz führt der Weg steil bergauf. Der Alto de Mostelares will bezwungen werden – oder umgekehrt. Bereits auf halber Strecke geht mir die Puste aus. Ich pumpe wie ein Maikäfer. Es ist aber auch fies, kurz hinter der Bar einen solchen Anstieg zu setzen.

Vom Plateau des Berges genießt man eine vorzügliche Aussicht ins Dekolleté der Meseta. Felder über Felder, so weit das Auge reicht. Es ist, als hätte man eine riesige Steppdecke über die Landschaft gebreitet und wäre dann ein paar Mal mit dem Bügeleisen drübergegangen. Man muss schon sehr die Augen zusammenkneifen, um die fusselgroßen Pilger auf dem Weg zu erkennen.

Gerade als ich wieder aufbrechen will, trifft Forest auf dem Gipfel ein. Im Gegensatz zu mir ist er fit wie Turnschuh. Er erzählt mir, dass kurz hinter San Anton sein Fuß wieder völlig schmerzfrei war. Ein göttliches Wunder sei geschehen. Na gut, wenn er meint. Zur Feier des Tages, teilen wir uns eine Tomate und etwas Schokolade. Dann beginnt der Abstieg.

Nach einer schweißtreibenden Stunde erreichen wir einen Rastplatz mit Brunnen. Nacheinander halten wir die Köpfe unter den Hahn und füllen die Wasserflaschen auf. Kurz darauf ist auch Itero de la Vega erreicht.

Hier treffe ich seltsamerweise Bo wieder, der gerade dabei ist eine seiner Eicheln an eine Nonne zu verschenken. Wie hat der mich denn überholt? Irgendwie ist das ein seltsamer Tag heute. Zuerst Forest, jetzt Bo. Vielleicht bin ich ja die Schildkröte. Wir setzen den Marsch zu dritt fort.

Nach zwei Stunden ist es geschafft! Boadilla del Camino begrüßt uns. Hauptattraktion des Ortes ist die berühmte *rollo jurisdiccional*, eine steinerne Gerichtssäule. Hier wurde früher Recht und Unrecht gesprochen. Absolutes Highlight ist aber die Herberge, denn hier gibt es tatsächlich einen Pool! Ein absoluter Luxus, der sich nur äußerst selten bietet. Allerdings ist das Wasser auch selten so kalt. Scheinbar hat man es aus einem Gletschersee importiert.

Immerhin gibt es mit Leona einen netten Badezusatz. Wie ein übermütiger Tümmler taucht die Brasilianerin im Becken umher. OK, das ist jetzt schon ein gewisser Anreiz. Ich halte die Luft an und steige die Leiter hinab. Nach dem ersten Schock ist es im Wasser sogar ganz angenehm. Zur Belohnung gesellt sich Leona zu mir. Sie rückt so nahe an mich heran, dass sich unsere Körper berühren. Das hat anatomische Folgen. Bei mir ist eindeutig erhöhte Aktivität zu verzeichnen. Ich mache ein paar Schwimmbewegungen, um die Wasseroberfläche undurchsichtig zu halten.

Schließlich kommt Haldor hinzu. Er setzt zu einer Arschbombe an, lässt es aufgrund der geringen Wassertiefe aber bleiben. Später finden sich noch Forest, Maurice und Flint zur Poolparty ein. Jetzt fehlt eigentlich nur noch ein Tablett mit Sekt und eine schöne fette Havanna.

Abends in der Bar ist zu meiner Freude auch Evelyn anwesend. Während sie die Speisekarte studiert, spielen ihre Hände mit dem Zopfgummi. Ich könnte ewig zuschauen. Der Wirt bringt unter Applaus die erste Flasche Wein. Zum Essen gibt es für mich heute Paella. Eine gute Entscheidung. Flint hingegen ist sich da nicht so sicher. Mit dem Besteck im Anschlag beschaut er seinen grätigen Fisch - oder besser gesagt seine fischige Gräte - und überlegt, wo er den ersten Schnitt ansetzen soll. Am Ende kassiert Bo wieder das Hartgeld und begleicht die Rechnung per Karte.

Nach dem Essen spazieren wir alle gemeinsam noch ein bisschen durch Boadilla. Im Gegensatz zu heute Morgen ist Bo wieder mit sich im Reinen. Dafür will er wissen, welches Tier ich denn gerade bin. Meine Hand befühlt das Zopfgummi von Evelyn in der Hosentasche. Kurz bevor wir aus der Bar gegangen sind, habe ich es unter dem Tisch gefunden. Ich glaube, mein heimlicher Diebstahl macht mich am Ende doch sehr menschlich.

17 Liebeskummer

Dafür, dass die Meseta ein so stiller Ort ist, gibt es unterwegs eine Menge Geräusche. Da ist zum Beispiel meine eingedrückte Wasserflasche, die bei jedem Schritt ein hohles Knacken von sich gibt, wahrscheinlich, weil sie fast leer ist. Neuerdings platzt auch immer der Schnappverschluss meines Hüftgurtes auf und woher dieses leise Quietschen kommt, weiß ich bis heute nicht. So ein Rucksack hat eine Menge zu erzählen.

Erste Sehenswürdigkeit für heute ist der Canal de Castilla. Unterbrechungen eingerechnet, wurde über hundert Jahre daran gebaut. Der Kanal ist insgesamt 207 Kilometer lang, besitzt 49 Wehre und überwindet auf seinem Weg rund 150 Höhenmeter. Einst zogen hier Maultiere mit Getreide beladene Lastkähne Richtung Atlantik. Aber sicher durfte auch so mancher Missetäter zu Resozialisierungszwecken mal das Geschirr anlegen. Mit der Eisenbahn kam schließlich das Aus für die Treidelwege. Heute dient der Kanal der Bewässerung und lädt zu Paddeltouren ein.

Was anscheinend niemand weiß: Er ist auch Brutstätte unzähliger Fliegenpopulationen, deren Hauptaufgabe darin besteht Jakobspilger in den Wahnsinn zu treiben. Ich habe noch nie so dreiste Biester erlebt. Besonders Nase und Ohren scheinen beliebte Ausflugsziele zu sein. Die nächsten anderthalb Stunden werde ich zum Massenmörder. Doch mit Fliegen ist es wie mit offenen Rechnungen: Hat man eine erledigt, kommen fünf neue. Schließlich zünde ich mir eine Zigarette an. Durch den Rauch lassen die Angriffe der

Hautflügler etwas nach. Bei 207 Kilometer Kanallänge werde ich aber noch eine ganze Weile qualmen müssen.

Nach anderthalb Stunden ist Frómista erreicht. Die Ortschaft wird vor allem für ihre Gotteshäuser gerühmt. Die Iglesia de San Martin (Anm.: Fast jede Kirche auf dem Jakobsweg heißt San Martin, San Miguel oder Santa Maria, Hauptsache irgendwas mit San) gilt als besonders formvollendet. Ihre kernigen Proportionen harmonieren wunderbar mit den filigranen Bildhauerarbeiten, in den Dachkonsolen finden sich Abbilder von Menschen, Pflanzen, Tieren oder Fabelwesen. Es gibt sogar einige erotische Darstellungen.

Schließlich biegt der fliegenverseuchte Kanal nach Süden ab und die Plage hat ein Ende. Dicht neben der Landstraße geht es nun Richtung Poblacion de Campos. Unterwegs hole ich Haldor ein. Mit seinem Kopftuch und dem Unterhemd sieht er aus, als hätte er gleich ein Vorstellungsgespräch bei den Störtebecker-Festspielen. Passenderweise hat er eine kleine Piratenflagge am Rucksack befestigt, die er wahrscheinlich einem Vierjährigen aus dem Eisbecher geklaut hat. Während wir plaudern, greift Haldor immer wieder in die Hosentasche und stopft sich Erdnüsse in den Mund. Ich erfahre, dass der Norweger gelernter Bootsbauer ist. Das trifft sich gut. Wenn wir am Kap Finisterre sind und nicht mehr weiterwissen, könnte er uns ein Piratenschiff zurechtzimmern. Dann könnten wir unseren Lebensunterhalt damit bestreiten, indem wir Ausflugsdampfer und Promi-Yachten überfallen.

Als ich Haldor frage, ob er verheiratet ist, verändert sich schlagartig seine Mine. Es ist, als hätte man den Stöpsel gezogen. Sämtliche Gesichtszüge strudeln einen imaginären Abfluss hinab. Scheinbar das falsche Thema. Haldor wirft sich eine neue Ladung Erdnüsse ein und legt einen Schritt zu. Ich weiß, dass ich ihn jetzt gehen lassen muss. Es folgen lauter Ortschaften, die alle mit Vill- anfangen. In einer davon mache ich Mittagspause.

In der Bar herrscht das typische Bild: Ein schiefer Ventilator brummt über den verschwitzten Glatzen der Einheimischen, die entweder Karten spielen oder hinter aufgeschlagenen Zeitungen dösen. Im Fernseher überm Tresen wird ein Tennismatch von Raffael Nadal übertragen. Darunter faucht der Kaffeeautomat.

Schließlich öffnet sich die Tür und Forest betritt die Bar. Die Silhouette seiner Haare erinnert an einen erstarrten Atompilz. Auf meinem Kopf könnten inzwischen allerdings auch die Störche nisten. Forest setzt sich neben mich und beginnt seine Pfeife zu stopfen. Nebenbei erklärt er mir die Funktionsweise seines Pilgernavis. Neben Gehzeit, Durchschnittsgeschwindigkeit und zurückgelegter Wegstrecke kann es auch den aktuellen Standpunkt bis auf fünfzehn Meter genau angeben. Trotz modernster Technik nutzt Forest auch einen klassischen Reiseführer. Es geht doch nichts über ein Buch. Während mein Rother allerdings bequem in die Hemdtasche passt, hat sein Guide ein unpraktisches Bibelformat. Dann erzählt er mir noch ein bisschen von Alabama und ich glaube, dass es sich dort ganz gut aushalten lässt.

Nach einer halben Stunde gehen wir die letzten Kilometer an. Wie so oft ziehen sich diese quälend in die Länge. Die Sonne scheint einen neuen Hitzerekord aufstellen zu wollen. Unsere läuferische Motivation macht allmählich die letzten Zuckungen, dann stirbt sie. Wie Zombies schlurfen wir nebeneinander her, bis endlich ein paar Häuser am Horizont hervorflimmern. Carrión de los Condes war einst Hauptstadt der *tierras de campos*. Nicht nur hochrangige Adelstreffen fanden hier statt, auch Gerichtstermine und Konzile wurden abgehalten. Im 15. Jahrhundert soll es hier vierzehn Pilgerhospitäler gegeben haben. Mein Rother hat auch wieder eine kleine Anekdote parat:

Zwei dekadente Grafen (daher der Name „de los Condes") wurden mit den Töchtern von El Cid verheiratet. Als sie ihrer Gemahlinnen überdrüssig waren und diese wieder abstoßen wollten, gab es die Quittung vom Schwiegerpapa. El Cid filetierte die Brüder und verkuppelte seine Töchter dann mit den Königen von Navarra und Aragonien. Diese legten ein besseres Benehmen an den Tag.

Auf dem Südportal der Iglesia de Santa Maria del Camino wird mittels Bildhauerei die Legende von der Rettung der hundert *donchellas* (Jungfrauen) dargestellt. Man spricht auch vom sogenannten „Stierwunder". Als Tribut an die Mauren sollten hundert unbefleckte Damen ausgeliefert werden. Diese wurden jedoch von zwei Stieren gerettet und entgingen ihrem finsteren Schicksal. Wie genau das Ganze ablief, bleibt aber der Fantasie überlassen. Ich denke aber, die Stiere hatten anschließend ihren Spaß.

Auch unsere Rettung ist nahe. Wir sind endlich am Ziel! Selbstverständlich sind wir nicht die Ersten. Am Eingang stauen sich bereits die Pilger und warten auf ihre Abfertigung. Nach dem Duschen und Wäschewaschen widme ich mich meinem Tagebuch. Inzwischen notiere ich weniger das Tagesgeschehen, sondern meine Gefühlszustände und künftigen Vorsätze. Heute ermahne ich mich weniger zu rauchen. Während ich verschiedenste Thesen auflist, zünde ich mir eine Zigarette an. Danach begebe ich mich mit einer herrenlosen Sportzeitung in Richtung Toilette.

Weit komme ich nicht. Haldor stellt sich mir in den Weg. Seinem gepressten Gesichtsausdruck nach zu urteilen, verpasst er mir gleich einen Stempel - allerdings nicht fürs Pilgerheftchen. Wahrscheinlich nimmt er mir das Nachbohren von vorhin noch übel. Statt Dresche bekomme ich ein Dosenbier und wir setzen uns auf eine Bank.

Hier berichtet mir Haldor in aller Ausführlichkeit von seinem Liebesdrama. Tove, wie die Verflossene heißt, scheint eine wirklich hinreißende Dame gewesen zu sein. Ich beginne sie auch schon zu vermissen. Allerdings hielt sie wenig von Haldors Saufgelagen und gab ihm den Laufpass. Der Camino soll ihn nun wieder in die Spur bringen bzw. als Entziehungskur dienen. Bei den vielen Bars könnte es mit der Trockenlegung aber schwierig werden.

Eine Weile schweigen wir. Dann öffnet sich Haldor eine neue Dose Bier, ich zünde mir eine weitere Zigarette an. So viel zu unseren Vorsätzen. Aber die schönsten Fehler sind eben die, die man immer wieder begeht, weil es eigentlich keine sind. Klingt nach Männerlogik. Ist es auch.

18 Auf den Spuren der Templer

Heutiger Zielort ist ein Dörfchen mit dem martialischen Namen Terradillos de los Templarios. Wie die Bezeichnung schon vermuten lässt, wirkte hier der bekannte Templerorden. Doch dazu an passender Stelle mehr.

Entlang der Hauptstraße geht es zum Plaza del Generalísimo. Hier sollten die Stadtväter mal unbedingt den Rotstift ansetzen, führt die Bezeichnung doch auf Diktator Franco zurück. Am Ortsausgang von Carrión de los Condes wartet das Kloster San Zoilo. Mit seiner prunkvollen Barockfassade schindet der Bau mächtig Eindruck. Im Inneren gibt es zudem einen atmosphärischen Kreuzgang im Renaissance-Stil. Hinter dem Kloster geht es über einen Kreisverkehr und dann erwarten mich wieder die endlosen Weiten der Meseta.

Nach einer Dreiviertelstunde taucht zur Rechten die Abadia de Santa Maria de Benivivere auf - bzw. das, was davon übrig ist. Dahinter beginnt die berühmte *via aquitana*. Auf der historischen Straße karrten die Römer Minengold von Astorga Richtung Bordeaux. Schnurgerade zieht sie sich durch die Landschaft. Unterwegs trifft sie mit der *canada real leonesa* und bildet eine Art Autobahndrehkreuz. Wer Lust hat, kann hier einen Abstecher bis runter nach Andalusien machen. Von diesen Weidewegen gibt es ein ganzes Netz in Spanien. Noch heute werden hier Schafe entlanggetrieben – und Pilger natürlich. Die nächsten drei Stunden kommt jetzt erstmal gar nichts. Zwölf Kilometer lang nur Felder. Also viel Zeit zum Nachdenken.

Das hätte ich schon mal vorher tun sollen. Ich habe nämlich mal wieder vergessen meine Trinkflasche aufzufüllen. Es ist zu bezweifeln, dass jemand in dieser Dürre einen Wasserhahn installiert hat. Zum Glück befindet sich noch eine Dose Bier in meinem Reiseproviant.

Die Leere der Landschaft ist beispiellos. Kein Kirchturm nadelt aus dem Horizont hervor, nirgends ist ein Haus oder Hof zu sehen. Nur einmal zeigt sich ein Baum in weiter Ferne und selbst der wirkt wie aufgeklebt. Aller Kargheit zum Trotz finde ich diese Landschaft ungemein schön. Da ist nichts Überflüssiges, nichts, was ablenkt oder sich anbiedert. Ich weiß nicht, wann ich das letzte Mal so weit geschaut habe. Meine Augen atmen ein und atmen aus und meine Brust füllt sich mit einem namenlosen Glück.

Anschließend geht es eine seichte Anhöhe hinauf. Dahinter warten neue Felder. Von Zivilisation ist weiterhin keine Spur. Lediglich ein paar Schmetterlinge taumeln den Weg entlang, manchmal raschelt eine Eidechse im trockenen Gras. Erstaunlicherweise treffe ich auch keine anderen Pilger. Die Meseta hat das Teilnehmerfeld deutlich entzerrt.

Nach zwei sehr langen Stunden kommt der Kirchturm von Calzadilla de la Cueza in Sicht. Doch auch hier stellt sich heraus, dass zwischen „etwas sehen" und „dort ankommen" noch eine Menge Schritte liegen.

Schließlich erreiche ich einen kleinen Friedhof. An dieser Stelle gibt es ein Wiedersehen mit einem alten Bekannten. Mit Block und Bleistift patrouilliert Volker zwischen den Grabsteinen umher. Wahrscheinlich ist ihm gerade eine bösartige Idee für die nächste Klassenarbeit gekommen. Der Versuch, mich unbemerkt vorbeizuschleichen, scheitert, weil meine leere Flasche wieder mal ihr Knacken von sich gibt. Ab sofort habe ich neunmalkluge Gesellschaft.

In Calzadilla kehren wir in die Bar ein. Als ich mir ein Bier bestelle, wirft mir Volker einen abschätzigen Blick zu. Eindringlich belehrt er mich über die Risiken und potenziellen Gefahren von Alkoholmissbrauch. Wenn er so weitermacht, droht ihm auch gleich Gefahr – und zwar Lebensgefahr. Hinter Calzadilla führt der Camino neben der N120 weiter. Bald erreichen wir das ehemalige Kloster Santa María de las Tiendas.

Dieser Ort ist für jeden Jakobspilger etwas ganz Besonderes. Inoffiziell ist jetzt die Hälfte des Weges geschafft! Vierhundert Kilometer sind gelaufen und vierhundert weitere sind es bis nach Santiago. Um dem Moment etwas Feierliches zu verleihen, stecke ich mir eine Zigarette in den Mund. Noch ehe das Feuerzeug klickt, hat mich Volker über die Risiken von Impotenz, Lungenkrebs, Arterienverkalkung und Depressionen aufgeklärt. Für seine Belehrung benutzt er ausschließlich medizinische Fachtermini, die ich mir - sehr zu seiner Freude – erst übersetzen lassen muss.

Kurz hinter dem Kloster schließen wir zu den Italienern auf. Ich atme einmal tief durch. Ab jetzt wird das Geplapper von Volker auf mehrere Trommelfelle verteilt.

Nach einer Stunde treffen wir in Ledigos ein. Hinter einem Schanzwerk aus verstaubten Rucksäcken entdecke ich Bo, Flint und Haldor. Die drei sitzen mit Bierglas unter einem löchrigen Sonnenschirmchen und beobachten Leona bei ihren Dehnungsübungen. Rein mathematisch betrachtet könnte man es auch Kurvendiskussion nennen. Ich schnappe mir den letzten freien Stuhl in der Hoffnung, dass Volker sich mit dem Nachbartisch begnügt. Aber er holt sich einfach eine Sitzgelegenheit dazu. Haldor und Flint wechseln bedeutungsvolle Blicke. Dann beginnen sie größere Schlucke aus ihren Gläsern zu nehmen. Bo erzählt mir inzwischen von der Begegnung mit einem Pfarrer aus Calzadilla, der ihn spontan zu Kaffee und Kuchen eingeladen hat. Bezahlt hat er natürlich mit einer seiner Eicheln. Schließlich drängelt sich Volker in unser Gespräch.

Ab sofort geht es um Politik, Geschichte und Medizin. Flint deutet mit Daumen und Zeigefinger einen Kopfschuss an. Haldor sucht derweil unter dem Tisch nach dem Stecker, mit dem man Volker vom Netz trennen kann. Als unser Alleswisser auf Toilette muss, ergreifen wir schlagartig die Flucht. Erst als wir uns einen guten Kilometer von Ledigos entfernt haben, werden unsere Schritte wieder langsamer.

Nach einer Stunde ist dann Terradillos de Templarios erreicht. Der Templerorden wurde nach dem ersten Kreuzzug von zwei französischen Rittern gegründet und erfuhr bald beträchtlichen Zulauf. Dem damaligen Throninhaber Philipp IV. gefiel das überhaupt nicht. Zum einen lehnte man seinen Wunsch auf Mitgliedschaft ab und obendrein stand er bei den Glaubenskriegern mächtig in der Kreide. Also beschuldigte er die Ritter kurzerhand der Sodomie und Ketzerei. Seine Intrige zündete im wahrsten Sinne des Wortes. Nach und nach schmolz der Orden bis auf ein paar Hartgesottene dahin, ehe auch Jacques de Molay, das letzte Oberhaupt, zu Asche verbrannt wurde. Doch ganz konnte das Andenken nicht aus der Geschichte getilgt werden. Das Templerkreuz findet sich bis heute in vielen Abwandlungen wieder, z. B. bei der Bundeswehr oder karitativen Organisationen. Die französische Pazifikenklave Wallis und Futuna führte es sogar zeitweise in der Landesflagge. Auch die Unterkunft von Terradillos erstrahlt in ritterlichem Ambiente. Haldor schnappt sich eine antike Axt vom Wandhaken und stimmt ein heroisches Schlachtgebrüll an. Von der Herbergsleitung gibt es dafür die gelbe Karte.

Am Abend finden sich in der Bar Pilger sämtlicher Nationen zu geschwätzigen Kontinenten zusammen. Volker stellt sozio-geografisch die Insel Elba da. Wie ein Verbannter sitzt er hinter Büchern und Karten verschanzt an seinem Tisch. Irgendwie tut er mir ein bisschen leid. Hoffentlich nimmt ihn der Camino noch mal in den Arm.

Später im Bad herrscht Stationsbetrieb: Zahnbürsten kreisen über weinverfärbten Zähnen, Toilettenspülungen rauschen, Rasierapparate schnurren. Bo unterbreitet mir den Vorschlag, die morgige Etappe vor Tagesanbruch in Angriff zu nehmen. Es sei bestimmt ein Erlebnis unter Sternen zu laufen. Zudem könnte man überprüfen, ob der Verlauf des Jakobswegs tatsächlich dem Bild der Milchstraße entspricht. Also gut. Abgemacht. Falls ich nicht aufwache, darf mir Bo gerne mit seinem Walkingstick eins überziehen.

Zurück im Schlafsaal ist Eile geboten, denn Punkt zehn macht Volker das Licht aus. Anschließend quietschen noch eine Weile Betten und rascheln Tüten. Dann kehrt Ruhe ein. Zumindest für einen Moment. Wie nicht anders zu erwarten, beginnt dann die Schnarch-Happy Hour. Ich überlege aufzustehen und die alte Axt zu holen.

19 Menschen sind wie Sterne

Aus dem leichten Zupfen an meinem Schlafsack wird ein energisches Zerren. Als ich die Augen öffne, trifft mich grelles Licht. Ich bin kurz davor zu erblinden. Vor meinem Bett steht Bo mit Stirnlampe, die er mir zuliebe in den Flutlichtmodus geschaltet hat. Ich verspüre das unbedingte Bedürfnis, mit dem Kissen auf ihn einzudreschen. Frühes Aufstehen ist überhaupt nicht mein Fall. Alles vor sieben Uhr ist Körperverletzung. Aber wir hatten ja eine Abmachung. Es ist kurz nach vier. Der Camino wartet auf seine Sternwanderer. Mühsam steige ich die Leiter hinunter und suche dann meine Sachen zusammen.

Rucksackpacken im Dunkeln ist eine echte Herausforderung. Da nicht das Geringste zu sehen ist, muss ich mich ganz auf meinen Tastsinn verlassen. Besonders gut ausgeprägt ist er nicht. Als ich versuche, mir die Hose über den Kopf zu ziehen, entleert sich mein Portemonnaie. Das Münzgeklimper führt dazu, dass der ganze Schlafsaal sich regt. Sogar das Geschnarche verstummt für einen Moment. Als sich die Situation wieder beruhigt hat, krieche ich unter die Betten und suche mein Geld. Viel finde ich nicht mehr. Wenigstens die Morgengymnastik ist somit abgehakt. Kurz darauf schleichen wir uns Richtung Ausgang. Zum Abschied scheuert mein Rucksack noch mal lautstark an der Wand entlang.

Kaum, dass wir ins Freie getreten sind, verstummt das Gezirp der Grillen. Wahrscheinlich haben wir sie gerade bei einer ihrer Orchesterproben gestört. Jetzt gilt es den Wegmarker ausfindig zu machen. Bo leuchtet mit seinem

Kopfscheinwerfer die Umgebung ab. Unterstützend zünde ich mir eine Zigarette an. Schließlich werden wir fündig. Auf der gegenüberliegenden Hauswand ist ein gelber Pfeil aufgesprüht. Dann mal los. Dafür, dass wir so früh auf den Beinen sind, ist die heutige Wegetappe relativ kurz. Gerade mal achtzehn Kilometer sind es bis Calzada del Coto.

Nach achtzehn Metern heißt es aber erstmal umkehren. Bo hat seine Zahnbürste in der Herberge vergessen. Ich bitte ihn, gleich noch meine Socken mitzubringen, die noch über der Heizung hängen. Fünf Minuten später sind wir wieder unterwegs.

Kaum, dass wir Terradillos verlassen haben, gibt Bos OP-Leuchte den Geist auf. Es ist stockfinster. Ab sofort müssen wir uns an das Knirschen unter unseren Füßen halten. Wie schon einmal erwähnt, besteht ein Großteil des Caminos aus diesen unschönen Schotterpisten. Heute aber ist das sehr hilfreich. Trotz des Blindenstreifens stolpern wir immer wieder in die Felder. Schuld ist dieser grandiose Sternenhimmel, zu dem wir immer wieder hinaufschauen müssen. Ungetrübt vom künstlichen Licht der Städte zeigt sich das nächtliche Firmament in seiner ganzen Pracht. Mit ein bisschen Fantasie kann man auch die Milchstraße ausmachen.

Gestirne sind in der Menschheitsgeschichte schon immer unverzichtbar gewesen. Ohne sie hätte es keine Weltumsegelungen gegeben, im Museum of Modern Art würde nicht van Goghs berühmte „Sternennacht" hängen und die lieben Hirten würden wohl heute noch nach der Jesuskrippe suchen. Sterne sind schon etwas Tolles. Dabei machen sie gar nichts, sondern sind einfach nur da. Soviel zum silbrigen Panorama über uns. Die irdische Welt hingegen liegt im Dunkeln. Manchmal zeichnet sich schwach die Silhouette eines Baumes ab, die Disteln am Wegesrand verraten sich durch leises Knistern im Wind. Nach einer Weile verlöschen die ersten Sterne. Der Himmel wird heller.

Bo bleibt stehen und schlägt vor, dass wir uns unbedingt den Sonnenaufgang anschauen sollten. Also streifen wir die Rucksäcke ab und setzen uns mitten auf den Weg, den Blick nach Osten gerichtet. Kurz darauf steigt das Licht. Ich würde gern die ganzen Farben beschreiben, finde aber nicht die passenden Worte - weil es einfach keine gibt. Manchmal sollte man eben einfach nur schauen und staunen. Dieser Augenblick bekommt eindeutig einen Podestplatz im Sammelsurium meiner Reiseerlebnisse. Auch Bo scheint den Anblick zu genießen. Er sieht aus wie eine vergoldete Buddhastatue. Nachdem wir unsere Netzhaut bis zum Äußersten strapaziert haben, stehen wir auf, schultern die Rucksäcke und gehen weiter.

Eine halbe Stunde später ist der Weiler Moratinos erreicht. Die nächste Einkehrmöglichkeit ist aber noch ein Stück entfernt. Um uns die Wartezeit zu verkürzen, spendiert Bo etwas trockenes Weißbrot, das er beim letzten Abendbrot hat mitgehen lassen. Beim Kauen knirscht es bedenklich zwischen meinen Zähnen. Hoffentlich hat der kleine Imbiss nicht eine meiner Plomben ausgehebelt.

In San Nicolás del Real Camino dürfen wir endlich Kaffee trinken. In der Bar herrscht Minimalbetrieb. Zwei ältere Herren lesen friedlich Zeitung, ein Halbstarker in Lederjacke drischt auf einen dudelnden Spielautomaten ein. Der Wirt steht ganz im Bann des Fernsehers. Langweile kann manchmal richtig schön aussehen. Während wir uns Richtung Tresen begeben, knistern unter unseren Schritten die üblichen Verpackungsabfälle.

Da Bo unbedingt sein Spanischvokabular erweitern will, bestellt er das Frühstück. Der Wirt fragt, ob wir wirklich zwanzig Milchkaffee trinken wollen. Auch die Tatsache, dass Orangensaft auf das Baguette soll verunsichert ihn etwas. Bo versucht es noch einmal. Mit Erfolg. Wenig später sitzen wir vor unseren Kaffeetassen und zwei dick beschinkten *bocadillos*. Dazu gibt es sogar einen Schnaps aufs Haus. Am besten ich lasse Bo jetzt immer bestellen. Derweilen haben die älteren Herrschaften ihre Zeitungen ausgelesen und gehen zu einem Würfelspiel über. Der Halbstarke am Automaten gibt noch einmal alles, dann hat er kein Geld mehr.

Die Tür öffnet sich. Ein weiterer Frühausreißer betritt das Lokal. Es handelt sich um einen der Italiener. Zu meiner Überraschung folgt ihm keiner seiner Landsleute nach. Er bestellt sich einen Espresso und gesellt sich anschließend zu uns. Wie wir erfahren, hat der Azzurri sein Geschwader heute absichtlich zurückgelassen. Ihm steht der Sinn nach etwas Einsamkeit. Auf Dauer ist es sicher äußerst anstrengend, wenn man immer im Rudel unterwegs ist. Es ist eben doch schon etwas anderes, wenn man sich täglich einen zwei Meter breiten Fußweg teilen muss. Irgendwann geht man sich einfach auf die Nerven.

Nachdem der Italiener seinen Espresso geleert hat, beginnt er mit dem Bau einer Guten-Morgen-Tüte. Wenn ich will, darf ich gerne mitrauchen. Also gehen wir nach draußen. Um ganz offen zu sein, ich bin kein guter Kiffer. Schon nach den ersten Zügen, scheint mein Kopf Gliedmaßen zu entwickeln und rennt los. Er beginnt immer schnellere Runden zu drehen. Gleich hat er sich selbst abgeschraubt. Bo vergleicht meine Gesichtsfarbe mit dem Farbspektrum des Sonnenaufgangs. Der Azzurri flitzt inzwischen schon mal voraus. Bei ihm wirkt das Gras anscheinend besser. Am Ortsausgang gabelt sich der Camino mal wieder. Allein der Abwechslung wegen entscheiden wir uns diesmal für den direkteren Weg entlang der Straße.

Nach einer halben Stunde ist ein Grenzstein erreicht. Wir verabschieden die Provinz Palencia und treten nach Leon über. Zur selbigen Stadt ist es aber noch ein ganzes Stück. Wie sehr ich die Meseta auch lieben gelernt habe, langsam bin ich all der Felder überdrüssig und sehne mich nach etwas Urbanität. So ein bisschen Menschengewusel ist manchmal doch ganz schön.

Weitere dreißig Minuten später offeriert uns der Camino die Möglichkeit, einen Abstecher zur Ermita Virgen del Puente zu machen. Jetzt könnte ich wieder sakrales Desinteresse als Ausrede vorschieben, aber Bo schubst mich schon zur Seite. Über eine schmucke Steinbrücke geht es zur frei im Feld stehenden Kirche. Hier zeigt sich abermals die Vorliebe iberischer Architekten für korpulenten Unterbau und magersüchtige Glockentürme. Noch schöner als das Gotteshaus ist aber das Wiedersehen mit Evelyn. Juhu! Anscheinend hat der Camino meine Vermisstenanzeige gelesen.

Unsere Begrüßung fällt allerdings weniger herzlich als sonst aus. Die Amerikanerin sieht heute ziemlich traurig aus. Ihre Wangen sind gerötet, die Augen glänzen feucht. Vielleicht hat sie ja Volker getroffen. Evelyn erzählt mir, dass die Meseta, mit ihren ganzen Feldern, sie sehr an Iowa erinnert. Und deswegen vermisst sie ganz furchtbar ihre zwei kleinen Mädchen, die wieder ohne Gute-Nacht-Kuss ins Bett müssen. Ihre letzten Worte verlieren sich in einem Schniefen und Schluchzen. Dann kullern die Tränen. Da biete ich mich natürlich gern als Taschentuch an. Unsere zweite Umarmung ist viel inniger. Eine ganze Weile stehen wir einfach nur so da. Bo inspiziert derweilen die Kirche, aber ich glaube, er will mir einfach diesen Moment lassen. Schließlich gibt meine eingedrückte Wasserflasche ein lautstarkes Knacken von sich. Evelyn muss lachen. Gut, dass ich schon wieder vergessen hab sie aufzufüllen.

Wenig später veranstalten wir im Schatten ein Picknick. Es gibt Weißbrot mit Tomaten, Thunfisch und natürlich Schokolade. Was für ein Tag! Man bedenke, heut morgen wollte ich gar nicht aufstehen und jetzt überlege ich, das immer so zu machen. Nach der Stärkung setzen wir den Weg gemeinsam fort. Nicht lang und Sahagún ist erreicht.

Die Stadt ist vor allem für ihre Gebäude im Mudéjar-Stil bekannt. Romanische und arabische Elemente gehen hierbei eine kunstvolle Symbiose ein. Beispiele hierfür liefern die Ermita de la Virgen del Puente und die Iglesia de San Lorenzo. Von der Abtei Abadía de Dominos Santos existieren zwar nur noch Ruinen, aber selbst diese gelten als sehenswert. Mehr sei hierzu nicht gesagt, das überlasse ich lieber meinem Rother, der in seinen Beschreibungen wieder mal sehr ausführlich wird. Zur Strafe muss er in den Rucksack. Nachdem wir uns in der Bar gestärkt haben, geht es zum Schlussakkord über. Entlang der Straße führt uns der Camino die letzten fünf Kilometer bis Calzada del Coto. Die kleine Ortschaft, die nach einer belegten Pizza klingt, ist wie ausgestorben. Die Gassen sind menschenleer, Fensterläden verrammelt. Wir sind genau zur Siesta eingetroffen. Die Herberge hat immerhin schon geöffnet. Wir sind sogar die Ersten.

Heute kann ich tatsächlich eine halbe Stunde lang duschen, ohne dass jemand hinter mir vehement an die Tür trommelt. Zurück im Schlafsaal hole ich ein sauberes Hemd aus dem Rucksack. Nur ist das nicht meins. Na so was. Wahrscheinlich habe ich beim morgendlichen Packen irgendwo falsch zugegriffen. Es tauchen auch noch ein paar Socken auf, die definitiv nicht zu meiner Garderobe gehören.

Die Verwechslung bringt mich auf eine Idee: Nach inzwischen vierhundert Kilometern Wanderschaft befinden sich einige meiner Klamotten bereits im Zersetzungsprozess. Sie stinken so elendig, dass selbst die Kleiderspende sie wieder hinauswürgen würde. Es wäre ein Leichtes, sie nachts heimlich in die Rucksäcke meiner Mitpilger zu schmuggeln. An Flughäfen werden einem Drogen zugesteckt, auf dem Camino fremde Dreckwäsche. Hähä! Nebenbei könnte ich so die Traglast auf meinen Schultern deutlich verringern, wogegen mein Rücken sicher nichts einzuwenden hätte. Der Camino würde es mir aber umgehend heimzahlen. Ein Schwung neuer Blasen, freilaufende Hunde oder ein Doppelzimmer mit Volker. Die Liste möglicher Abstrafungen ist lang. Lassen wir das also lieber. Die fremden Sachen werde ich nachher einfach auf die Wäscheleine hängen. Irgendeiner wird sie sich schon holen. Schließlich bette ich mich zum Probeliegen auf die Matratze. Das Letzte was meine Augen sehen, ist der Lattenrost über mir.

Pünktlich zum Abendbrot bin ich wieder wach. Inzwischen ist die Herberge krachvoll. Überall raschelt, knistert und klappert es. Dazwischen meine ich die gestraffte Stimme von Volker zu hören. Höchste Zeit hier zu verschwinden.

In der örtlichen Bar gibt es ein Wiedersehen mit Forest, Flint und Maurice. Auch Leona, Haldor und die zwei belgischen Pensionäre sind anwesend. Ich weiß gar nicht, wo ich am liebsten sitzen möchte. Das Problem, das eigentlich keines ist, löst sich von selbst. Die Tische werden einfach zusammengeschoben. Die erste Flasche Wein ist bereits vor der Hauptspeise leer.

Nach dem Essen folgt der schon obligatorische Verdauungsspaziergang. Und so könnte ein wunderbarer Tag eigentlich enden, aber der Camino macht noch Sahne und bunte Streusel oben drauf. In einer Telefonzelle entdecke ich Evelyn. Wahrscheinlich versucht sie es doch noch mal mit dem Gute-Nacht-Kuss. Es ist schön, sie so in der Dunkelheit stehen zu sehen, dabei macht sie gar nichts. Sie ist einfach nur da. Menschen sind eben auch wie Sterne.

20 Der Chinaböller

Bedenkt man, dass auf dem Camino so viele Menschen auf so wenig Raum aufeinandertreffen, ist es erstaunlich, dass es immer friedlich bleibt. Heute Morgen ist das anders.

Vor der Herberge ist ein heftiges Wortgefecht im Gange, das demnächst durchaus eskalieren könnte. In einer Ringecke befinden sich die Italiener, in der anderen ein tobender Chinese. Es könnte aber auch ein Japaner, Vietnamese, Koreaner oder Mongole sein. Keine Ahnung. Jedenfalls sehe ich den Burschen zum ersten Mal. Wie es scheint, ist er kurz davor zu explodieren. Seltsam, gelten doch gerade Asiaten als äußerst friedfertig. Das hier aber ist ein echter Chinaböller!

Wie ich von den Gaffern erfahre, geht es um ein Feuerzeug. Die Italiener sagen, es war nur geborgt, der Chinaböller behauptet geklaut. Ein klassisches Missverständnis, dass sich aufgrund der Sprachbarriere nicht ausräumen lässt. Kurz bevor die Fäuste fliegen, geht Leona dazwischen. Mithilfe einiger Busenwackler gelingt es ihr die Kontrahenten zu beruhigen. Bei solchen Deeskalationsmaßnahmen lohnt es sich eine Schlägerei anzuzetteln. Die Italiener setzen sich auf eine Bank und rauchen ihre Tüte zu Ende, der Chinaböller stapft schimpfend zurück ins Haus.

Was lehrt uns diese Geschichte? Finger weg von herrenlosen Feuerzeugen. Nachdem wieder Ruhe eingekehrt ist, widme ich mich der heutigen Etappe. Es gibt zwei Möglichkeiten, um nach Reliegos zu gelangen:

Variante A wird als meditatives Erlebnis bezeichnet. Hier gibt es karge Natur, so gut wie keinen Schatten und nur ein

Minimum an Zivilisation. Auch die Wegmarker sind nicht immer ganz eindeutig. Prunkstück der Etappe ist ein achtzehn Kilometer langes Nichts. Hier lässt die Meseta noch mal ordentlich die Muskeln spielen.

Wem das zu hart ist, der sollte lieber zu Option B umschwenken: Hier bleibt man auf Tuchfühlung zur bewohnten Welt. Unterwegs finden sich zwei Einkehrmöglichkeiten und die Ausschilderung ist besser. Der Camino hält sozusagen ein wenig das Händchen. Unterm Strich werden aber beide Routen als recht demoralisierend eingestuft. Ich entscheide mich für Vorschlag A. Sollen mich die Tierras del Campos ruhig noch einmal in ähriger Einsamkeit wiegen. Morgen geht es nach León und die Zeit der Felder und Storchnester hat ein Ende. Bo und Flint sehen es genauso. Zu dritt ziehen wir ein letztes Mal in die Great Plains Spaniens hinaus.

Die Landschaft hat heute fast steppenartigen Charakter. Verwilderte Hecken und stachlige Sträucher prägen das Bild. Die Erde ist knochentrocken. Es dauert nicht lang und Flint geht in den Hinkemodus über. Er fällt immer mehr zurück. Bo hingegen scheint besonders lauffreudig zu sein. Wie eine junge Antilope springt er den Weg entlang. Man möchte am liebsten mit dem Gewehr auf ihn anlegen. Fest steht, dass wir drei sehr unterschiedliche Laufgeschwindigkeiten haben. Auf dem Camino sollte aber jeder sein eigenes Tempo gehen. Deshalb beschließen wir noch bis zur nächsten Ortschaft, Calzadilla de los Hermanillos, zusammenzubleiben. Dort wird gemeinsam gefrühstückt. Danach geht jeder für sich - und zwar so schnell oder langsam, wie er will.

Der Camino führt über eine Eisenbahnbrücke und hält dann

auf ein Waldstück zu. Hier treffen wir Forest, der seine Füße im Brunnen badet oder besser gesagt das Trinkwasser kontaminiert. Wir teilen uns abermals eine Tüte Haribo und werten noch ein bisschen die morgendliche Fast-Schlägerei aus. Nach einer Viertelstunde geht es weiter.

Schon jetzt machen sich meine Blasen bemerkbar. Dabei bin ich doch gerade erst losgegangen. Immerhin bin ich nicht allein. Wie es scheint, ist es auch bei Bo mit der Leichtfüßigkeit vorbei. Die rechte Wade krampft. Selbst Forest fasst sich wiederholt an den Knöchel. Und Flint hat sowieso immer Schmerzen. Schon verrückt, dass wir alle gleichzeitig schlappmachen. Anscheinend hat uns die Pause nicht gutgetan. Zuhause würde man sich jetzt den gelben Schein beim Doktor abholen und die nächsten Tage vor der Glotze verbringen. Aber nicht auf dem Camino! Hier gibt es den gelben Pfeil. Da wird weitergelaufen.

Kulturelles Zentrum von Calzada de los Hermanillos bildet auch hier die Bar. Wie bereits erwähnt, die nächsten Kilometer verkünden beispiellose Leere. Da will jeder vorher noch mal auftanken. Mir persönlich ist die Abgeschiedenheit ganz recht. Wo keine Siedlungen sind, gibt es keine Hunde. Allerdings fällt aufgrund der kommenden Barlosigkeit auch die mittägliche Bierpause flach. Somit muss dieses Ritual vorgezogen werden.

Nach einer halben Stunde bin ich marschbereit. Diesmal ist sogar die Wasserflasche gefüllt. Hinter der Ortschaft geht es auf der Straße weiter. Die Landschaft bleibt ein Stillleben: Zu beiden Seiten des Weges braune staubige Felder, darüber ein paar Kondensstreifen, die den blauen Lack des Himmels zerkratzen. Nach einigen Kilometern bietet ein Abzweig nach

El Burgo Ranero die letzte Chance, um zu Variante B überzuwechseln. Ich marschiere aber weiter geradeaus.

Zwei lange Stunden vergehen. Die Sonne brennt gnadenlos. Schließlich treffe ich auf eine Bahnlinie. Dass man die Schienen nicht überqueren darf, lese ich erst eine halbe Stunde später in meinem Rother nach. Ich habe mich verlaufen! Kein Wunder bei diesem konfusen Netz aus Trampelpfaden. Querfeldein irre ich durch die struppigen Felder. Meine Waden sind bald von blutigen Striemen gesäumt, denn überall wuchert gemeindornige Flora. Eine gewisse Gereiztheit macht sich bemerkbar.

Schließlich lande ich vor einem Bewässerungskanal. Weit und breit ist kein Übergang zu sehen. Ich muss da rüber! Am besten springen. Um meine Chancen zu erhöhen, werfe ich den Rucksack ans andere Ufer. Jetzt ich. Es ist nur ein guter Meter. Als ich auf dem Wasser aufschlage, wird mir bewusst, dass es auch zwei gewesen sein könnten. Der Kanal ist erstaunlich tief. Ich schaffe es komplett unterzutauchen.

Wenig später stehe ich klatschnass am anderen Ufer. Eigentlich war die Erfrischung gar nicht so übel, aber dafür sind jetzt meine Schuhe voll Wasser. Nun ist schnelles Handeln gefragt. Wie schon erwähnt, nasse Haut begünstigt die Blasenbildung. Also werden erstmal die Füße ordentlich trocken gerubbelt, dann binde ich mir die nassen Schuhe an den Rucksack. Die Socken verbleiben als Mahnmal am Kanal. In Badelatschen nehme ich die verbleibenden Kilometer in Angriff.

Nach einer Viertelstunde begegne ich Maurice. Er macht einen ziemlich jämmerlichen Eindruck. Ich erfahre, dass der Schweizer seine Trinkpullen am letzten Brunnen vergessen hat. Das war vor etwa drei Stunden. Ohne lang zu überlegen, reiche ich ihm meine Flasche. Vor Freude trinkt er sie gleich mal aus. Nachdem sich Maurice mit einem Schokoriegel revanchiert hat, geht es weiter. Eine Stunde später ist dann tatsächlich Reliegos erreicht. 1947 geriet das Dorf in die Schlagzeilen, als zur besten Frühstückszeit ein Meteorit in die Hauptstraße einschlug. Der Klumpen brachte fast neun Kilo auf die Waage.

Mit seinen rot verstaubten Bürgersteigen und grimmigen Häusern könnte Reliegos Kulisse für einen Western sein. Und tatsächlich mache ich wenig später Bekanntschaft mit dem selbsternannten Sheriff der Ortschaft. Er ertappt mich dabei, wie ich meinen Abfall gewissenlos in einen völlig überfüllten Papierkorb stopfe. Der Ordnungshüter, ein greiser Herr mit zerfleddertem Strohhut und beispiellosen Zahnruinen, hält mir eine ordentliche Standpauke. Danach gibt er mir meinen Müll zurück. Es folgt eine Wegbeschreibung zum nächsten Abfallcontainer. Die heutige Etappe ist noch nicht zu Ende.

Am Einlass der Herberge ist wieder mal Geduld gefragt. Es ist gerade Stoßzeit und die Abfertigung der wartenden Pilger dauert eine geschlagene halbe Stunde. Auch bei den Duschen ist der Andrang groß. Ich überlege zu verzichten. Schließlich war ich ja heut schon baden. Eine Geruchsprobe an meiner Achsel stimmt mich aber um.

Im Waschraum gibt es ein Wiedersehen mit Bo und Forest. Ihre feuerlöschroten Gesichter lassen darauf schließen, dass auch sie kaum Schatten hatten. Der Bericht meiner Odyssee durch die Felder sorgt für viel Erheiterung. Dabei sollte der interessanteste Teil des Tages noch folgen. Nachdem wir alle wieder vorzeigbar sind, gilt es etwas Essbares aufzutreiben.

Statt einer Bar entdecken wir Volker. Zum Glück hat er uns noch nicht bemerkt. Wir biegen in die nächste Gasse ab und schlagen zur Sicherheit noch ein paar Haken.

Auf der Flucht stoßen wir auf die eindrucksvollste Sehenswürdigkeit von Reliegos. Es ist weder eine Kirche noch ein Kloster - sondern eine Bar! Auf dem schlumpfblauen Gebäude sind zahllose Bilder und Sprüche aufgesprüht. Sieht aus wie das Feriendomizil von Andy Warhol. Innen wird es sogar noch verrückter. Wände und Tresen sind komplett vollgekritzelt. Gedichte, Zitate, Grußbotschaften, kleine Sauereien – hier ist für jeden was dabei. Wir setzen uns und bestellen erstmal eine Runde Bier.

Bis zum Abendessen füllt sich der Schlumpfbau. Sämtliche Neuankömmlinge verewigen sich an den Wänden. Viel Platz ist allerdings nicht mehr. Nachdem wir ein schmackhaftes Pilgermenü in unseren Bäuchen wissen, wird noch eine Flasche Wein geordert. Danach noch eine. Und noch eine. Als Bo zum ersten Mal auf sein Handy schaut, ist es bereits halb elf. Hoppla! Vor dreißig Minuten war bereits Zapfenstreich. Eilig kippen wir unsere Gläser hinunter. Im Laufschritt geht es zurück zur Herberge.

Nach fünfzehn Minuten haben wir sie gefunden. Wie befürchtet sind die Tore verschlossen. Wir sind ausgesperrt. Und was nun? Forest versucht es mit einem zaghaften Klopfen, dann mit lautstarken Trommeln. Die Reaktion ist dieselbe - nämlich keine. Bo blickt die Fassade hinauf. Anscheinend plant er den Aufstieg an einer der Regenrinnen.

Schließlich komme ich auf die Idee mit Kieselsteinen an ein Fenster zu werfen. Vielleicht hört das ja jemand. Der erste Wurf verfehlt sein Ziel. Aber es gibt ja genug Munition.

Meine Begleiter steigen ins Spielchen ein. Tatsächlich geht in einem der Zimmer Licht an. Kurz darauf erscheint der Chinaböller am Fenster. Mittels Pantomime versuchen wir unser Dilemma begreiflich zu machen.

 Kurz darauf dreht sich ein Schlüssel im Schloss. Das ist noch mal gut gegangen. Ich dachte schon wir müssen draußen schlafen. Die Tür öffnet sich. Gerade will ich meinen Dank an unseren Retter richten, als dieser mir eine schallende Ohrfeige verpasst! Die Verwunderung ist anfangs größer als der Schmerz. Dann gehe ich zum Gegenangriff über. Bo und Forest halten mich glücklicherweise zurück. Auf Rangeleien in der Herberge stehen harte Strafen bis hin zur Exmatrikulation. Als wäre nichts gewesen, verschwindet der Chinaböller wieder im Schlafsaal. Warum er mir die Schelle verpasst hat, erfahre ich heute nicht mehr. Meine beiden Sozialarbeiter geleiten mich zur Pritsche. Erst als ich sicher im Schlafsack liege, gehen sie zu ihren eigenen Betten.

 Im Vergleich zum gestrigen Zuckertag, war das heute eine ganz schöne Packung: Zuerst die Odyssee durch die Felder, dann die Spontantaufe im Kanal, gefolgt von einer Standpauke des örtlichen Abfallpolizisten - und jetzt noch eins in die Fresse! Da sag noch mal einer die Meseta sei eintönig. Schließlich höre ich von draußen ein Pfeifen, dann folgt ein vortrefflicher Rülpser. Ich stehe auf und gehe ans Fenster. Unten steht Haldor und fragt lallend, ob ich mal die Tür aufschließen kann.

21 KÜSSEN VERBOTEN

Am Morgen halte ich als Erstes nach dem Chinaböller Ausschau, aber er ist nirgends zu entdecken. Schade eigentlich, denn mir sind über Nacht einige sehr kreative Hinrichtungsarten eingefallen. Mein Gefühl sagt mir aber, dass wir uns noch einmal wiedersehen.

Die heutige Etappe führt in die einstige Königsstadt León. Knapp vierundzwanzig Kilometer sind zurückzulegen. Das klingt erstmal nicht viel, doch seit Burgos weiß ich, dass gerade Stadtetappen sehr zermürbend sein können. Mein Rother weist mich auch darauf hin, dass es mit den Betten ab sofort knapp werden könnte. Da viele Pilger ihre Wanderschaft in León beginnen, könnte es sein, dass die kommenden Herbergen schnell belegt sind. In diesem Fall hieße es weiterlaufen. Und das sollte ich jetzt auch tun.

Entlang der Straße führt der Camino aus Reliegos hinaus. Bis jetzt gewinnt der neue Tag keinen Schönheitspreis. Mit seinen verschmierten Wolken erinnert der Himmel an ein schlecht geputztes Fensterglas, die umgebenden Felder wirken wie abgebrannt. Lediglich ein paar verstreute Höfe flimmern in der Ferne. Die nächsten anderthalb Stunden passiert rein gar nichts, was allerdings nichts Ungewöhnliches in der Meseta ist. Dann ist immerhin Mansilla de las Mulas erreicht.

Die Stadt teilte das Leid vieler spanischer Niederlassungen: Wie eine Prostituierte wurde sie unter verschiedenen Eroberern herumgereicht. Mal durften die Goten sich vergnügen, dann die Araber, bis schließlich die Spanier Anspruch erhoben und bis heute die Zuhälterrolle innehaben.

Mansilla selbst verfügt über ein paar hübsche Bauwerke, beziehungsweise was die französischen Truppen im 19. Jahrhundert davon übrig gelassen haben. Sehenswert sind auch die historische Stadtmauer sowie die Iglesia de Santa Maria.

In der örtlichen Bar wird auch gleich Geschichte geschrieben. Ich treffe auf meinen Peiniger! Allein mit Bierglas sitzt er am Tresen und starrt komatös zum Fernseher hinauf. Koma ist ein gutes Stichwort - denn in genau diesem Zustand wird er sich befinden, wenn ich mit ihm fertig bin. Anschließend könnte ich ihn mit meiner Dreckwäsche ausstopfen und zu Dekorationszwecken an den Kirchturm hängen. Vor der Ausführung möchte ich aber noch den Grund für die Ohrfeige erfahren.

Als ich den Chinaböller auf den Vorfall anspreche, erklärt er mir in abgehacktem Englisch, dass er sich an nichts dergleichen erinnern kann. Sein Blick ist dabei weiter auf die Flimmerkiste gerichtet. Mein Adrenalinpegel tritt langsam aber sicher über die Ufer. Leider sind zu viele Zeugen anwesend, um weitere Schritte - beziehungsweise Tritte - einzuleiten. Aber eigentlich habe ich keine Lust, mich jetzt derart aufzuregen. Soll der Bursche doch zur Hölle fahren! Aber wahrscheinlich hat er dort schon Hausverbot. Ich bestelle mir Kaffee und *bocadillo* und setze mich nach draußen.

Hier treffe ich die Holländer wieder. Mit ihren Faxen und Witzen unterhalten sie sämtliche Gäste. Die beiden gehören definitiv auf die Bühne - oder in eine geschlossene Anstalt. Einzig Forest und Malou bleiben davon unberührt, da sie mit Herumturteln beschäftigt sind. Man erwartet jeden Moment, dass ihnen Flügel wachsen und sie fröhlich davonflattern. Das gefällt nicht jedem. Am Nachbartisch sitzt Haldor mit einer Ladung Schrot im Blick. Als Beziehungswitwer tut ihm der Anblick von Zweisamkeiten gerade gar nicht gut. Der eigenen Gesundheit zuliebe, sollten Forest und Malou lieber ein bisschen auf die Bremse treten.

Nach dem Imbiss befinde ich mich gemeinsam mit Haldor wieder auf die Piste. Hinter Mansilla de las Mulas verläuft der Camino schnurgerade neben der N601. Vorbei am Weiler Villarmoros de Mansilla und weiter durch Puente Villarente geht es nun leicht bergauf.

Laut Reiseführer ist das Etappenziel noch gut zwei Stunden entfernt. Mit der ländlichen Idylle ist es trotzdem vorbei. Die Landschaft wirkt zunehmend befestigt: Zerbeulte Fabrikhallen, marode Tankstellen und postmoderne Autohäuser sprießen in immer kürzeren Abständen aus dem Boden. Das Verkehrsaufkommen nimmt merklich zu, der Geruch von Stadt liegt in der Luft. Allerdings ist der Marsch nicht ganz so nervtötend wie in Burgos, da den Pilgern mehr Abstand zur Straße gegönnt wurde.

Inzwischen wird es immer heißer. Abgase und Sonne vermischen sich zu schwefeligem Licht, die Luft wird dicker. Immerhin feuern die vorbeifahrenden Lkws die sich dahinschleppenden Pilger durch lautes Hupen an. Nach einer Weile wechselt der Camino auf die andere Straßenseite und entfernt sich etwas vom Verkehrstreiben. Entspannter wird die Lage trotzdem nicht.

Da Haldor nicht in der Lage ist anständig die Füße zu heben, entstehen bei jedem Schritt unschöne Schlurfgeräusche. Dadurch werden sämtliche Hunde im Umkreis geweckt und begeben sich umgehend auf Streife. Die kniehohen Zäune stellen da kein ernstzunehmendes Hindernis dar. Das ist anscheinend auch den Besitzern klar, so dass sie die Tore gleich mal offengelassen haben. Mein norwegischer Wegbegleiter versucht die Köter durch laute Pfiffe und Kläffgeräusche zusätzlich zu provozieren. Er ahnt nicht, welchen Mordsgefallen er mir damit tut.

Der Camino nährt sich nun wieder der N601 und führt ins Gewerbegebiet von Vadelafuente. Hier darf wieder einmal die Straße überquert werden. Aufgrund des hohen Verkehrsaufkommens eine echte Mutprobe. Ein Häufchen Pilger wartet zusammengedrängt am Seitenstreifen, bereit den Wildwechsel zu vollziehen. Doch schließlich schaffen es alle sicher auf die andere Seite. Die Organisatoren des Jakobsweges sollten hier vielleicht lebensverlängernde Maßnahmen in Form von Brücken oder Tunneln in Betracht ziehen. Nebenbei könnten sie auch gleich einige Zyankaliköder auslegen, um die Hundepopulation auf ein gesundes Maß zurechtzustutzen.

Nun geht es einen kleinen Anstieg neben der Straße hinauf. Von oben kann man schon die Kathedrale von León sehen. Wie ein Atoll ragt sie aus dem dunstigen Dächermeer empor.

Um diesem Moment unsere Ehrerbietung zu erweisen, holt Haldor zwei Dosen Bier aus dem Rucksack. Ich finde noch ein paar Schokoladenreste zwischen meinen getragenen Socken und Unterhosen. Damit wäre der Mittagstisch gedeckt. Nach der Stärkung gilt es die letzten vier, fünf Kilometer zu bewältigen.

Unterwegs klärt mich Haldor über einige nordeuropäische Klischees auf. So seien alle Finnen Alkoholiker, Schweden homosexuell und Norweger chronisch depressiv. Mitunter werden diese Attribute aber auch umverteilt. Dann erzählt Haldor wieder von seiner Ex Tove bzw. über den Sex, den sie hatten. Bei seinen Beschreibungen geht er verstörend genau ins Detail und ich lerne eine Menge neuer englischer Vokabeln. Schließlich bittet mich Haldor schon mal vorauszugehen, da er beschlossen hat, dem Klischee eines echten Norwegers gerecht zu werden und ein bisschen depressiv zu sein.

Nach einer Weile weicht der Camino von der N601 ab. Über den Río Torío geht es nun hinein nach León. Der äußere Stadtring ist weitestgehend durch Baustellen geprägt. Überall trifft man auf eingerüstete Häuser, Baukräne oder umzäunte Schuttpyramiden. Metallsägen kreischen, Motoren schnaufen, Presslufthämmer dröhnen. Dazwischen gellen die scharfen Pfiffe der Bauarbeiter. Schwer zu glauben, dass ich mich gestern noch in leeren Feldern verlaufen habe. Durch einen steilwandigen Häusercanyon nähere ich mich der Altstadt.

Mein Reiseführer empfiehlt die Albergue de las Carbajalas als Quartier. Es gibt zwar auch eine Jugendherberge, die über ein beträchtliches Fassungsvermögen verfügt, aber dort soll es zum Teil sehr unruhig zugehen. Kein Wunder, wenn die Bude vierundzwanzig Stunden geöffnet hat. Für uns Pilger, die Regeneration dringend nötig haben, ist es bestimmt nicht so toll, wenn früh um vier ein paar Halbstarke von ihrer Sauftour zurückkommen und einem in die Wanderschuhe reihern. Außerdem gehört ein echter Pilger in eine Herberge.

Kaum bin ich dort eingetroffen, heißt es erstmal wieder anstehen. Es dürfen immer nur zwei Pilger vortreten. Danach wird eine fünfminütige Pause eingelegt. Im Übrigen werden hier Männlein und Weiblein streng getrennt gehalten.

Wahrscheinlich liegt das an den kirchlichen Betreibern, die unzüchtiges Verhalten befürchten.

Nach dreißig Minuten darf ich vorsprechen. Die Herbergsmuttis machen keinerlei Anstalten Englisch zu sprechen. Aber nach gut vierhundertfünfzig gelaufenen Kilometern, neunzehn Übernachtungen und knapp fünfzig Bierbestellungen sind meine Spanischkenntnisse gefestigter. Die Herbergsmuttis amüsieren sich trotzdem köstlich.

Nachdem ich frisch geduscht bin, gilt es die Stadt zu besichtigen. Hoffentlich gehe ich nicht wieder so einem durchgeknallten Opa ins Netz.

Auf meiner Erkundungstour bewege ich mich ganz bewusst entgegen der Hinweisschilder. Das hat seinen Grund. Als Besucher mit begrenztem Zeitvolumen, hat man nur die üblichen Protzsehenswürdigkeiten auf dem Laufzettel, die meistens mit einem Foto abgehakt sind. Von der Stadt selbst kriegt man so aber nicht viel zu sehen. Weitaus schöner ist es, sich durch die Gassen treiben zu lassen und den Rest dem Zufall zu überlassen.

Vergleicht man nun Burgos und León miteinander, entsteht ein wenig der Eindruck zerstrittener Geschwister, die darum wetteifern, wer denn nun die tollste Kathedrale hat. Bis jetzt hat Burgos leichte Vorteile, aber das hat eher mit der netten Bardame zu tun. Dafür hat León die ruhmreichere Vergangenheit.

Als das Römische Reich seinen letzten Seufzer getan hatte, bemächtigten sich die Westgoten der herrenlosen Stadt, bis sie ihnen von den Mauren wieder abgeluchst wurde. Dann fand unter König Ordoño I. von Asturien die Rückeroberung statt. Nach der Zwangsheirat mit Kastilien im Jahre 1230, büßte die Stadt aber an Macht und Einfluss ein. Bis heute sehnt sich das einstige Königreich ins Junggesellenleben zurück.

Mein lieber Rother lobpreist natürlich wieder ausgiebig die Baukunst und seziert sämtliche Kirchen, Klöster und nicht zuletzt die Kathedrale, bis ins letzte Detail. Der finale Obduktionsbericht zieht sich über anderthalb Seiten.

Die Bauwerke von Gaudi schinden allerdings schon Eindruck. Besonders die Casa Botines, ein Gebäude von schlossartigem Charakter, ist sehenswert. Früher lebten dort wohlhabende Händler, heute hat sich dort ein Geldinstitut einquartiert. Meister Gaudi selbst, kann man in gusseiserner Gestalt auf einer Bank antreffen - zumeist in Gesellschaft fotowütiger Touristen.

Schließlich erreichte ich die berühmte Catedral de León. Das frühgotische Bauwerk zählt zu den schönsten Kathedralen Spaniens. Zwar verzögerten auch hier leere Kassen, Einstürze und streitende Architekten die Fertigstellung, aber das Ergebnis kann sich sehen lassen. Allein die Glasmalereien messen gut 1900 m^2. Dazu gibt es reich verzierte Türmchen, schicke Fensterrosen und verschnörkelte Portale.

Nach fast zwei Stunden Stadtbesichtigung tun mir ordentlich die Füße weh. Kein Wunder. Da läuft man den ganzen Tag durch die Botanik und am Nachmittag läuft man durch die Stadt. Höchste Zeit, um irgendwo einzukehren. Aber so ganz alleine macht das keinen Spaß. Wenn ich mich recht entsinne, ist noch etwas Weißbrot und Thunfisch in meinem Rucksack. Ein Bier bekommt man bestimmt auch noch irgendwo her.

Zurück in der Herberge fallen mir sofort die vielen neuen Gesichter auf. Anscheinend wird es morgen deutlich voller auf dem Camino werden. Auf einer der Sitzbänke entdecke ich aber einen alten Bekannten. Meine Hand schließt sich fester um das knochenharte Baguette. Der Chinaböller!

Gerade als ich aufstehe, um die Hinrichtung zu vollziehen, bemerke ich den dicken Verband am Knöchel meines Züchtigers. Dem Bewegungsablauf des rechten Beines nach zu urteilen, wird das morgen wohl nichts mit dem Wandern. Da ist wohl jemand unterwegs umgeknickt. Der Camino hat mich tatsächlich gerächt. Eigentlich müsste mich tiefe Genugtuung durchströmen. Doch jetzt, wo ich den Kerl so rumhumpeln sehe, tut er mir doch tatsächlich leid. Allerdings kann ich meine zwittrigen Gefühle nicht weiter ergründen, denn Maurice und Evelyn winken mich an ihren Tisch und laden zum Nudelessen ein. Da sage ich nicht nein.

Wenig später kommen Bo, Flint und ein breitschultriger Kerl in die Küche gehumpelt. Bei genauerem Hinsehen stelle ich fest, dass es sich um Haldor handelt. Der Norweger hat sich tatsächlich den Bart abrasiert. Auch das zottelige Haar ist kurz geschnitten und akkurat gescheitelt. Er sieht aus wie ein katholischer Pfarrer. Maurice reißt mich aus meiner Verblüffung, indem er den Nudeltopf auf den Tisch knallt. Dann bringt Evelyn die dampfende Soße. Die Neuankömmlinge werden kurzerhand ins Abendbrot integriert. Es ist genug für alle da. Wir stoßen die Gläser aneinander und jeder sagt den Toast in seiner Landessprache auf. Dann wird das Besteck gezückt.

Im Gegensatz zum veränderten Äußeren hat Haldor seine Tischmanieren beibehalten. Bald hat er einen neuen Bart aus Tomatensoße im Gesicht. Die meisten Nudeln seilen sich von der Gabel ab und landen in seiner Hemdtasche. Da auch ich im Umgang mit Spagetti minderbegabt bin, schneide ich sie klein, was mir einen finsteren Blick von Maurice einbringt. Wie einem Kindergartenkind erklärt er mir noch einmal die korrekte Handhabung der Esswerkzeuge. Flint hält den Nachhilfeunterricht amüsiert mit seiner Kamera fest. Zum Nachtisch spendiert Bo noch ein paar ausgehärtete Haribos, die man lieber lutschen als kauen sollte.

Trotz aller Proteste will Evelyn den Abwasch übernehmen. Ich erhalte immerhin den Zuschlag als Abtrockner. Gemeinsam stehen wir an der Spüle. Der Geschirrturm wird zusehends kleiner. Eigentlich könnte jetzt ruhig jemand noch ein paar Teller bringen. Schließlich zieht Evelyn den Stöpsel. Gurgelnd fließt das Wasser ab. Zum Schluss drückt sie mit dem Daumen noch eine Nudel durch den Ausguss. Dann treffen sich unsere Blicke.

In dem Moment, als ich Evelyn küssen will, drängelt sich ein Österreicher zwischen uns, um an den Schrank mit den Pfannen zu kommen. Am liebsten würde ich sie ihm jetzt alle nacheinander über den Schädel ziehen. Danach kommen die Kochtöpfe und Suppenkellen dran. Jedenfalls ist die Gelegenheit für zärtliche Bekundungen vertan, auch wenn ich am Ende vielleicht doch gekniffen hätte. Enttäuscht ziehe ich mich auf den Hof zurück.

Draußen ist es bereits dunkel. Über den Dächern treibt der Mond wie ein abgeknipster Fingernagel. Noch knapp zwei Wochen, dann ist Santiago de Compostela erreicht. Viel Zeit zum Küssen bleibt nicht mehr. Am liebsten möchte ich jetzt mit ein paar Kieselsteinen gegen ein Fenster schmeißen. Ich glaube, ich brauche dringend eine Ohrfeige.

22 Da steht ein Pferd auf dem Flur

Am Morgen stehe ich fröstelnd vor der Herberge. Solange die Sonne noch nicht aufgegangen ist, ist es doch noch relativ frisch. Ein paar besonders witterungssensible Pilger packen gleich mal ihre Fleecejacken und Wollmützen aus. Natürlich könnte ich das auch machen, aber dafür müsste ich meinen Rucksack wieder absetzen und mich durch ein gutes Kilo Dreckwäsche bis zum Pulli durchbuddeln. Ohnehin lohnt sich der ganze Aufwand nicht. Spätestens in ein paar Stunden wird mir wieder der Schweiß aus allen Poren rinnen. Also lieber noch etwas frieren und genießen. Im Übrigen fühle ich mich heute recht ausgeruht. Der Dank gebührt meinen Zimmergenossen, die sich mit dem Schnarchen angenehm zurückgehalten haben.

Ein Glockenschlag mahnt schließlich zum Aufbruch. Ich drücke die Zigarette an der Hauswand aus, stecke sie in meine Hemdtasche und sprühe etwas Deo hinterher. Dann wollen wir mal. Oder wie es die Pilger zu sagen pflegen: *Ultreia!* Voran!

So ganz munter bin ich dann anscheinend doch nicht, denn statt an der nächsten Kreuzung rechts abzubiegen, gehe ich weiter geradeaus. Als länger kein gelber Pfeil auftaucht, werde ich misstrauisch. Eine Frau würde jetzt wahrscheinlich nach dem Weg fragen. Aber wir Männer wollen das ohne fremde Hilfe hinkriegen, denn wir sind sture Esel.

Wie sich herausstellt, befinde ich mich nur ein paar Blocks abseits der Route. Jetzt könnte ich natürlich zurückgehen, in die verpasste Gasse einschwenken und brav meinen gelben

Pfeilen folgen. Muss aber gar nicht sein. Der Rio Bernesga ist nämlich ganz in die Nähe. Ich brauche nur seinem Lauf zu folgen und sollte irgendwann dann wieder auf den Camino treffen. Nebenbei ist diese Variante sogar kürzer, auch wenn ich so nicht noch mal an der elitären Kathedrale vorbeikomme. Möge mir der heilige Jakobus meine Abwege verzeihen.

Ich folge dem Fluss, bis das berühmte *Parador Nactional Hostal San Marcos* in Sichtweite ist. Der parlamentsgleiche Prachtbau macht mächtig was her. Allein die reich verzierte Außenfassade misst über hundert Meter. Im Parador saß einst der Santiago-Orden, der im Jahre 1152 zum Schutz der Jakobspilger gegründet wurde. Zu Francos Zeiten wurde der Komplex vorwiegend dazu missbraucht, um politische Querdenker zu meucheln. Heute ist hier ein Fünf-Sterne-Hotel untergebracht.

Ganz allmählich führt der Camino nun raus aus León. Mit den großen Städten war es das jetzt erstmal. Nur Santiago de Compostela wartet noch. So langsam neigt sich meine Reise dem Ende zu. Prompt beschäftigen sich meine Gedanken wieder mit der Zeit nach dem Jakobsweg. Noch immer ist keine Lösung in Sicht. Ich bin froh, als Bo zu mir aufschließt. Beschämt teilt er mir mit, dass er diesmal seine Nagelschere und den Rasierschaum in der Herberge vergessen hat. Manchmal frage ich mich, ob er die Pilgerfahrt mit einer Schnitzeljagd verwechselt. Nach etwa zwei Stunden erreichen wir Virgen del Camino.

Im Jahre 1505 soll hier einem Hirten eine heilige Jungfrau erschienen sein. Das scheint in Spanien öfter zu passieren. Meistens ist dies aber mit völlig übertriebenen Forderungen verbunden. So auch diesmal. Die Jungfrau verlangte nichts Geringeres als den Bau einer Kapelle. Immerhin durfte der überrumpelte Hirte mittels Steinwurf entscheiden, wo der künftige Bau stehen sollte. Eine durchaus interessante Arbeitsbeschaffungsmaßnahme. Später übernahm die Jungfrau auch noch den Job als Schutzpatronin Leóns.

Die heutige Wallfahrtskirche in Virgin del Camino stammt allerdings aus den 60er Jahren. Ein architektonischer Querschläger. Der kubische Betonbau erinnert mehr an den Opfertempel einer futuristischen Sekte, wie die abstrakten Figuren auf der Portalfront beweisen. Auch den hoch aufragenden Pfahl daneben identifiziert man nicht gleich als Glockenturm. Im Inneren soll es aber einen üppigen Barockaltar alter Schule geben. Wir besuchen aber erstmal einen anderen Altar, nämlich den Tresen der nächsten Bar.

Im Lokal treffen wir Flint und Forest, die dabei sind Postkarten zu schreiben. Schön, dass es so etwas im Internetzeitalter noch gibt. Wir setzen uns zu den Schreiberlingen. Forest hat für seine Grußbotschaften vorwiegend Karten mit sakralen Motiven gewählt. Das wird den lieben Jakobus freuen. Flint hingegen erweckt den Eindruck, als säße er vor einer ihm unverständlichen Mathearbeit. Er schreibt sehr langsam und dann auch extra groß, damit die Karte möglichst schnell voll wird.

Plötzlich spüre ich etwas Weiches zwischen den Beinen. Ich senke den Kopf und schaue in die hechelnde Visage eines riesigen Hundes. Nachdem er mir ausgiebig den Schritt geschleckt hat, legt er sich auf meine Füße. Ich versuche ruckartige Bewegungen zu vermeiden, auch wenn ich eigentlich mal dringend auf Toilette muss. Nach einer halben

Stunde geht es weiter. Flint und Forest bleiben noch in der Bar, um weiter Karten zu schreiben.

Hinter Virgen del Camino gibt es eine Abzweigung. Hier hat man die Möglichkeit nach Hospital de Orbigo zu gehen, eine Ortschaft, die eigentlich erst morgen auf dem Programm steht. Allerdings muss der Pilger gut zu Fuß sein, denn die ursprüngliche Etappe verlängert sich um satte zehn Kilometer. Dafür hat man es morgen nach Astorga kürzer. Um keine neuen Blasen zu riskieren, entscheide ich mich gegen eine Reisezeitverlängerung.

An dieser Stelle muss ich einmal erwähnen, wie gut sich meine billigen Schuhe bewähren. Bis auf den ganzen Staub sehen sie noch ganz vorzeigbar aus. Von meiner Oberbekleidung kann ich das leider nicht behaupten. Durch das ständige Schwitzen und Waschen, nicht zu vergessen die Zigarettenleichen in der Brusttasche, hat mein Hemd einen unschönen Eigengeruch entwickelt. Man könnte es auch als unsäglichen Gestank bezeichnen. Das Problem ist, dass fast alle meine Kleidungsstücke so riechen. Vielleicht kann mir Bo mit der Garderobe etwas aushelfen. Er lässt seine Sachen sowieso früher oder später in der Herberge liegen.

Nach einigen Autobahnzubringern ist Fresno del Camino erreicht. Eigentlich war hier eine Pause angedacht. Als wir aber Volker vor der Bar entdecken, laufen wir doch weiter - und zwar im Stechschritt.

Oncina de la Valdoncina klingt nach einem italienischen Promiparfüm, ist aber der Name der nächsten Ortschaft. Hier füllen wir unsere Wasservorräte auf und verschnaufen kurz. Dann geht es hinter dem Dorf eine grasige Hochebene hinauf. Wir laufen eine Weile geradeaus und denken an nichts, als plötzlich ein Pferd auf dem Weg steht. Na so was! Wie jeder weiß, können die Hufträger nicht nur richtig fies zubeißen, sondern auch ordentlich ausschlagen. Ein kräftiger Tritt des Gauls würde uns bis nach León zurückbefördern. Da könnte Bo gleich seine Nagelschere und den Rasierschaum holen. Anschließend würden wir uns in die Notaufnahme begeben. Vom Reiter ist weit und breit nichts zu sehen. Anscheinend ist das Tier aus irgendeinem Gehöft ausgebüxt.

Als wir näherkommen, schnaubt der Gaul und galoppiert dann los - zum Glück nicht in unsere Richtung. Nach gut hundert Meter bezieht das Hottehü wieder Stellung auf dem Camino. Bo meint, es will uns irgendetwas mitteilen. Nachdem wir wieder in Reichweite sind, flieht das Pferd abermals ein Stück voraus. Vorher markiert es netterweise mit seinen Äpfeln den Weg für uns. Es müssen eben nicht immer gelbe Pfeile sein.

Das ganze Komm-mit-Lauf-Weg-Spiel geht eine gute Viertelstunde so weiter. Inzwischen macht es sogar richtig Spaß. Plötzlich ertönen Motorengeräusche. Eine Staubwolke steigt am Horizont auf. Ein Auto! Das ist gar nicht gut. Das erschreckte Pferd galoppiert nämlich plötzlich los. Und zwar diesmal in unsere Richtung!

Es gibt fürwahr schönere Todesarten, als von einem pubertierenden Gaul niedergetrampelt zu werden. Dem Fahrer des Autos scheint das egal zu sein, er drückt noch mal aufs Gas. Das Pferd legt einen Zahn zu. Das Gute an der ganzen Sache ist, dass ich wahrscheinlich mein Bafög nicht mehr zurückzahlen muss. Doch ich habe die Rechnung ohne den Schutzheiligen gemacht, in diesem Fall Bo, der sich genau in die Mitte des Weges stellt. Anscheinend will er sichergehen, dass der Gaul ihn auch wirklich frontal erwischt. Als unser beider Ende nur noch zehn, fünfzehn Meter entfernt ist, hebt er beschwörend die Hände. Und siehe da! Auf einmal verlangsamt der Gaul das Tempo und verfällt schließlich in gemächlichen Trab.

Wenig später tätscheln wir dem Ausreißer liebevoll die Flanke und kraulen seine Mähne. Der Besitzer, der inzwischen aus dem Fahrzeug gestiegen ist, bedankt sich überschwänglich und schüttelt uns anerkennend die Hände. Die Frage ist nun, wie er sein Pferdchen zurück in den Stall kriegt. Vorerst gar nicht, denn das Tier nutzt die Ablenkung und galoppiert kurzerhand einfach weiter. Fluchend steigt der Bauer wieder in sein Auto und nimmt die Verfolgung auf. Die Treibjagd könnte uns Volker noch eine Weile vom Hals halten. Vielleicht sogar für immer.

Nach einigen Kilometern erreichen wir Chozas de Abajo. Hier gönnen wir uns ein kühles Bierchen und mal wieder ein Bocadillo. Kann schon sein, dass unsere Ernährung inzwischen etwas eintönig ist, aber solange es schmeckt. Allerdings könnte sich das bald ändern. Am Nachbartisch sitzt nämlich Haldor, der gerade versucht mit dem Korkenzieher seines Taschenmessers eine Blase am Fuß zu öffnen. Mein halbverzehrtes *bocadillo* macht Anstalten den nächsten Fahrstuhl nach oben zu nehmen.

Wenig später verlassen wir zu dritt die Bar. Bis zum Etappenziel Villar de Mazarife ist es jetzt nicht mehr weit. Nichtsdestotrotz bemühen wir uns um einen flotten Schritt. Nicht, dass die Herberge schon belegt ist oder wir von Volker gekascht werden.

Nach ein paar hundert Metern macht sich ein unangenehmer Geruch bemerkbar. Da hat wohl einer von uns das mit dem Gas geben falsch verstanden. Wer seine Pupsluke nicht im Griff hat, bleibt natürlich ungeklärt. Das wäre doch mal was für „Wetten, dass": Jemand der Leute anhand von Furzgerüchen identifizieren kann. Ich merke schon, die permanente Sonnenstrahlung hat mein geistiges Ozonloch vergrößert. Der Furz kommt trotzdem nicht von mir.

Schließlich erreicht unser Trupp Villar de Mazarife. Zu unserer Überraschung gibt es hier drei Herbergen. Abermals kommt mein Rother zum Einsatz. Im Buch finden sich nämlich nicht nur sämtliche Unterkünfte, sondern auch eine Bewertungsskala. Die darin aufgeführte Herberge „Tio Pepe" bekommt drei Muschelpunkte. Statt Massenpilgerhaltung gibt es hier separate Zimmer, Terrasse und hausinterne Bar inklusive. Gekauft! Das Beste daran ist, dass wir bis jetzt die einzigen Gäste sind. Nun könnte jeder seine eigene Stube haben, aber wir beziehen gemeinsam ein Vierbettzimmer. Zwar gibt es auch hier Doppelstockbetten, aber der Liegekomfort ist weit höher als zuvor. Die Gestelle sind aus stabilem Holz gebaut und auch die festen Matratzen dürften dafür sorgen, dass man am nächsten Morgen keinen Rückenkater hat.

Bis zum Abendessen hat sich die Unterkunft merklich gefüllt. Viele vertraute Gesichter finden sich an den Tischen ein. Hierbei stellt sich heraus, dass wir ein Geburtstagskind in der Runde haben. Unser lieber Maurice hat das halbe Jahrhundert erfolgreich überschritten. Das muss natürlich gefeiert werden. Bo organisiert beim Wirt eine Handvoll Steckkerzen. Da wir aber keine Torte haben, platzieren wir sie einfach im Essen des Schweizers. Ein paar Kerzen in die Pommes und in die Hackbällchen, noch eine ins Weißbrot. Anzünden. Fertig! Dann singen wir ein herrlich schiefes „Happy Birthday". Da kullern bei Maurice sogar ein paar Freudentränchen. Danach wird gegessen und natürlich getrunken.

So senkt sich langsam der Vorhang über den Tag. Die heutige Aufführung hat eindeutig Applaus verdient. Und wer weiß, vielleicht galoppiert jetzt irgendwo da draußen noch immer ein Pferd durch die Nacht. Wo auch immer es hin will, ich hoffe, es kommt an – und ich auch.

23 Regenwürmer und Ritter

Das mit dem gemeinsamen Zimmer war eine der schlechtesten Ideen auf dem ganzen Camino. Ich bin ein sehr duldsamer Mensch und ja natürlich kann es nach dem Genuss von Alkohol zu erhöhter Schnarchaktivität kommen. Aber so was! Es fällt mir schwer, Flint und Haldor nach dieser Nacht noch der menschlichen Spezies zuzuordnen. Die Mitleidenden in den umliegenden Zimmern können das bestätigen. Anfangs war es nur ein höfliches Klopfen. Später wurde höchst aggressiv gegen die Wand gedroschen. Einmal brüllte sogar jemand etwas. Vermutlich eine Morddrohung. Gegen vier Uhr erreichte das Geschnarche seinen Zenit. Bo und ich überlegten ernsthaft die Rucksäcke zu packen und abzuhauen. Ich weiß nicht mehr wie, aber irgendwie schafften wir es einzuschlafen. Doch da mussten wir schon wieder aufstehen.

Inzwischen sind Bo und ich wieder unterwegs. Vielleicht gelingt es uns ja die Müdigkeit wegzulaufen. Leider trägt der Camino nicht dazu bei. Es geht stur geradeaus. Nicht die kleinste Kurve zeigt sich. Wie eine Rollbahn zieht sich die Straße Richtung Horizont. Am liebsten würde ich mich hinter irgendeinen Busch legen und noch mal zwei Stunden schlafen. Nur leider gibt es keinen Busch. Bo hat sogar schon die Augen geschlossen und schert immer wieder nach rechts aus. Zur erlösenden Kaffeeoase sind es noch zwei lange Stunden. Bis zum Etappenziel Astorga sogar noch unvorstellbare dreißig Kilometer. Wären wir gestern doch mal lieber rechts abgebogen.

Schließlich vernehmen wir vor uns das Tuckern einer Sprinkleranlage. Neben dem Schlürfen unserer Schritte und dem Klicken meines Feuerzeugs das dritte Geräusch nach anderthalb Stunden. Wir warten, bis die Düse umschwenkt, und gönnen uns eine kurze Erfrischung. Bald darauf ist das Örtchen Villavante erreicht und damit auch die ersehnte Einkehrmöglichkeit.

Wir sitzen noch nicht lang, da poltern Flint und Haldor in die Schenke. Wahrscheinlich haben die zwei Schnarchungeheuer ein schlechtes Gewissen wegen der letzten Nacht, denn sie bestehen vehement darauf den Kaffee für uns zu zahlen. Schließlich legen sie noch einen Orangensaft oben drauf und setzen besonders beschämte Minen auf. Wir stimmen dem Ablasshandel zu. Trotzdem werde ich bei der Auswahl meiner Pritschennachbarn künftig etwas umsichtiger sein.

Eine Viertelstunde später marschieren wir weiter. Die Temperaturen pirschen sich inzwischen an die dreißig Grad Marke heran. Bald könnte sich das allerdings ändern. Ab morgen führt der Camino nämlich in die Berge. Es geht bis auf 1400 Meter hinauf, wo es hoffentlich etwas kühler ist.

Eine Weile trotten wir so vor uns hin, als Haldor plötzlich stehen bleibt. Sein Blick geht zu Boden. Schließlich bückt er sich und hebt etwas vom Erdboden auf. Es handelt sich um einen halbvertrockneten Regenwurm.

Was folgt, ist ein rührender Akt des Mitleids: Der Norweger räuspert sich kurz und spuckt in seine Hand. Die Wiederbelebungsmaßnahme hat Erfolg. Der Wurm beginnt sich langsam im Speichel zu winden. Sein Retter lächelt zufrieden und wirft ihn zurück aufs Feld. Tragischerweise wird der Regenwurm dabei auf einer Distel aufgespießt.

Haldor zuckt mit den Schultern und wischt sich die nasse Hand am T-Shirt ab. Ein Versuch war es wert.

Nach einer guten halben Stunde treffen wir in Puente de Orbigo ein. Die Ortschaft steht in unmittelbarer Nachbarschaft zu Hospital de Orbigo. Beide Gemeinden sind einzig durch einen Fluss getrennt. Die Gründerväter stammen aus dem Orden des heiligen Johannes zu Jerusalem, der hier ein Krankenhaus errichtete. Daher auch der Name „Hospital".

Wir möchten uns jetzt aber erstmal von Freund Alkohol verarzten lassen. Man sagt ja, dass sich Bier positiv auf die Leistungsfähigkeit auswirkt. Es euphorisiert Glieder und Sinne, so dass das Laufen danach leichter fällt. Allerdings sollte man es bei einem Glas belassen, ansonsten stellt sich eine gegenteilige Wirkung ein. Nach drei Bier schwanken wir aus der Bar. Haldor prallt erstmal gegen einen Mülleimer. Es dauert auch eine Weile, ehe wir einen gelben Pfeil an der Hauswand gegenüber entdecken.

Trotz Mittagshitze ist es sehr belebt auf den Straßen. Das hat seinen Grund. Wie man weiß, verfügt jede Stadt über ein besonderes Wahrzeichen, etwas womit sie prahlen und sich anbiedern kann. Paris hat den Eiffelturm, Kopenhagen die kleine Meerjungfrau und Eberswalde den forstbotanischen Garten.

Hier nun darf man mit der Puente de Orbigo angeben - die längste Brücke am gesamten Jakobsweg. Sie schlägt satte zwanzig Bögen und misst zweihundert Meter. Eigentlich viel zu viel für den schmächtigen Fluss darunter. Ein Großteil der Brücke verläuft über Sumpfgebiet, das inzwischen aber zu festem Land abgetrocknet ist. Die meisten Leute nutzen die neu entstandenen Flächen zum Picknicken oder Sonnenbaden. Unter dem Grillgut befinden sich auch einige leicht bekleidete Damen, die auf knalligen Handtüchern vor sich hin braten. Als eine davon unsere grabschenden Blicke bemerkt, dreht sie sich um. Die Aussichten werden aber nur unwesentlich schlechter.

Im Jahre 1434 kam es auf der Brücke zum legendären *paso honoroso*, einem lanzenbewehrten Zweikampf, den der Ritter Suero de Quiñones ins Leben rief. Allerdings hatte er nicht etwa, wie viele andere seiner Zunft, die Absicht das eigene Ego aufzupolieren. Suero warb um die Gunst einer Edelfrau, in die er verliebt war. Um das zu zeigen, führte er stets ein Halsband seiner Angehimmelten bei sich. Die sogenannte Liebesfessel. Da die Damen früher aber einen gewissen Anspruch an ihre Freier stellten, musste Suero der Umschwärmten etwas bieten. Also gelobte er fünfzehn Tage vor und nach dem 25. Juli (dem Jakobustag), sämtliche Ritter herauszufordern, die die Brücke überqueren wollten. Da hatte er sich ganz schön was eingebrockt. Es herrschte nämlich reger Verkehr auf dem Bauwerk. Allerdings wurde Suero bei der Umsetzung seines Vorhabens von seinen Kumpels unterstützt, die ihm treu zur Seite standen. Das Kuriose an der ganzen Geschichte ist, dass zu jener Zeit der Lanzenkampf schon längst aus der Mode war. Ritter Suero interessierte das herzlich wenig. Unterm Strich stieß der eisenbewehrte Spätromantiker 166 Ritter aus dem Sattel. Manche Quelle verdoppelt die Anzahl gar. So kam es letztendlich zum Happy End und Suero konnte seine Herzdame in die Arme schließen. Das Halsband stiftete er der Kathedrale in Santiago de Compostela. Hinter Hospital de

Orbigo spaltet sich der Weg wieder einmal auf. Abermals wird der Pilger vor die Wahl gestellt: Straße oder Hinterland. Wir entscheiden uns einstimmig für die naturbelassene Variante. Über einen Feldweg geht es zunächst nach Villares de Orbigo, danach eine kleine Anhöhe hinauf, von der man schon mal einen Blick auf die nächste Ortschaft Santibanez de Valdeiglesias werfen kann. Insgesamt wird die Landschaft jetzt wieder merklich grüner und hügeliger. Sogar ein paar Eichenwälder mischen sich unter die Vegetation.

Leider kann ich die Schönheit der Natur nur bedingt genießen, da wir unterwegs zahlreiche Bauernhöfe passieren. Die Hunde wittern meine Angst schon kilometerweit und positionieren sich zur Begrüßung auf dem Weg. Meine furchtlosen Wandergefährten nehmen mich netterweise in die Mitte. Haldor verrät mir, wie allzu aufdringlichen Kötern beizukommen ist: Man soll ihnen einfach etwas Wasser ins Gesicht spucken. Meiner Meinung nach wirkt das ja eher provozierend.

Schließlich treffen wir auf ein steinernes Wegkreuz. Dieses ist Santo Toribio gewidmet, einst Bischof von Astorga. Es wird berichtet, dass dieser aufgrund einiger unschöner Beschuldigungen im Zorn die Stadt verließ und sie von hier oben verfluchte. Angeblich soll Toribio sogar seine Latschen gereinigt haben, denn nicht mal den Staub von Astorga wollte er mitnehmen - wohin auch immer er wollte. Anscheinend wurde die Sache später aufgeklärt, aber Toribio blieb nachtragend. Mit dem Steinkreuz wollte man anscheinend nochmal „Sorry" sagen. Wir jedenfalls freuen uns, dass Astorga bald erreicht ist. Genug gelaufen heute. An der Bushaltestelle von San Justo de la Vega treffen wir Maurice.

Vermutlich haben ihn körperliche Beschwerden zu diesem Schritt bewogen. Der Schweizer gibt aber offen zu, dass er heute einfach keinen Bock mehr auf Laufen hat. Schließlich habe er schon genug Kilometer auf dem Buckel. Bevor wir weitergehen, erpressen wir aber eine halbe Tafel Schokolade von ihm, ansonsten petzen wir seine Busfahrt dem heiligen Jakobus. Auf einem Feldweg, rechts neben der Straße, leiten uns gelbe Pfeile auf das festungsartige Astorga zu.

Die Stadt spielte bei den Vorhaben der Römer, die Weltherrschaft an sich zu reißen, auch wirtschaftlich eine wichtige Rolle. Von hier aus konnten die Sandalenträger nämlich wunderbar die Minen der umliegenden Berge leerräumen. Als die Golderträge nachließen, war es auch mit der Herrlichkeit Astorgas vorbei. Doch die wahren Schätze der Stadt sind ohnehin die zahlreichen Bauwerke. Die Catedral de Santa Maria wirkt vielleicht nicht ganz so kolossal wie ihre Geschwister in León und Burgos, aber das macht sie gerade sympathisch. Neben der Kathedrale gibt es noch den Bischofspalast, der 1886 nach den Plänen von Antonio Gaudi entstand. Gaudi selbst führte das Bauwerk aber nicht zu Ende, denn er zoffte sich mit dem neuen Bischof. Erst 1913 wurde der Palast vollendet, aber nie als Bischofssitz eingeweiht. Irgendwie scheint Astorga so seine Probleme mit Bischöfen zu haben.

Für Jakobspilger ist die Stadt ein wichtiger Verkehrsknotenpunkt. Hier vereinen sich der *camino frances* und die, von Sevilla kommende, *via de la plata*. Aufgrund des Zusammentreffens beider Jakobswege wimmelt es in Astorga nur so von Pilgern. Also beschließen wir gleich die größte von den drei vorhandenen Herbergen aufzusuchen.

In der über zweihundert Betten fassenden Unterkunft ist es trotzdem krachvoll. Es geht zu wie auf einem Bahnhof. Wenn nur ein Zehntel dieser Massen schnarchbefähigt ist, sollte ich mich auf eine grausige Nacht einstellen. Wir verabreden uns für das Abendbrot, dann lege ich mich erstmal hin. Eine Zeitlang beobachte ich die Menschen, wie sie in ihren Rucksäcken kramen, sich Salben auf die Füße schmieren, Bücher lesen oder eben auch nur staunend zuschauen.

Eine gute Stunde später, stehe ich vor den kreuz und quer gespannten Wäscheleinen. Sieht aus wie ein Hindernisparcours der Bundeswehr. Alles ist belegt. Meine eigene Schnur kann ich jetzt allerdings nicht spannen, sonst habe ich keinen Gürtel mehr. Also hänge ich meine klatschnassen Sachen einfach über die anderen Kleidungsstücke, in der Hoffnung, dass sie morgen noch da sind. Jetzt aber ab zum Essen!

Kulinarisch bietet Astorga einiges für den Gaumen. Ein äußerst schmackhaftes Sortiment von Schokoladen und Blätterteiggebäcken wartet nur darauf von Süßmäulern verzehrt zu werden. Auch der knoblauchgarnierte Seeaal wird hoch gehandelt, wovon wir uns dann auch selbst überzeugen. Nach dem Abendbrot folgt unser obligatorischer Verdauungsspaziergang. Wir gucken ein bisschen in die erleuchteten Schaufenster, laufen die alte Stadtmauer ab und amüsieren uns über die verirrten Touristen. Lange dauert der Bummel durch die Stadt aber nicht. Wir sind todmüde, unsere Augenlider stehen längst auf halbmast. Mit dem Tagebuchschreiben wird das heute wohl nix mehr. Also drehen wir um und gehen zur Herberge zurück. Oder sollte ich besser sagen: nach Hause? Vor ein paar Wochen war es unvorstellbar, dass mein Zuhause mal ein Saal voll fremder, nach Schweiß und Hirschtalkcreme riechender Menschen ist, Menschen, die auf ein paar Quadratmetern gemeinsam essen, waschen, schlafen und schnarchen. (Okay, schnarchen könnten sie ein bisschen weniger.) Verrückt und doch so wunderbar. Gut, dass ich mir den Camino für meine Flucht ausgesucht habe. Meine Hand befühlt die Eichel und das Haargummi in der Hosentasche. Ja, ich finde „nach Hause gehen" klingt gut.

24 Noch ein Hundefelsen

Mein Kamm zeigt keinerlei Wirkung. Eigentlich macht er alles sogar noch schlimmer. Nur mit viel Wasser gelingt es mir den Aufstand meiner Haare niederzuschlagen. Am Waschbecken nebenan vollzieht Flint derweil eine Nasenspülung. Das Geräusch hat sich mir bis heute eingeprägt. Nachdem der Neuseeländer seine Auswurfprodukte eingehend studiert hat, schickt er sie den Abfluss hinunter. Es geht aber noch ekliger: Hinter mir schwingt die Toilettentür auf. Heraus tritt Haldor, eine Sportzeitung unter dem Arm. Seinem geröteten Gesicht nach zu urteilen, hat er einen harten Kampf hinter sich. Der steht uns jetzt auch bevor, denn der Gestank ist unerträglich. Das gesamte Gebäude sollte umgehend evakuiert werden. Vorher hole ich aber noch meine Wäsche von der Leine.

Die Straßen von Astorga sind noch menschenleer. Nur eine einsame Kehrmaschine ruckelt den Bordstein entlang. Auf meinem Weg passiere ich erfreulicherweise eine *panadería*. Durch die verglaste Vitrine hindurch starre ich der Bäckerin eine Weile ins Dekolletee, bis ich mich für etwas Mandelgebäck entscheide. Den Kaffee gibt es heute auf die Hand.

Es dauert nicht lang und das historische Zentrum Astorgas ist verlassen. Nach einer halben Stunde umgeben mich wieder mohndurchblutete Felder und hippelige Schmetterlinge, der Horizont wird zu weit für jedes Kameraobjektiv. Die Maragatería ist nun erreicht. Um die ethnische Herkunft der Bevölkerung, die *mauregatos*, ranken sich viele Legenden. Es wird angenommen, dass es sich dabei um die Nachkommen maurischer und gotischer Einwanderer handelt oder aber um einstige Sklaven der Araber, die sich hier niederließen. Andere Quellen verweisen auf den asturischen König Mauregato, der scheinbar auch in der Zuhälterrolle zu überzeugen wusste. Jährlich soll er hundert Jungfrauen an die Mauren überwiesen haben. Damals waren unbefleckte Damen ja ein beliebtes Zahlungsmittel. Ich persönlich würde ja geübtes Personal bevorzugen, aber jedem das seine. Neben allerlei kulinarischen Produkten, vorwiegend wurstigen Ursprungs, ist die Maragatería für ihre gepflasterten Straßen und rötlichen Steinhäuser bekannt. Markenzeichen sind die breiten Durchgangstore. Die waren auch bitternötig, denn neben Vieh mussten ja auch etliche Wagenladungen Jungfrauen ausgeliefert werden.

Erste Unterwegsstation für heute ist Murias de Rechivaldo. Hier will ich eigentlich frühstücken, aber der schwarze Schäferhund vor der Bar wirkt schon einschüchternd. Wir beäugen uns eine Weile, dann laufe ich weiter.

Hinter Murias geht es langsam aber stetig bergauf. Nach den Flachetappen der Meseta stehen ab sofort wieder höhere Gefilde auf dem Laufzettel. Das Tagesziel Foncebadón befindet sich auf 1439 Metern Höhe. Bis dato der höchste Punkt meiner Wanderung. Passenderweise haben sich am Himmel inzwischen ein paar Wölkchen eingefunden, ja sogar etwas Wind zieht auf. Man will es nicht Wetterumschwung nennen, aber es tut sich was.

Nach einem guten Kilometer habe ich Bo eingeholt. Gemeinsam werten wir die vergangene Nacht aus. Mein Weggefährte lobt ausdrücklich die geringe Schnarchaktivität in seinem Bettviertel. Das kann auch ich bestätigen. Nach den letzten Erlebnissen sind wir aber auch ganz schön abgehärtet. Erst jetzt bemerken wir die über uns kreisenden Vögel. Ziemlich große Vögel. Mein Rother hat in den Eingangskapiteln schon darauf hingewiesen, dass es unterwegs eventuell ein paar Gänsegeier zu bestaunen gäbe. Hoffentlich verwechseln mich die Biester nicht mit einem Tierkadaver. Bei meinem Gestank ist das nicht ausgeschlossen.

Auch auf der Erde bekommen wir Gesellschaft. Vor uns tauchen drei deutsche Pilgerinnen auf, die sich sehr angeregt unterhalten. Anscheinend geht es um irgendeinen Maik aus irgendeinem Büro, der irgendwie ein bisschen doof ist. Nach jeder Lästertirade, brechen die Weiber in kollektives Gekreische aus. Dabei dringen sie in Frequenzbereiche vor, die nie ein Mensch zuvor vernommen hat. Echte Tinnitussis. Wir legen einen Zahn zu und überholen das schnatternde Trio. Zufällig trägt die nächste Ortschaft dann auch den Namen El Ganso.

Hier treffen wir Haldor an. Seinem hopfigen Atem und dem rosig-fröhlichen Gesichtsausdruck nach zu urteilen, ist er schon eine Weile hier. Eine gute halbe Stunde verbringen wir schwatzend und trinkend. In der Zeit, in der wir ein Bier trinken, schafft Haldor drei. Dann geht es wieder ab auf die Piste.

Hinter El Ganso führt uns der Camino ein Stückchen die Landstraße entlang, dann reicht er uns an einen Waldweg weiter. Bo und Haldor fallen inzwischen merklich zurück. Ich glaube absichtlich. So schön die Gesellschaft auch ist, jetzt braucht jeder wieder ein bisschen Zeit für sich selbst. Nach zwei Stunden habe ich Rabanal del Camino erreicht.

Mit seinem üppigen Angebot an Kirchen und Herbergen war der Ort die letzte Gelegenheit noch einmal Kraft zu schöpfen, ehe es hinauf in die Berge ging, wo einst Wölfe und Räuberbanden ihr Unwesen trieben.

Bis zum Ziel ist es jetzt nicht mehr weit, weswegen ich mich auch nicht lange aufhalte. Außerdem freut sich mein Magen auf ein ausgedehntes Pilgermenü. Kurvenreich geht es weiter die Montes de León hinauf. Vorbei ist die Zeit der Feldprärien und Präzisionshorizonte. Mohn und Getreide werden durch knallgelbe Ginsterbüsche und struppiges Heidekraut ersetzt.

Nach gut vier Kilometern ist Foncebadón erreicht - zumindest, was davon übrig ist. In meinem Rother lese ich nach, dass es sage und schreibe fünf Einwohner hier gibt. Kein Wunder bei dieser Ruinenlandschaft. Man braucht schon viel Fantasie, um sich aus den ganzen Trümmern eine florierende Ortschaft zusammenzubauen. Früher war Foncebadón aufgrund des Übergangs zum Monte Irago und der Nähe zum berühmten Cruz del Ferro, ein Posten von strategischer Bedeutung. Selbst als Napoleons Truppen den Ort im Unabhängigkeitskrieg verwüsteten, wurde er danach flugs wieder aufgebaut. Mit der aufkommenden Landflucht in der zweiten Hälfte des zwanzigsten Jahrhunderts nahm die Einwohnerzahl aber rapide ab. Am Ende stand die Null. Inzwischen zeigen die unternommenen Reanimierungs-maßnahmen zwar erste zaghafte Erfolge, aber ein schickes Urlaubsdomizil wird das hier wohl nicht mehr. Als Filmkulisse würde sich Foncebadón schon eher anbieten. Die zerbröselten Mauern und Kirchenstümpfe, die sich immer mehr im rankenden Grün verlieren, wären das perfekte Set für einen Märchenfilm. Die vielen Hunde, die überall zwischen den Ruinen herumlungern, sind aber leider echt.

Nicht umsonst hat Paulo Coelho in seiner Erzählung *Auf dem Jakobsweg* in Foncebadón einen schwarzen Riesenköter auftreten lassen, der das Dämonische symbolisieren sollte. Leider weiß ich nicht mehr, wie die Sache gelöst wurde. Ehrlich gesagt, ich habe das Buch nur durchgeblättert statt gelesen. Oder nicht mal das. Zum Glück sind die Hunde allesamt recht träge und scheren sich nicht weiter um mich. Den allabendlichen Verdauungsspaziergang werde ich trotzdem weglassen.

Allem Verfall zum Trotz gibt es in Foncebadón neben einer kirchlichen Herberge auch ein kommerzielles Quartier. Dieses suche ich auch gleich auf. Auch hier in der Abgeschiedenheit der Berge wird Gastfreundschaft großgeschrieben: Der Herbergsbetreiber nimmt sich jede Menge Zeit für die Eintreffenden und ist drei verschiedener Sprachen mächtig. Nach dem Duschen und Wäschewaschen schlafe ich schon mal ein bisschen vor, falls die Nacht wieder unruhig wird.

Mit dem Abendrot geht es zum Abendbrot. Ich setze mich mit Flint, Bo und Haldor an einen Tisch. Aus den Boxen an den Wänden fidelt klassische Musik, was die Pilger dazu veranlasst nicht wie gewohnt zu lärmen. Vielleicht ist das sogar so gewollt.

Nach dem Essen drehen wir noch eine Runde durch die Ruinen. Eigentlich wollte ich ja nicht, wegen der ganzen Hunde. Aber die fünf Gläser Wein haben mich in einen Zustand absoluter Gleichgültigkeit versetzt. Draußen ist es inzwischen nahezu dunkel. Nur ganz im Westen hält sich noch ein zarter Blauschimmer. Nachdem wir uns aus dem

Radius der erleuchteten Herberge entfernt haben, zeigt sich der Himmel voller Sterne. Und es werden immer mehr. Ein silberner Regen, der nie zur Erde fällt. Neben mir vernehme ich ein vertrautes Zischen. Haldor öffnet sich eine Dose Bier. Er nimmt einen Schluck, dann reicht er sie mir herüber.

Und während wir hier so stehen und trinken und nach oben schauen, stellen wir uns alle dieselbe Frage: Warum ein Fünf-Sterne-Hotel, wenn man stattdessen Tausende haben kann?

25 Ein toller Hecht

Meine morgendliche Euphorie erhält einen herben Dämpfer, als ich die vier Hunde vor der Herberge entdecke. Sie haben einen perfekten Halbkreis gebildet, sämtliche Fluchtwege sind verstellt. Wie es aussieht, haben die Köter nur auf diesen Moment gewartet. Allein mit einem Nachzügler, einem der den Anschluss an die große Herde verpasst hat. Kurz gesagt: Das ideale Opfer. Irgendwie erinnert mich die Situation an meine Schulzeit, in der mir nach Unterrichtsschluss oft prügelfreudige Klassenkameraden aufgelauert haben. Die geifernden Mäuler der Hunde befinden sich in perfekter Kastrationshöhe. Ein Biss genügt und die Familienplanung hat sich erledigt.

Eigentlich war es ja der Plan, mich von meinen Mitpilgern aus der kritischen Zone hinauseskortieren zu lassen. Dafür hätte ich allerdings eher aufstehen müssen. Alle vermeintlichen Bodyguards sind längst auf dem Weg. In die Herberge zurück kann ich auch nicht. Die Putzfrau hat bereits mit der Endreinigung begonnen und ihrem aggressiven Fegen ist zu entnehmen, dass ich endlich verschwinden soll. Mein Blick geht wieder zu den Hunden. Klasse, inzwischen sind es sogar fünf! Anscheinend hat sich meine Situation herumgesprochen. Trotzdem muss ich jetzt los. Irgendwie. Vorsichtig setze ich einen Fuß vor den anderen, in der steten Angst, zu festes Auftreten könnte die Bande unnötig provozieren. Meine Bewegungen werden genaustens beäugt. Kollektives Knurren ist zu vernehmen. Einer der Köter tut einen Schritt nach vorn. Meine Hand geht zur Wasserflasche.

Allerdings gedenke ich die Variante mit dem Anspucken, als wirklich allerletzte Möglichkeit in Betracht zu ziehen. OK, einfach ganz ruhig weiteratmen, Blickkontakt vermeiden. Stück für Stück entferne ich mich von den garstigen Hunden. Nachdem ich außer Sichtweite bin, lösen sie ihre Formation auf und schwärmen wieder in die Ruinen aus. Geschafft! Jetzt aber schleunigst weg aus diesem Hundemekka! Nach Foncebadón muss ich in diesem Leben nicht noch mal.

Die heutige Etappe führt mich bis auf 1532 m hinauf. Nirgends ist der Camino höher. Und nirgends führt er so steil wieder hinunter. Mein Zielort, Ponferrada, liegt nämlich fast tausend (!) Höhenmeter tiefer. Das wird ein lustiger Abstieg - vor allem für meine Kniegelenke.

Ich bin noch nicht lange unterwegs, da vernehme ich hinter mir ein leises Trippeln. Hoffentlich hat sich nicht heimlich Volker rangepirscht. Dann wäre der Tag endgültig gelaufen.

Als ich mich umdrehe, steht doch da tatsächlich einer der Köter aus Foncebadón. Er legt den Kopf schief und glotzt mich einfach nur an. Das ist schon eine ziemlich verrückte Reise. Zuerst will mich ein Pferd niedergaloppieren und jetzt latscht mir ein Hund hinterher. Vielleicht reite ich ja morgen auf einer Kuh. Ich lege einen Schritt zu. Mein Verfolger tut es mir gleich.

Weiter geht es den Monte Irago hinauf. Die Berggipfel glühen in der aufsteigenden Sonne, der Himmel ist geschliffen blau. Nach einer Weile taucht ein langer Holzpfahl vor mir auf, an der Spitze sitzt ein Eisenkreuz. Das müsste dann das berühmte Cruz de Ferro sein.

Dieser Ort ist für die Jakobspilger von großer emotionaler Bedeutung. Hier legt man seine ganz persönlichen Nöte und

Sorgen ab – und zwar in Form eines, von zu Hause mitgebrachten, Steins. Der Stein soll ein bestimmtes Problem oder eine Last symbolisieren, von der man sich befreien will.

Als ich am Kreuz eintreffe, staune ich nicht schlecht. Über die Jahre ist da ganz schön was zusammengekommen. Und zwar nicht nur Steine. Blumengebinde, Briefe, Fotografien, Legofiguren, ja selbst Matchbox und Kuscheltiere finden sich hier. Jeder Gegenstand erzählt eine Geschichte, doch welche, das wissen nur die Berge. Allerdings ist gar nicht so leicht, zu unterscheiden, was Votivgabe oder was einfach nur Müll ist. Jedenfalls glaube ich nicht, dass die Kippenstummel und Coladosen einen tieferen Sinn haben.

Warum nun das Cruz del Ferro inmitten der kargen Berge steht, darüber gibt es nur Vermutungen. Der Pfahl könnte ein schlichtes Wegzeichen symbolisieren oder aber auch eine Stätte, wo dem römischen Gott Merkur gehuldigt wurde. Aber eigentlich ist das egal. Es sind die Pilger, die diesem Ort eine Bedeutung geben.

Was mir sofort auffällt, ist die Stille. Niemand lacht oder spricht. Köpfe und Fotoapparate sind andächtig gesenkt. Viele Pilger sinken auf die Knie, während andere einfach dastehen und schauen und weinen. Selbst mein tierischer Verfolger hat eine unterwürfige Haltung eingenommen. Ich glaube, viele der hier Anwesenden haben weit mehr erlitten als ein verrissenes Studium. Da fühle ich mich fast ein bisschen schlecht.

Die Frage ist aber, wo ich jetzt einen Stein herbekomme. Ich habe nämlich keinen von daheim mitgebracht. Schließlich lege ich ein Stückchen geschliffenes Glas auf den Haufen. Seit Jahren ist es in meinem Portmonee. Glas besteht ja aus

Sandkörnern und Sandkörner sind am Ende ja auch kleine Steine. Vielleicht lässt der heilige Jakobus das ja gelten. Abschließend sei noch erwähnt, dass ein paar geistige Vollwaisen das Cruz del Ferro vor einigen Jahren tatsächlich mit einer Kettensäge fällten. Bevor es weitergeht, sammle ich noch Haldor und Forest von einer der umstehenden Rastbänke ein.

Nach einer Weile nähern wir uns Manjarin, dem berühmtesten Herbergsaußenposten. Einwohnerzahl: eins. Der mit zahlreichen Fahnen und Wimpeln geschmückte Weiler besteht im Prinzip nur aus einem einzigen Haus. Eine liebevoll zusammengenagelte Holztafel am Wegesrand informiert zudem über alternative Reiseziele. Wer Lust hat, kann hier nach Rom oder Trondheim abbiegen. Oder aber hierbleiben.

In Manjarin betreibt Hospitalero Tomás, übrigens erklärter Nachkomme des Templerordens, eine Pilgerherberge der besonderen Art. Das aus losen Steinen und schiefen Holzpfählen errichtete Refugio lässt jedes Ritterherz höherschlagen. Hierhin zieht man sich bestimmt gern mit seinem Burgfräulein zurück. Die Dame darf aber nicht allzu anspruchsvoll sein, denn in Manjarin gibt es weder Strom noch Warmwasser. Unter Jakobspilgern gilt die rustikale Unterkunft als Geheimtipp. Es sei ein Erlebnis der ganz besonderen Art hier eine Nacht zu verbringen. Man könnte es aber auch Mutprobe nennen.

Auf der Landstraße geht es nun wieder nach oben. Die Sonne legt in Sachen Temperatur inzwischen eine Schippe obendrauf. Meine Sachen sind klatschnass. Der Rucksack wiegt inzwischen doppelt so viel. Der Hund aus Foncebadón macht derweil wieder kehrt. Schade, ich hatte mich fast an den Kerl gewöhnt.

Nach etwa vier Kilometern ist der höchste Punkt des Caminos erreicht. 1532 Meter. Von hier oben kann man sogar schon Ponferrada erkennen. Doch bis dorthin sind es noch satte zwanzig Kilometer. Umgerechnet vier Stunden Gehzeit. Immerhin ist es nicht mehr weit bis El Acebo, einem kleinen Bergdorf, das laut meinem Rother über die so dringend benötigte Bar verfügt. Haldor spendiert noch eine Handvoll Erdnüsse, dann beginnen wir mit dem Abstieg vom Monte Irago.

Anfangs ist das noch ganz angenehm, da das Gefälle nicht allzu groß ist, doch dann magert der Camino zu einem steinigen Trampelpfad ab. Wer hier nicht richtig die Füße hebt, ist schneller unten als ihm lieb ist. Auf dem schmalen Weg gerät der Pilgerverkehr natürlich ins Stocken. Leonas Hintern bildet das äußerste Stauende. Jetzt würde man doch ganz gerne mal stolpern. Halb verdurstet, treffen wir schließlich in El Acebo ein.

Unsereins befindet sich nun im Landkreis El Bierzo. Offiziell gehört diese Region zu Leon, aber früher war sie Teil Galiciens. Durch den Fund von, aus Bürgerkriegszeiten stammenden, Massengräbern gelangte El Bierzo zu trauriger Berühmtheit. In den abgelegenen Bergen waren Erschießungen von Regimegegnern keine Seltenheit.

Schließlich machen wir die örtliche Bar ausfindig. Hier ist viel Geduld gefragt. Das liegt weniger an den vielen Pilgern, sondern vielmehr am Arbeitseifer des bedienenden Personals. Bei dieser Geschwindigkeit wird es schwierig, noch bei Tageslicht in Ponferrada anzukommen. Vielleicht ist es aber auch meine deutsche Ungeduld, die leider dann doch immer mal durchkommt. Die Bar an sich ist urgemütlich, das schummrige Licht, der lange rustikale Tresen, dazu die ringsum aufgehängten Bilder. Hier trinkt man gerne Bier - wenn man denn endlich mal eins bekommt.

Fast eine Stunde bleiben wir in der gut klimatisierten Schenke, dann heißt es wieder zurück aufs Blech. So eine elende Backofenhitze habe ich wahrlich noch nie erlebt. Anschließend wird die Wanderung auf der Landstraße fortgesetzt, bis der Camino links nach Riego de Ambrós abzweigt. Hier treffen wir auf Bo, der gerade dabei ist aus den umliegenden Steinen ein Türmchen zu errichten.

Steine sind so was wie das Camino-Lego. Immer wieder gibt es kleine Bauwerke am Wegesrand zu bestaunen. Diese entstehen aber nicht nur aus purer Konstruktionslust heraus. Wie vieles andere auf dem Camino, dienen auch die Türmchen einem bestimmten Zweck und erfüllen eine Funktion. Zum Beispiel als Briefkasten. Oft sind unter den Steinen kleine Zettel mit Botschaften für nachkommende Pilger versteckt. Vielleicht sollte ich Evelyn mal meine Nummer hierlassen. Wir warten, bis das Türmchen von Bo eingestürzt ist, dann setzen wir den Weg gemeinsam fort.

Wieder einmal geht es auf einem Rinnsal von Weg steil nach unten. Eine Stunde später ist Molinaseca erreicht. Der größte Teil der heutigen Etappe ist geschafft! Kurz vor der Ortschaft darf die Pfarrkirche Parroquia de San Nicolás de Bari bewundert werden. Über eine Brücke geht es dann in den Ort hinein. Hier steht das Santuario del la Virgen de las Angustias.

Im Mittelalter pflegten Durchreisende sich an der Eingangspforte des Heiligtums einen Span als Glücksbringer herauszubrechen. Um den Holzwürmern Herr zu werden, sicherte man die Tür später mit massiven Eisenplatten. In Molinaseca füllen wir unsere Trinkvorräte auf und tragen etwas Sonnencreme auf, auch wenn es dafür längst zu spät ist.

Neben der Hauptstraße geht es nun eine kleine Passhöhe hinauf. Der Verkehr nimmt spürbar zu. Offiziell biegt der Camino nun links nach Campo ab, um die industriegestählten Vororte zu umgehen. Diesmal entscheiden wir uns für den etwas direkteren Weg geradeaus - weil wir endlich ankommen wollen! Eine halbe Stunde später ist es dann endlich soweit.

Ponferrada, benannt nach einer 1082 angelegten Eisenbrücke, der Pons Ferrata, entstand einst an den Ufern des Rio Sil. Anfangs lungerte die Stadt ein bisschen vor sich hin, wie ein Jugendlicher, der noch nicht so richtig weiß, was er später mal werden will. Den erhofften Impuls setzen wieder einmal die durchziehenden Pilger. Daneben sorgten reiche Kohle- und Erzvorkommen für Wohlstand. Den endgültigen Stempel drückten Ponferrada aber die Kreuzritter auf. Sie beschenkten die Stadt mit dem Castillo del Temple, der Templerburg, eine wahrlich eindrucksvolle Feste, die bis heute ihresgleichen sucht. Nach Auflösung des Templerordens riss sich der Graf von Lemos die Stadt unter den Nagel. Allerdings meldete auch sein Sohn Ansprüche an. Wie so oft zu seiner Zeit, sollte das Schwert entscheiden. Die katholischen Könige schauten sich das familiäre Scharmützel eine Weile an, dann hatten sie die Faxen dicke und erklärten die Stadt kurzerhand zu ihrem Besitz. Die Templerburg wurde im Laufe der Zeit übrigens immer wieder umgestaltet. 1923 wurden hier Sprengungen durchgeführt, um im Inneren - man glaube es kaum - Platz für ein Fußballfeld zu schaffen.

Heute hat Ponferrada ein eher industrielles Standing. Metallverarbeitung, Glaserei und Schiefergewinnung sind die wirtschaftlichen Zugpferde. Daneben bietet die Stadt mit ihren vielen Kirchen, Brunnen, Brücken und Museen ein reichhaltiges Buffet für Kulturschmausende. Von uns hat aber keiner Lust auf einen Imbiss - denn dafür ist es einfach viel zu heiß. Ein Digitalthermometer an einer Hauswand zeigt sage und schreibe 41 Grad Celsius an. Bei solchen Temperaturen schließt man sich normalerweise mit einem Kasten eisgekühlten Bier im Keller ein.

Irgendwie schaffen wir es aber noch bis zur Herberge. Das massive Refugio ist fest in kirchlicher Hand. Sogar eine eigene Kapelle ist vorhanden. Als wir den Innenhof betreten, gibt es einen demoralisierenden Kinnhaken. Rekordhöhe, Rekordhitze und jetzt - eine Rekordschlange. Mein Rother hat mich zwar schon vorgewarnt, dass es hier voll werden kann, aber mit so einem Andrang hätte ich nicht gerechnet. Entweder es gibt ein Begrüßungsgeld oder der heilige Jakobus höchstpersönlich ist zur Autogrammstunde gekommen. Haldor verliert beim Anblick der wartenden Massen kurz die Beherrschung und lässt ein paar deftige Flüche vom Stapel. Als er sich wieder beruhigt hat, stellen wir unsere Rucksäcke zu den hundert anderen.

Nach einer halben Stunde sind wir dem Einlass schon zehn Meter nähergekommen. Schließlich fordert die Hitze ihr erstes Opfer. Eine junge Frau klappt ganz plötzlich zusammen. Sofort springen zahlreiche männliche Ersthelfer herbei. Die Aussicht auf eine Mund-zu-Mund-Beatmung ist einfach zu groß. Nachdem die Dame wieder steht, darf sie nach ganz vorne. Der Vorfall bewirkt, dass die Nonnen am

Einlass einen Gang zulegen. Eine Viertelstunde später sind wir tatsächlich drinnen. Diese Etappe zählt eindeutig zu den heftigeren auf dem Camino.

Als ich mit Duschen und Wäschewaschen fertig bin, ist es bereits früher Abend. Höchste Zeit für ein ordentliches Pilgermenü! Meine Weggefährten sind allerdings noch zu geschafft und haben sich auf ihre Pritschen zurückgezogen. Also mache ich mich allein auf den Weg.

In der Stadt treffe ich Philip und Wout. Die belgischen Pensionäre haben schon ein passendes Lokal ausgekundschaftet und laden mich ein sie zu begleiten. Durch eine Gasse abseits der Touristenpfade führen sie mich zu einer versteckten Bar. Drinnen ist es nicht nur kühl, sondern auch angenehm leer. Alsbald kommt eine hübsche Bedienung herbeigeweht und verliest in liebreizendem Englisch das Angebot. Na dann erstmal einen frischen Salat. Genau das Richtige bei dem Wetter! In Sachen Hauptgang bin ich heute mal mutig. Ich entscheide mich für *merluza*. Seehecht. Man kann ja nicht immer nur Pommes essen. Zum Abschluss soll es mein geliebter Flan sein. Nach dem Essen bin ich so voll, dass ich überlege mit dem Taxi zur Herberge zurückzufahren. Doch vorher gibt es noch eine Überraschung:

Als ich das Portmonee zücke, schüttelt die Bedienung den Kopf. Ich muss tatsächlich nichts bezahlen. Nicht einen Cent! Entweder war der Hecht nur in der Mikrowelle aufgewärmt oder ich bin so eine Art Jubiläumsgast, der umsonst essen darf. Doch der wahre Grund ist viel schöner.

Die Kellnerin klimpert verlegen mit den Lidern. Dann gesteht sie mir, dass es meine Struppelmähne war, die bleibenden Eindruck hinterlassen hat. Vielleicht hat sie aber auch einfach nur Mitleid und will mir damit signalisieren, dass ich mein Geld lieber für einen Friseurbesuch sparen sollte. Aber es bleibt keine Zeit, um weiter darüber nachzudenken, denn plötzlich streicht ihre Hand durch meine Haare. Wenn ich das zu Hause erzähle, glaubt mir keiner. Aber eigentlich ist diese Geschichte viel zu schön, um sie weiterzuerzählen. Ponferrada hat jedenfalls jetzt einen Stein bei mir im Brett. Und Seehecht ist ab sofort mein neuer Lieblingsfisch.

Auf dem Rückweg, oder besser gesagt Rückflug zur Herberge, stoße ich mit Haldor und Flint zusammen. Die beiden stellen klar, dass bis zum Zapfenstreich noch eine gute Stunde bleibt, wertvolle Biertrinkzeit, die nicht verschwendet werden sollte. Also wird die erstbeste Kneipe geentert.

Drinnen ist es so voll, dass wir den Tresen erstmal suchen müssen. Hektische Bässe wummern aus den Boxen, überall klirren Gläser. Haldor pflügt sich zur Bar durch und bestellt für jeden von uns ein Bier und einen Schnaps. Klasse! Ich muss schon wieder nichts bezahlen.

Als wir irgendwann zur Uhr schauen, ist es beinahe zehn. Hoppla. Nun wird es aber eng. Gleich macht die Herberge dicht. Aber wir können es noch schaffen - wenn wir rennen.

Heute definitiv keinen Alkohol! Das sagt wahrscheinlich jeder, der morgens mit einem kolossalen Kater aufwacht. Aber nur, weil man es besser weiß, heißt das nicht, dass man es besser macht. Garantiert gibt es heut Abend trotzdem wieder eine Flasche Wein – auch wenn ich mir das gerade absolut nicht vorstellen kann. Ich fühle mich, als ob jemand in der Nacht meinen Körper auseinandergebaut und dann wieder zusammengesetzt hat - ohne allerdings die Schrauben festzuziehen. Bei jedem Schritt fürchte ich auseinanderzufallen. Der heilige Gral, in diesem Fall der Kaffeeautomat, befindet sich in permanenten Belagerungszustand. In den nächsten zehn Minuten ist er garantiert leergesoffen. Immerhin schaffe ich es, mir ein paar Kekse und Müsliriegel von meinen Mitpilgern zusammenzuschnorren.

Nach dem Frühstück heißt es einmal mehr Abschied von einem Ort nehmen, an dem ich gern noch geblieben wäre. Ich warte, bis eine größere Flotte Pilger ausgelaufen ist und lasse mich dann unauffällig in ihrem Kielwasser durch die Stadt treiben. Zugegeben, ich war ein ziemlich schlechter Tourist. Weder die berühmte Templerburg habe ich besichtigt, noch ein Museum oder eine Kirche betreten. Aber das ist auch egal. Das schönste Gebäude von Ponferrada wird immer eine kleine Bar sein, wo es den besten Seehecht der Welt gibt.

Mein Rother schwatzt mir heute Villafranca del Bierzo als Etappenziel auf. Sechsundzwanzig Kilometer. In meinem derzeitigen Zustand kaum vorstellbar. Immerhin gilt die

Strecke als einfach. Größere Anstiege müssen nicht bewältigt werden.

Über den Rio Sil wird das Zentrum verlassen. Zahlreiche Vororte wie Compostilla und Columbrianos strecken die Stadt zwar noch etwas, aber insgesamt wird es wieder ländlicher. Den Wetterbericht kann ich mir eigentlich sparen. Inzwischen ist es gar nicht mehr so leicht, immer neue Umschreibungen für den immerblauen Himmel zu finden. Ich zünde mir eine Zigarette an, damit es wenigstens ein paar Rauchwölkchen gibt.

Eine halbe Stunde später ist eine Ortschaft mit dem vollmundigen Namen Fuentes Nuevas erreicht. In der Bar treffe ich Leona. Sie hat einen kleinen Handspiegel aufgeklappt und ist dabei Lippenstift aufzutragen. Ihre Bluse ist verstörend weit aufgeknöpft. Anscheinend hat die Brasilianerin heute noch ein Date. Ich bestelle mir einen Kaffee, dazu etwas Blätterteiggebäck. Dann widme ich mich meinem Tagebuch. Der letzte Eintrag ist inzwischen schon etliche Tage her.

Kaum, dass ich den Stift ansetze, schlingert eine Rotte männlicher Pilger ins Lokal. Ihrer mangelnden Körperkontrolle nach zu urteilen, haben sie schon ordentlich einen im Tee. Die Verständigung erfolgt in lallendem Englisch, akzentuiert von ein paar Grunzgeräuschen. Alle tragen einheitlich schmeißfliegengrüne T-Shirts und verspiegelte Sonnenbrillen. Auch Strohhüte kommen wieder zum Einsatz. Echte Konkurrenz für die Bacardi-Brüder. Als die Rotte Leona entdeckt - oder besser gesagt ihr Dekolleté - straffen sich ihre schwappenden Körper etwas und dann wird gebaggert. Ich schnappe mir meinen Rucksack und flüchte.

Die Laufzeit nach Camponaraya ist mit fünfundvierzig Minuten angegeben. Ich schaffe es in der Hälfte. Lange verschnauft wird aber nicht. Zu groß ist die Angst, dass die Suffköppe mich einholen. Am Ortsausgang darf eine schicke Skulptur zu Ehren des Weines bewundert werden.

Auch die Region Bierzo ist für ihre edlen Tropfen bekannt. Als 1882 allerdings die Eisenbahn Einzug erhielt, wurde eine fiese Reblaus eingeschleppt, die den Winzern mächtig zusetzte. Inzwischen haben sich die Traubenbestände aber wieder halbwegs erholt. Hinter Camponaraya zweigt der Camino von der Straße ab und führt in die Felder.

Nach ein paar Metern bleibe ich wie angewurzelt stehen. Verdammt! Ich habe mein Tagebuch in der Bar liegengelassen. Ein zermalmender Gedanke zu wissen, dass ein Fremder jetzt in meinen persönlichen Aufzeichnungen lesen könnte, im schlimmsten Fall diese Trunkenbolde. Es hilft alles nichts. Ich muss umdrehen und das Buch holen.

Auf halber Strecke kommt mir Leona entgegen. Fröhlich wedelt sie mit meinem Tagebuch. Bleibt zu hoffen, dass die Brasilianerin nicht allzu viel darin geblättert hat, denn auf den hinteren Seiten habe ich, in einem Anflug körperlicher Unausgeglichenheit, ein paar obszöne Zeichnungen hineingekritzelt. Um mich erkenntlich zu zeigen, verspreche ich Leona in der nächsten Bar einen Kaffee auszugeben. Wir setzen die Wanderung gemeinsam fort.

Rein optisch lerne ich meine Begleiterin jetzt mal aus einer völlig neuen Perspektive kennen. Normalerweise gehe ich ja bevorzugt hinter ihr. Während wir so laufen, erzählt mir Leona von ihrer Heimat in Rio - vermute ich zumindest. Es könnte aber auch sein, dass sie mir gerade einen Heiratsantrag gemacht oder mir erklärt hat, wie man eine Banane schält. Das Problem ist nämlich, dass die Brasilianerin kaum Englisch spricht. Nichtsdestotrotz plappert sie munter drauf los. Ehrlich gesagt, sie hört gar nicht mehr auf. Anfangs lächle und nicke ich noch tapfer, doch mein Blick flieht immer wieder in die Felder. Bis zum Etappenziel sind es noch über drei Stunden. Ich habe mein vergessenes Tagebuch wahrlich teuer bezahlt.

Nach einer Weile holen wir Flint und Haldor ein. Anfangs freuen sich beide über die weibliche Gesellschaft, doch nach einer Viertelstunde schauen sie verdächtig oft auf ihre Armbanduhren. Unsere Rettung ist ein alter Bekannter: Volker kommt ins Blickfeld. Wie beim Staffellauf können wir das Stöckchen - in diesem Fall Leona - erfolgreich an den Frankfurter weiterreichen. Kaum, dass die ihn in ein Gespräch verwickelt hat, lassen wir uns ohne viel Aufsehen zurückfallen. Um ein paar zusätzliche Meter herauszuholen, täuschen wir noch eine kollektive Pinkelpause vor. Geschafft! Zehn Minuten sagen wir gar nichts - einfach, weil die Ruhe so schön ist.

Vorbei an Weinbergen und Obstplantagen, geht es nun weiter geradeaus. Und dann ist es soweit! Die Sonne legt sich tatsächlich ein paar Wolkenschleier um die Hüften, der blaue Himmel trübt sich ein. Die Hitze verdichtet sich zu einer unangenehmen Schwüle. Als wäre das nicht genug, entkorkt Haldor eine neue Flasche Selbstmitleid und beginnt mal wieder von seiner Tove zu jammern. Dabei verfällt er in seinen üblichen Schlürfgang. Zum Glück sind keine Hunde in der Nähe, die er aufschrecken kann. Immerhin ist Cacabelos schon in Sichtweite.

Kurz darauf sitzt jeder vor einem Bierglas. Man könnte meinen, dass auf dem Jakobsweg nur gesoffen wird, aber bei durchschnittlich sechsundzwanzig Kilometern Laufleistung pro Tag ist das mehr als verdient. Außerdem ist so ein kaltes Bier ein prima Motorenöl. Danach läuft es sich gleich besser. Problematisch wird es nur, wenn man nicht weiß, wann Schluss ist. Während ich noch am ersten Glas sitze, sind Flint und Haldor schon beim dritten. Obendrein haben beide schon fleißig vom hauseigenen Schnaps genascht.

Nach einer weiteren halben Stunde sind sie in ihrer Sprech- und Bewegungsfähigkeit stark eingeschränkt. Was dann folgt, ist ein wahres Sakrileg auf dem Jakobsweg. Meine Freunde beschließen das letzte Stück mit dem Bus zu fahren – weil sie nicht mehr laufen können. Wir zahlen die nicht unerhebliche Rechnung und verlassen das Lokal. Kurz darauf müssen Flint und Haldor aber noch mal zurück, weil sie ihre Rucksäcke vergessen haben. Ich setze die zwei Suffköppe an der Bushaltestelle ab und mache mich allein auf den Weg.

Nach einer Viertelstunde ist der kleine Weiler Pieros erreicht. Hier wird der Wanderer erneut vor die Wahl gestellt: Asphalt oder Feldweg. Das Wetter nimmt mir die Entscheidung ab. Aus den Wolkenschleiern sind inzwischen bedrohlich dunkle Türme geworden, die immer weiter aufquellen. Ich sollte mich beeilen.

In sanften Kurven geleitet mich die Straße durch die hügelige Landschaft. Dann und wann überholt mich ein Auto, einmal schnurrt ein Stoß Radfahrer vorüber. Mit dem ersten Donnergrollen bin ich am Ziel.

Villafranca del Bierzo wurde von französischen Siedlern gegründet und galt früher als Klein-Compostela. Das lag daran, dass kranke und schwache Pilger an der Puerta del Perdon, der sogenannten „Gnadenpforte", den gleichen Ablass wie am Apostelgrab in Santiago erhielten. Neben dem üblichen Sortiment an Kirchen und Hospitälern gab es hier sieben Pilgerherbergen. Heute sind es immerhin noch zwei.

Eine halbe Stunde später stehe ich frisch geduscht auf der Terrasse, bereit für die große Kinovorstellung dort oben. Die Wolken erschaffen ein düsteres Himalaya, dessen schwarzgraue Gipfel sich grollend und rumpelnd immer höher türmen, bereit jeden Moment einzustürzen. Bäume, Wäscheleinen und Pilger sind in dieses Licht getaucht, das es nur kurz vor einem Gewitter gibt. Wirklich schön. Bo tritt schweigend neben mich und reicht mir eine Dose Bier. Das nennt man perfektes Timing. Wir setzen uns auf eine Bank und warten auf die ersten Regentropfen. Und ganz ehrlich, ich kann mir gerade nichts Schöneres vorstellen.

27 In die Berge

Nur eines ist noch schlimmer, als wegen Schnarchen nicht einschlafen zu können: Wenn es so laut wird, dass man davon wieder aufwacht. Seit einer Stunde liege ich hier und überlege, wofür mich der heilige Jakobus jetzt schon wieder strafen will. Wenigstens bin ich nicht der Einzige, der leidet. Überall wälzen sich die Pilger entnervt auf ihren Pritschen. Schließlich ist es soweit: Das erste Kopfkissen fliegt! Scheinbar ziemlich gut gezielt, denn das Schnarchen verstummt abrupt. Doch die Freude währt nur kurz. Nach wenigen Minuten geht es wieder von vorne los - und zwar in unverminderter Lautstärke. Zack! Prompt folgt das zweite Kissen. Diesmal aus einer anderen Ecke des Schlafsaals und mit deutlich mehr Drall. Für den Rest der Nacht ist es geradezu unheimlich still.

Am Morgen geht alles wieder seinen gewohnten Gang. Niemand verliert ein Wort über die vergangenen Ereignisse. Der Herbergskrimi findet also keine Auflösung. Die Identität des Schlafmörders bleibt ungeklärt. Obwohl es mich eigentlich viel mehr interessiert hätte, wer die Kissen geschmissen hat.

Draußen setze ich mich mit meinem Automatenkaffee auf die Terrasse. Wie es aussieht, hat das gestrige Gewitter ganz schön gewütet: Der Wäscheständer ist umgeworfen, sämtliche Kleidungsstücke sind im gesamten Innenhof verteilt. Eine Socke hat es sogar bis in die Dachrinne hinauf geschafft. Die meisten Sachen kann man eigentlich gleich wieder waschen. In einer zerbeulten Schubkarre entdecke ich dann auch eine Unterhose von mir. Eigentlich kann sie ruhig da bleiben.

Allerdings hat sich meine Garderobe im Laufe der Wanderung doch mächtig dezimiert. Weitere Verluste kann ich mir nicht leisten. Also hole ich die Shorts, wringe sie aus und knote sie außen am Rucksack fest. In spätestens zwei Stunden sind sie garantiert trocken, denn der Himmel ist wieder furchtbar blau.

Mein Rother, mit dem ich inzwischen in einem fast eheähnlichen Zustand lebe, empfiehlt heute La Faba als Etappenziel. Aber ich widersetze mich seiner Anweisung. O Cebreiro erscheint mir interessanter, zumal man von 1330 Metern bestimmt eine klasse Aussicht hat. Von dem derben Anstieg bis dorthin weiß ich zum Glück jetzt noch nichts.

Neben der Straße geht es quer durch das beschauliche Villafranca del Bierzo. Sämtliche Gartentore und Haustüren stehen offen, als sei man überall und jederzeit auf einen Kaffee und ein Stück Kuchen willkommen. Am meisten freue ich mich aber über die vielen Katzen. Das lässt zweifelsohne auf eine hundefreie Zone schließen. Am Ortsende teilt sich der Camino abermals.

Eine Option ist der *camino duru*, der sogenannte „harte Weg". Dieser Abschnitt gilt als landschaftlich besonders reizvoll. Zwar geht es hier ordentlich bergauf, aber dafür ist man vom Verkehrstreiben weg und kann sich einiger schöner Rückblicke auf Villafranca sicher sein.

Für den lädierten Pilger empfiehlt es sich weiter der Straße zu folgen. Diese Strecke ist ca. zwei Kilometer kürzer und bietet mit Pereje eine frühzeitige Einkehrmöglichkeit. Beide Varianten vereinen sich am Ende wieder in Trabadelo. Ich entscheide mich selbstverständlich für den „harten Weg". So schlimm wird das schon nicht werden. Als ich nach fünf

Minuten wie ein Asthmatiker nach Luft japse, weiß ich es besser. Erschwerend kommt hinzu, dass der Pfad vom nächtlichen Guss ganz aufgeweicht ist. Mit jedem Schritt sammelt sich mehr Schlamm unter meinen Schuhsohlen. Dem markanten Geruch nach zu urteilen, ist da auch reichlich Kuhscheiße untergemischt.

Etwa eine Stunde später ist der höchste Punkt des *camino duru* erreicht. Noch besser als die Aussicht ist Flint, der gerade dabei ist ein Foto per Selbstauslöser zu machen. Ein nicht ganz leichtes Unterfangen, wie sich herausstellt. Nachdem er seine Kamera auf dem Steinhaufen zurechtgerückt hat, betätigt er den Auslöser und humpelt zurück ins Bild. Leider ist er nicht schnell genug. Beim zweiten Versuch stürzt sein selbstgebautes Stativ in sich zusammen. Ein lautes FUCK!!! schallt über den Gipfel. Ich biete meine Hilfe an. Zur Belohnung gibt es ein neuseeländisches Pfefferminzbonbon. Kurz darauf machen wir uns wieder auf die Socken.

Nun führt der Camino durch ein kleines Wäldchen, wo es einige eindrucksvolle Esskastanien zu bestaunen gibt. In solch anregender Umgebung würde man sich gern mal mit seiner Geliebten vergnügen.

Allerdings geht das anscheinend auch alleine, denn plötzlich raschelt es neben uns. Haldor tritt aus dem Gebüsch. Sein Hosenstall ist offen, in der Hand hält er eine Packung Zellstofftaschentücher. Keine Ahnung, was er dort im Wald getrieben hat. Aber ich will es eigentlich auch gar nicht wissen. Haldor erzählt es uns trotzdem. Etwas verstört setzen wir den Weg gemeinsam fort. Der *camino duru* schlägt noch einige Haken, dann spült er uns wieder ins Tal hinunter. Kurze Zeit später ist auch Trabadelo erreicht.

In der Bar stärken wir uns ausgiebig. Der Aufstieg nach O Cebreiro ist nicht zu unterschätzen, gerade nach Regenfällen. Nichtsdestotrotz, sollte man die Anstrengung genießen, danach ist es nämlich vorbei mit den Bergen. Das Schlussdrittel des Caminos verflacht im wahrsten Sinne des Wortes. Landschaftliche Highlights sind nicht mehr zu erwarten. Nach einer halben Stunde setzen wir wieder die Rucksäcke auf.

Neben der Straße geht es zunächst nach La Portela de Valcare. Markant für den kommenden Abschnitt sind gewaltige Autobahnviadukte, die in schwindelerregender Höhe das Tal überbrücken. Wenn da oben jetzt ein LKW-Fahrer durch die Leitplanke kracht, weil ihm die Kippe runtergefallen ist, könnte es auch für uns hier unten brenzlig werden. Anschließend durchquert der Camino mehrere kleinere, hundehaltige Ortschaften. Ab Ruitelan wird es dann ernst. Der Aufstieg beginnt!

Während Flint sein Tempo noch einigermaßen hält, ist Haldor bald fünfzig Höhenmeter unter uns. Scheinbar hat ihn der Ausflug in die Büsche doch einiges an Energie gekostet. Mir selbst macht die Kletterei erstaunlich wenig zu schaffen. Es kommt mir sogar fast so vor, als wäre ich schneller als auf gerader Strecke.

In kurzen Abständen folgen Las Herreias und Hospital. Auch wenn die hübschen Weiler zu einer Pause verlocken, verzichte ich - dafür läuft es sich gerade zu gut. Dennoch gilt es den eigenen Schritt mit Bedacht zu setzen. Die Wurzelausläufer der umstehenden Bäume versuchen einem nämlich immer wieder ein Bein zu stellen. Einige Male scheint das auch zu klappen, wie ich an den scheppernden

Geräuschen hinter mir vernehme. Jedenfalls ist Flint dann plötzlich weg.

Nach einer Dreiviertelstunde ist La Faba erreicht. Hier genehmige ich mir ein Bierchen. Die zwei Niederländer sind auch vor Ort. Doch diesmal scheinen sie nicht zu Scherzen aufgelegt. Ihre verkniffenen Gesichter reichen zwar nicht ganz an den Normalausdruck von Flint heran, aber wer die zwei Kasperköppe kennt, ist schon ein wenig irritiert. Scheinbar haben sie sich gezofft. Das kommt ja unter den besten Freunden hier auf dem Camino vor. Aber die zwei laden bestimmt nur die Blödel-Akkus auf.

Erst jetzt bemerke ich Forest. Das liegt daran, weil er seine Megamatte unter einem Trucker-Basecap begraben hat. Eigentlich wollte mein amerikanischer Freund ja in La Faba bleiben, aber nachdem ich ihm von O Cebreiro vorgeschwärmt habe, schließt er sich kurzerhand an.

Die letzten Kilometer haben es noch mal in sich. Je höher es geht, desto dünner wird der Wald. Man kann die grandiose Aussicht schon förmlich wittern, wie die Brüste einer Frau, die gedenkt demnächst ihren BH abzulegen.

Wenig später geben die Bäume den Blick auf eine weitläufige Alm frei. Die Hügel sind saftig grün und der Ginster knallt einem nur so entgegen. Überall liegen Rucksäcke und Pilger im Gras. Wir kopieren das Verhalten umgehend. Nach zwanzig Minuten Pause setzen wir den Weg zu dritt fort. Ein rüstiger Texaner, namens Randolph leistet uns ab sofort Gesellschaft.

Randy, wie wir ihn nennen sollen, gehört zu jenen Menschen, die einem auf Anhieb sympathisch sind. Seine ehrfurchtsvollen Falten ergänzen sich wunderbar mit der wohlig knarrenden Stimme, die schon fast Hörspielcharakter hat. Schade, dass ich ihm erst jetzt begegne. An dieser Stelle muss ich den USA wirklich mal ein Kompliment für ihre Camino-Gesandtschaften machen: Egal ob Evelyn, Forest oder jetzt Randy - alles Volltreffer! Es ist schön, in solcher Gesellschaft unterwegs zu sein.

Kurz vor der Passhöhe verkündet ein imposanter Grenzstein, dass man nach Galicien übertritt. Noch hundertzweiundfünfzig Kilometer bis Santiago behauptet die Aufschrift auf dem nebenstehenden Wegweiser. Mein Rother überschlägt die Reststrecke mit ca. hundertsechzig Kilometern. Wie dem auch sei, viel ist das nicht mehr. In einer Woche bin ich am Ziel. Von mir aus können jetzt ruhig nochmal achthundert Kilometer kommen.

Das bis heute sehr keltisch geprägte Galicien stellt die letzte Region auf dem Jakobsweg dar. In diesem Winkel der Welt glaubt man noch an Hexen, spricht *gallego,* die Sprache seiner Vorfahren und spielt mit Überzeugung Dudelsack. Galicien ist das Schottland des europäischen Festlandes. Während im restlichen Spanien munter erobert und zurückerobert wurde, blieb es hier vergleichsweise ruhig. Die Region war einfach zu abgeschieden und verregnet. Für einen Aufreger sorgte allerdings das berühmte Apostelgrab, das man hier fand.

Ein Eremit namens Pelayo beobachtete zwischen 812 und 824 wiederholt sonderbare Lichterscheinungen über den Feldern. Er berichtete dies dem Bischof Teodomiro, der an besagter Stelle graben ließ und die sterblichen Überreste von Jakobus fand. Heute steht an genau dieser Stelle die Kathedrale von Santiago de Compostela. Ob das alles wirklich stimmt, lässt sich natürlich nicht belegen, aber Wunder wären keine Wunder, wenn man sie beweisen könnte. Heute wie damals dreht sich alles in Galicien um Fischerei und Landwirtschaft. Besonders deutlich wird das bei den Unmengen an Kuhscheiße - und es gibt unzählige Füße, die hineintreten. Im letzten Abschnitt des Caminos nimmt die Pilgerdichte noch mal kräftig zu. Die meisten davon sind allerdings Touristen und Hobbywanderer, die ein paar Tage Pilger spielen, um sich hundert Kilometer später ihre Urkunde abzuholen.

Nach einer halben Stunde haben wir es geschafft! O Cebreiro ist erklommen! Neben den üblichen Souvenirshops dürfen hier die berühmten *pallozas* bestaunt werden, kleine strohgedeckte Steinhäuschen, wo Mensch und Tier einst Seite an Seite wohnten. Erwähnenswert ist auch die Santa Maria la Real, eine der ältesten erhaltenen Kirchen am Weg. Um 1300 passierte hier gar Wunderliches:

In einer stürmischen Nacht soll sich ein Bauer auf den Weg nach O Cebreiro gemacht haben, um der Messe beizuwohnen. Oder besser gesagt, um ein bisschen Brot und Wein zu erschnorren, wie ein Mönch es einst abschätzig formulierte. Prompt verwandelten sich die christlichen Cerealien in Fleisch und Blut. Beides ist in der Capilla del Santo Milagro in zwei Glasphiolen ausgestellt. Kelch und Hostie sind übrigens auch Teil des galicischen Wappens. Doch Geschichte wurde auch in jüngeren Jahren geschrieben:

Elias Valina, einstiger Pfarrer von O Cebreiro, machte sich 1984 mit Pinsel und Farbe auf den Weg, um den gesamten Weg von Frankreich bis Santiago mit gelben Pfeilen zu markieren. Dafür sei ihm ewiger Dank gebührt. Ohne seine Marker hätte sich so mancher Pilger sicher bis nach Portugal verirrt. Bleibt zu hoffen, dass man den streichfreudigen Pfarrer großzügig an den Merchandising-Artikeln beteiligt hat.

Die Herberge von O Cebreiro gehört zu den meist frequentierten auf dem ganzen Camino. Was täglich hier an Rucksackvolk umgeschlagen wird, ist schon sagenhaft. In Stoßzeiten wird sogar in Boden- und Freilandhaltung unterteilt. Neben den üblichen Pritschen und Matratzen werden dann nämlich Zelte aufgestellt. Heute ist die Situation zum Glück relativ entspannt. Wir bekommen alle drei noch ein Bett. Eigentlich wollte ich ja meine versifften Klamotten mal mit der Maschine durchwaschen, aber die Wartezeit an den Geräten beträgt ca. vier Tage. Dann müssen sie halt wieder mit unter die Dusche.

Gegen Abend wird es in O Cebreiro ruhiger. Die Tagestouristen sind abtransportiert, sämtliche Geschäfte geschlossen. Das Plateau ist ganz in der Hand der Pilger. In Gesellschaft von Randy, Forest und etwa fünfzig anderen Leuten, fiebern wir dem Sonnenuntergang entgegen. Da sich der Horizont bei so vielen Schaulustigen aber anscheinend geniert, sprich bewölkt, ist das Schauspiel nicht ganz so farbgewaltig.

Jetzt wäre es eigentlich wieder Zeit für ein paar Klugscheißereien und Groschenweisheiten, aber mir ist nicht so recht danach. Das Ende meiner Reise ist heute so schrecklich spürbar.

Plötzlich vernehme ich ein vertrautes Schnaufen hinter mir. Tatsächlich sind Flint und Haldor in O Cebreiro angekommen, wenn auch mit ziemlicher Verspätung. Die zwei knallen ihre Rucksäcke mit solcher Wucht ins Gras, das einige meditierende Pilger erschrocken zusammenzucken.

Anschließend machen beide eine Reihe von Dehnübungen, deren Ausführung jede Yogalehrerin in den Selbstmord treiben würde. Mich heitert der Anblick der zwei Bewegungslegastheniker aber wieder auf. Mein Grinsen wird noch breiter, als die zwei Nachzügler eine Flasche Anisschnaps hervorzaubern. Wir sitzen schwatzend und trinkend vor der Herberge bis die ersten Sterne am Himmel stehen. Dann wird es draußen aber zu kalt. Wie gesagt, wir befinden uns immerhin auf 1330 Metern Höhe.

Haldor und Flint müssen natürlich nun erstmal nach freien Betten Ausschau halten. Der Alkohol hilft ihnen nicht unbedingt dabei. Gut fünf Minuten poltern die Zwei fröhlich durch den dunklen Schlafsaal, bis sie endlich fündig werden.

Wenig später stehen wir alle mit Stirnleuchte und Zahnbürste im Bad. Das Licht haben wir ausgelassen, um unsere Mitpilger nicht noch weiter zu drangsalieren. Zumindest vorerst, denn Haldor kündigt schon mal eine Schnarchoffensive an. Allerdings verspricht er, in Sachen Lautstärke Gnade walten zu lassen. Nicht, dass wieder einer mit Kissen nach ihm schmeißt.

28 Eine Coladose voller Glück

Manchmal kann man auch in einem Traum erwachen. Als ich vor die Herberge trete, hüllt mich dichter Nebel ein. Die Sicht reicht keine zehn Meter. Man könnte meinen, die Welt da draußen hätte sich selbst vergessen. Eine befremdliche Stimmung, die sich auch auf die Pilger überträgt. Man flüstert, zieht mit Bedacht die Reißverschlüsse zu, Wanderstäbe werden getragen - aus Angst jeder noch so kleine Lärm könnte irgendetwas da draußen aufschrecken. Selbst Haldor versucht leise zu sein, stellt aber immer noch die, mit Abstand, lauteste Geräuschquelle dar. Neulich das grimmige Gewitter und jetzt diese weiße Stille. Scheinbar will sich der Wettergott für die immerblauen Himmel entschuldigen und greift noch mal in die Trickkiste.

 Meinem Rother entnehme ich, dass der Weg aus O Cebreiro heraus nicht ganz eindeutig ausgeschildert ist. Unter den Einheimischen wird zudem gemunkelt, dass hier oben gelegentlich Pilger auf rätselhafte Weise verschwinden. Manch einer spricht sogar von umgehenden Geistern. Hoffentlich verschonen sie mich, denn ich habe noch ein bisschen was vor. Genauer gesagt knapp zweiundzwanzig Kilometer bis nach Triacastela, das irgendwo in diesem Dunst da draußen liegt. Also lieber gelber Pfeil: Piep ein Mal!

 Nach längerem Umherirren ist der Camino, samt Bo, wiedergefunden. Zu zweit läuft es sich gleich viel besser. Nach einer Weile erreichen wir einen Wald. Hier wird der Nebel noch dichter. Der Weg vor uns scheint sich alle paar Meter in einem Nichts zu verlieren. Falls ich, aufgrund von beruflicher Perspektivlosigkeit, dann doch Bandit werde, wäre das hier der perfekte Ort, um ahnungslosen Wanderern aufzulauern und evelynähnliche Pilgerinnen zu entführen. Flint und Haldor machen bestimmt mit, wenn ich sie frage.

Nach einer Dreiviertelstunde ist das kleine Örtchen Liñares erreicht, das früher für seine Flachs-Pflanzungen bekannt war. Auch die, aus schlichten Feldsteinen errichtete, Pfarrkirche San Esteban ist einen Besuch wert - wenn man sie in dem Dunst denn findet.

Neben der Straße geht es weiter hinauf. Nach zwei Kilometern stehe ich auf dem ehrwürdigen Alto San Roque - ein Höhepunkt im wahrsten Sinne des Wortes. 1270 Meter. Für einen gipfelverwöhnten Alpinisten mag das nur ein Hügel sein, aber auf dem Jakobsweg schafft er es in die Top Five sämtlicher Erhebungen. Der kurz darauf folgende Alto do Poio legt sogar noch ein paar Meter oben drauf. Vermessungsfanatiker streiten sich bis heute, welcher der beiden Höcker denn nun der höchste ist.

Auf dem San Roque gibt es neben der alten Kapelle eine tolle Skulptur zu bestaunen. Sie zeigt einen gegen den Sturm kämpfenden Pilger. Ein Motiv von dramatischer Natur, das zu kollektivem Geknipse einlädt. Mit der morgendlichen Stille ist es somit vorbei. Die einzigen Geister, die es hier oben gibt, sind wir.

Inzwischen steht die Sonne hoch genug und verscheucht den Nebel. Die Welt bekennt wieder Farbe. Von hier oben sehen die im Tal verstreuten Dörfchen und Gehöfte wie liegengelassenes Spielzeug aus. So ähnlich muss sich der liebe Gott fühlen, wenn er morgens die Vorhänge aufzieht. Jetzt, wo der Nebel weg ist, entdecke ich viele bekannte Gesichter.

Der Alto San Roque entpuppt sich als echtes Fundbüro für abhandengekommene Pilger. Leider gilt das auch für die Trunkenbolde aus Fuentes Nuevas. An ihrem Geisteszustand hat sich auch während der letzten Tage nichts geändert: Wie ein paar gestörte Affen, hängen sie sich an die Pilgerskulptur und machen die dazugehörigen Geräusche. Der natürlichen Selektion zuliebe, könnte jetzt ruhig mal eine kräftige Windböe aufkommen. Vorher sollte man die Stürzenden aber unbedingt mit einem Höhenmesser ausstatten, denn im Flug nach unten könnten sie gleich den Berg neu vermessen.

Nach einer Viertelstunde geht es weiter. Neben Bo, ist jetzt auch Forest mit von der Partie. Den folgenden Weiler, Hospital da Condesa, durchlaufen wir und verzichten darauf die Trinkflaschen aufzufüllen. Keine kluge Entscheidung. Es kommt nämlich noch mal ein so richtig fieser Anstieg. Der Alto do Poio ist mit seinen 1337 m der höchste zu erklimmende Berg in Galicien. Selten waren so viele Höhenmeter auf so kurzer Strecke verteilt. Der Camino will unsere Kniegelenke nochmal richtig knirschen hören.

Als Lohn für die körperlichen Strapazen wartet oben eine Einkehrmöglichkeit. Haldor und Flint sind schon da. Anscheinend sogar eine ganze Weile. Die beiden haben sich hier sozusagen festgesoffen. Ihre aufgedunsenen, aber fröhlichen, Gesichter erinnern an russische Wodkawerbung. Eine Gipfelerstürmung muss gebührend gefeiert werden, wie Haldor meint. Flint hingegen hat nur zum Glas gegriffen, damit er sein schmerzendes Knie nicht mehr so spürt. Wie dem auch sei, Leuten mit alkoholischer Vergangenheit ist der Jakobsweg vielleicht nicht unbedingt anzuraten. Nach einer halben Stunde brechen wir wieder auf. Haldor und Flint bestellen noch ein Bier, versprechen aber nachzukommen. Irgendwann. Irgendwie.

Der Camino führt uns nun weiter nach Fonfría, in der Landessprache San Xoan geheißen, was eher nach einem chinesischen Schnellimbiss klingt. Speziell in Galicien hat man eine Vorliebe für Ortsnamen mit X, weswegen man sie kaum aussprechen kann. Jedenfalls machen wir hier dann doch mal unsere Flaschen voll. Zwar ist es nicht mehr ganz so heiß, wie die Tage zuvor, aber trinken kann man eigentlich immer.

Schließlich frage ich Forest, was eigentlich aus seiner französischen Bekanntschaft geworden ist. Malou und er schienen doch so unzertrennlich. Eigentlich habe ich mich schon im Kreis potenzieller Trauzeugen gewähnt. Forest kaut lange auf seinen Worten herum und schluckt sie wieder runter. Schließlich zündet er sich seine Pfeife an.

Was meinem amerikanischen Freund widerfahren ist, kann ich gut nachvollziehen. Zärtliche Gefühle keimen auch bei mir ziemlich schnell. Doch in fünfundachtzig Prozent der Fälle hat das Schicksal meine Erwartungen wieder breitgelatscht, ehe ich an der Blüte schnuppern durfte. Leider ist es mir nicht möglich, meine florale Metapher ins Englische zu übersetzen. Also schweigen und rauchen wir zusammen, so wie es Männer eben machen, wenn sie keine Worte haben. Umso schöner, dass der Camino unterwegs immer mal ein paar hübsche Kellnerinnen und Bardamen einstreut - oder um es medizinisch auszudrücken: Vielleicht verheilen nicht alle Wunden, aber dafür gibt es eine Menge Verbandsmaterial.

Hinter O Bidueo geht es nun langsam bergab. Unten im Tal kann man schon Triacastela sehen. Anschließend führt uns der Camino durch die für Galicien typischen Hohlwege. Mit den alten Eichenbäumen rechts und links, deren Kronen sich über uns zu einem wahren Zweiggewitter vereinen, entsteht dabei eine Art geschlossener Tunnel. Theoretisch könnte Bo hier seine Vorräte etwas auffüllen, aber er besteht darauf, nur von zu Hause mitgebrachte Eicheln unters Volk zu bringen.

Zwanzig Minuten später passieren wir Fillobal, manche sprechen auch von Filloval - keine Ahnung, was da nun stimmt. Hauptsache „Fillo" steckt drin. Im Gänsemarsch überqueren wir die Straße, dann geht es auf einem schönen Waldweg hinab bis nach Pasantes. Auf eine Ortsbeschreibung verzichte ich, weil es zum nächsten Dörfchen Ramil umso mehr zu erzählen gibt, bzw. zu dem Baum, der dort steht.

Die knorrig-wulstige Kastanie bringt es angeblich auf ein Alter von achthundert Jahren. Was die wohl schon alles mitbekommen hat? Man sagt ja, Bäume seien die Augenzeugen der Geschichte. Dieser hier hätte bestimmt eine Menge zu erzählen. Im November werden in Galicien die Kastanien geerntet und das Ganze wird eigens mit einem großen Fest, der *magosto*, beschlossen. Auch wir haben Grund zum Feiern, denn wenig später ist Triacastela erreicht.

Der Ortsname bezieht sich auf drei ehemalige Festungen, die einst hier standen. Außerdem verfügte das Dorf über ein Pilgergefängnis, wo man kriminelle Wallfahrer festsetzte. Die heutigen Verbrecher sind Dauerschnarcher, Quasselstrippen oder Langzeitduscher. Früher war es übrigens Sitte, einen Kalkstein aus den umliegenden Steinbrüchen mitzunehmen, der zu den Öfen in Castañeda gebracht wurde, wo das Material für den Bau der Kathedrale von Santiago gebrannt wurde. In Triacastela gibt es stolze sechs Herbergen. Allerdings muss gesagt werden, dass viele Unterkünfte in

Galicien privat, und somit, teurer sind. Schön und gut, aber welche Herberge nehmen wir denn nun? Es gibt da ja einige Auswahlkriterien:

Behausungen, die sich durch Spenden finanzieren, entlasten zwar die Reisekasse, sind aber oft mangelhaft in der Ausstattung. Klopapier ist da nicht unbedingt zu erwarten. Die preisintensiveren Objekte bieten mehr Annehmlichkeiten und Extras, aber dafür fühlt man sich eher wie ein Tourist statt ein Pilger. Wir könnten jetzt natürlich auch überall mal reinschauen, aber dafür fehlt uns die Lust. Am Ende macht eine Unterkunft in der Ortsmitte das Rennen. Ausschlaggebend war der Getränkeautomat, der Bierdosen im Repertoire hat.

Später am Abend mache ich mich mit Bo, Maurice und Forest auf die Suche nach einem Restaurant. Vielleicht will mir ja wieder eine Kellnerin die Haare kraulen. Es dauert keine zehn Minuten und wir werden fündig. Auf der Speisekarte finden sich diesmal auch vermehrt landestypische Speisen. Es gibt unter anderem *empanada*s (gefüllte Teigfladen) oder *pulpo* (Krake). Auch verschiedene Käsevariationen erfreuen sich im Kuhstaat Galicien hoher Beliebtheit. Uns steht aber der Sinn nach etwas Herzhaftem. Ich probiere heute mal Krake, aber vorsichtshalber nur als Vorspeise, falls ich mit meinem Geschmack danebenliege. Den Hauptgang bilden mal wieder Pommes und Hühnchen. Dazu gibt es natürlich eine Flasche Wein. Darauf freue ich mich inzwischen immer am meisten. Aber das liegt wohl eher an den Menschen, mit denen man sie leert.

Nach dem Essen spazieren wir noch ein bisschen durch Triacastela. Die Sonne steht schon tief, der ganze Ort ist in ein wehmütiges Licht getaucht. Auf unserem Bummel finden wir eine zerdrückte Coladose. Statt sie in den Mülleimer zu werfen, wird das Behältnis kurzerhand als Fußball umfunktioniert. Fast eine Viertelstunde kicken wir uns durch die menschenleeren Gassen. Das Geschepper muss überall im Dorf zu hören sein.

Es klingt verrückt, aber vielleicht ist es sogar ganz gut, dass das mit dem Studium nicht geklappt hat. Andernfalls würde ich jetzt wohl hinter einem Schreibtisch sitzen, mich von einem cholerischen Vorgesetzten erniedrigen lassen und mich durch Excel-Tabellen und Diagramme klicken. Stattdessen bummle ich durch die abendlichen Gassen eines kleinen spanischen Dörfchens und spiele mit einer Coladose Fußball. Ich muss sagen, dass ich dabei sehr glücklich bin.

29 Zu Besuch im Kloster

Entscheidungen am frühen Morgen sind nicht so mein Ding. Direkt hinter Triacastela teilt sich der Camino mal wieder. Wie die meisten Pilger auch, stehe ich erstmal ein bisschen blöd rum. Mal sehen, was mein Rother empfiehlt:

Vorschlag eins: Man folgt der Landstraße hinab ins Tal und erreicht nach etwa zweieinhalb Stunden das berühmte Kloster von Samos, welches als besonders sehenswert gilt. Trotz Wald- und schöner Bachabschnitte geht es dabei aber zumeist dicht neben der Straße entlang. Klingt erstmal nicht so verlockend.

Entscheidet man sich dafür rechts abzubiegen, erlebt man pure Ländlichkeit. Kleine Wäldchen und nach Kuhdung duftende Weiden geben hier einander die Klinke in die Hand. Die Tatsache, dass dabei aber etliche Bauernhöfe, also definitive Hunde-Hotspots, passiert werden, macht mir die Entscheidung leicht. Außerdem bin ich meiner Besichtigungspflicht in Sachen Kirchen bisher nur unzureichend nachgekommen. Ein Besuch in Samos würde die Religionsnote auf meinem Pilger-Abschlusszeugnis deutlich verbessern. Zwar ist diese Route etwas länger, aber inzwischen bin ich für jeden zusätzlichen Kilometer dankbar - einfach, damit meine Reise noch etwas dauert. Fest steht, dass sich beide Wegvarianten nach ca. zwanzig Kilometern wieder in Sarria vereinen. Von dort ist es nur noch ein Katzensprung bis zum heutigen Etappenziel Barbadelo. Dann auf nach Samos! Auf der wenig befahrenen Landstraße geht es erstmal bis San Cristovo do Real. Kleine Ortschaften wie diese, die sich nie so recht zwischen Romantik und Verfall entscheiden können, sind typisch für die kommenden Abschnitte. Auch das Wetter ist noch unentschlossen. Der Himmel ist voll aufgeschäumter Wolken, als hätte man eine Flasche Spülmittel hineingekippt. Dazu weht eine freche Brise.

Am Ortsausgang von San Cristovo zweigt der Camino von der Straße ab und führt als Waldweg am Rio Oribio entlang. Es folgt ein milder, aber steter Abstieg durch kleine Ortschaften mit parfümierten Namen wie Renche, Freituxe und San Martino do Real.

Ich kann trotzdem schon wieder meinen Achselschweiß riechen, denn bereits hier wird deutlich, dass es die Galicier mit der Leinenpflicht nicht so genau nehmen. Sämtliche Hunde dürfen frei durch die Gegend vagabundieren. Aufgrund des mit Kuhscheiße gepflasterten Weges kann ich die Freigänger auch nicht wirklich umgehen. Glücklicherweise scheinen sie durchreisende Pilger gewöhnt zu sein. Nur einmal wird es brenzlig, als ich einen, mitten auf dem Weg, dösenden Riesenhund durch einen dämlichen Ausfallschritt aus dem Mittagsschläfchen reiße. Gott sei Dank besänftigen ein paar herbeieilende Dörfler das tobende Biest, bevor es mich fressen kann.

Auf den Schrecken folgt bald Entschädigung: Von einer Anhöhe aus, kann ich einen ersten Blick auf das Kloster von Samos werfen. Die Anlage ist malerisch ins grüne Tal gebettet und eines der beliebtesten Fotomotive auf dem Jakobsweg.

Um 665 setzte der Mönch Martin von Braga hier den ersten Spatenstich. Im 8. Jahrhundert wurde in Samos der spätere König Alfonso II einquartiert, um ihn vor den Mordgelüsten seines Onkels Mauregato zu verstecken. Nebenbei durften ihn die Mönche erziehungstechnisch in die gewünschte Richtung biegen. So entstand wohl auch sein wenig beneidenswerter Beiname: „Der Keusche". Alfonso II hinterließ nämlich keine Nachkommen. Neben seinen Verdiensten im Kampf gegen die Mauren, entdeckte er auch das Apostelgrab und wurde zu einem bedeutenden Förderer des Jakobswegs. Als sich Jahrhunderte später dann Napoleon durch Europa pflügte, diente Samos vorwiegend als Lazarett. Doch damit nicht genug. Mitte des 19. Jahrhunderts wurden die geistlichen Betreiber vor die Tür gesetzt, da die Politik sämtliche Klöster auflösen ließ. Um 1880 kamen die Vertriebenen aber zurück. Seitdem leben hier eine Handvoll Mönche und Nonnen. Sicher gibt es noch einiges mehr zu erzählen, aber das überlasse ich meinem Rother.

Am Klostereinlass mogle ich mich unter eine Gruppe Touristen. Kostenpflichtige Besichtigungen sind ja meistens sehr informativ. Außerdem kann ich so etwas Geld für Bier und Schokolade sparen. Blöderweise erfolgt der Rundgang auf Spanisch. Unser Führer, ein mopsiger Mann mit Hornbrille und Cabriofrisur, rattert die Informationen nur so runter. Kritisch wird es, als er anfängt Fragen in die Runde zu stellen. Meine Tarnung droht aufzufliegen. Glücklicherweise bieten meine gut genährten Begleiter ausreichend Deckung. Trotzdem, jedes Mal wenn wir vor ein Wandgemälde oder eine Skulptur treten und der Mopsmann sich räuspert, wird mir unwohl.

Nach einer halben Stunde dürfen wir uns selbst umschauen. Das Kloster verfügt über ein reich verziertes romanisches Portal sowie über den größten Kreuzgang Spaniens. Obendrein bin ich einer von wenigen Auserwählten, die in den Genuss kommen, die mit 3.850 Pfeifen versehene Orgel spielen zu hören. In den Abendstunden kann man hier zudem manchmal gregorianische Gesänge hören. Des Weiteren verfügt Samos über eine 30.000 Bände fassende Bibliothek. Ein Bruchteil dessen, was einst vorhanden war, denn ein paar trinkfreudige Mönche hatten beim Schnapsbrennen fast die ganze Bude hochgejagt - sehr zum Leidwesen vieler kostbarer Bücher. Jedenfalls macht dieser, allzu menschliche, Fauxpas die Kirche doch gleich viel sympathischer.

Nach dem Rundgang suche ich die Capilla del Salvador im Außenbereich auf. Noch eindrucksvoller als die kleine Kapelle ist die riesige Zypresse daneben. Das Gehölz bringt es auf satte fünfundzwanzig Meter und wird auf über tausend (!) Jahre geschätzt, echte Konkurrenz für die greise Kastanie aus Ramil.

Gegen Mittag bin ich dann wieder auf dem Camino. Ab jetzt geht es lange Zeit neben der Straße entlang. Schon komisch, dass ich bisher keinen meiner Mitpilger getroffen habe. Wenigstens Bo hätte die Leitplanke mal mit ein paar verlorenen Sachen schmücken können.

Im Stechschritt durchlaufe ich Foxos, Teiguin und Ayan, ein paar konservierte Weiler, die aus nicht mehr als drei, vier Häusern bestehen. Mit jeder Kurve geht es nun näher auf Sarria zu. Das ist allerdings kein Grund zur Freude, denn die Stadt gilt als beliebte Abschussrampe für sämtliche Kurzwanderer. Angeblich gibt es in der Stadt sage und schreibe elf Herbergen. Von hieraus sind es nur noch schlappe hundertzwanzig Kilometer bis Santiago - an einem verlängernden Wochenende durchaus zu bewältigen. An dieser Stelle plädiere ich für eine Regelverschärfung. Eine gute

Lösung wäre da eine Art Grenzübergang: Aus den Socken und Unterhosen der Durchreisenden könnten Geruchsproben genommen werden, die Aufschluss über die Tragzeit geben. Jeder, der nicht genug stinkt, dem wird die „Einwanderung" verweigert. Oder aber die Quereinsteiger müssten sich durch guten Willen verdient machen. Zum Beispiel könnten sie die Rucksäcke der anderen Pilger tragen oder sich dazu verpflichten, bis nach Santiago für sämtliche Alkoholika aufzukommen.

Nachdem der unschöne Außenring von Sarria durchlaufen ist, geht es ins Zentrum. Im Supermarkt decke ich mich mit frischen Vorräten an Brot und Schokolade ein. Dank meines ausgeprägten Reisegeruches lässt man mir an der Kasse gern den Vortritt. Die letzten vier Kilometer bis Barbadelo vergehen wie im Flug.

Laut meinem Rother gibt es hier nur zwei kleine Herbergen. Erfreulicherweise scheinen die meisten Pilger aber bis zum nächsten Ort weiterzuwandern, so dass wir noch drei Betten abbekommen. Diese sind netterweise im ganzen Raum verteilt, so dass es mir erspart bleibt von Flint und Haldor in die Schnarchzange genommen zu werden.

Nach einer wohltuenden Dusche schrubbe ich meine Wäsche. Als nach fünf Minuten immer noch braune Brühe in den Ausfluss läuft, bereue ich es, in Sarria nicht doch mal ein paar neue T-Shirts gekauft zu haben. Mein Sitznachbar auf dem Rückflug nach Deutschland tut mir jetzt schon leid.

In Begleitung von Bo, Flint und Haldor geht es abends in die Bar. Reaktionsschnell besetzen wir den letzten freien Tisch, bevor es ein paar Österreicher tun. Bo bestellt eine Flasche Wein in so perfektem Spanisch, dass selbst die Bedienung ihn dafür lobt. Die nächste halbe Stunde strahlt er zufrieden wie ein Stück Plutonium.

Nach dem Essen spazieren wir noch eine Runde durch das Dorf. Die Dämmerung setzt bereits ein, auch der Wind hat sich gelegt. Über dem ganzen Land liegt eine wunderbare Sommerabendstille. Haldor hofft bis zuletzt auf einen Getränkeautomaten, um sich noch ein Tagesabschlussbier zu genehmigen, aber daraus wird nichts. Dafür finden wir die Igrexa de Santiago - auch wenn wir sie gar nicht gesucht haben. Die wuchtige Kirche wirkt fast ein bisschen deplatziert im kleinen Barbadelo. Flint macht noch ein Foto von seinem Peppo auf dem Mauersims, dann kehren wir um.

Eine halbe Stunde später liege ich auf meinem Bett. Wie immer rascheln noch ein paar Tüten, hier und da leuchtet eine Taschenlampe und natürlich muss noch jemand aufs Klo. Dann kehrt langsam Ruhe ein. Die obligatorischen Schlussworte spare ich mir diesmal, denn irgendwo in der Ferne muht eine Kuh und setzt sozusagen den Punkt hinter die letzte Zeile eines wieder mal sehr abenteuerlichen Tages.

30 Die Stadt, die zweimal gebaut wurde

Die kräftigen Aromen von Gras und Kuhdung dringen durch das geöffnete Fenster - der unverfälschte, ehrliche Geruch vom Land. Da fühlt man sich gleich viel munterer. Vom Wetter kann man das nicht behaupten. Morgenmufflig ist da noch untertrieben. Wenn die grünen Bäume nicht wären, könnte es glatt November sein. Die Wolken hängen so tief, dass man fast hineingreifen kann. Dazu fällt ein leichter, aber ziemlich nasser Regen. Der ganze Tag erweckt den Eindruck, als hätte er irgendwie keine Lust aufzustehen. Fest steht, dass ich nach längerer Zeit mal wieder meine Regenjacke auspacken muss. Aus hygienischer Sicht sogar ganz gut, denn das gute Stück ist noch halbwegs geruchsneutral.

Nach einem Keksfrühstück verschaffe ich mir einen Überblick über die heutige Etappe. Mein Rother empfiehlt Hospital da Cruz, knapp dreißig Kilometer entfernt. Klingt nach viel Laufarbeit, aber die Strecke gilt als einfach und landschaftlich reizvoll. Bleibt zu hoffen, dass man bei dieser Suppe überhaupt was davon sieht.

Nachdem ich gestern allein unterwegs war, ist mir heute wieder nach Gesellschaft zumute. Schön, dass man das auf dem Camino einfach so entscheiden kann. Also warte ich, bis Bo seine liegengelassenen Socken aus dem Schlafraum geholt hat, dann geht es los. In der Reihe meiner Begleiter schätze ich den Eichelmann ganz besonders. Außerdem kann ich mich mit niemandem besser über Star-Trek unterhalten.

Am Ortsausgang von Barbadelo steht Haldor mit ausgestrecktem Daumen an der Straße und sucht eine

Mitlaufgelegenheit. Bo öffnet symbolisch die Beifahrertür, dann geht es zu dritt weiter.

Entlang bemooster Steinmauern führt uns der Camino nun immer tiefer ins Land. Schon komisch im Regen unterwegs zu sein. Besonders die Laufgeräusche befremden. Wochenlang knirschte trockene Erde unter den Schuhen und jetzt ist da dieses seltsame Patschen.

Auf unserem Weg treffen wir immer wieder auf imposante Eichen, die Hunderte von Jahren alt sind. Die wulstigen Bäume passen wirklich wunderbar ins urige Galicien. Auch die verstreuten Dörfer und Gehöfte sind ganz eins mit der Landschaft. Man könnte meinen, sie sind irgendwann einfach aus dem Boden gewachsen.

Hinter der nächsten Kurve müssen wir anhalten. Eine Kuhherde schickt sich an den Weg zu überqueren. Es handelt sich um an die fünfzig Tiere, die in vorbildlicher Zweierreihe das Weideufer wechseln. Davon kann eine Kindergärtnerin nur träumen. Haldor öffnet sich eine Dose Bier und prostet den Kühen fröhlich zu.

Schließlich erreichen wir A Brea. Der kleine Ort ist für viele Pilger von immenser Bedeutung, denn hier befindet sich ein Wegmarker, der besagt, dass es nur noch hundert Kilometer bis nach Santiago de Compostela sind. Landvermesser sind da geteilter Meinung: Die einen behaupten die Hunderter-Marke wird bereits im vorangegangenen Peruscallo geknackt, andere verlegen die Grenze hingegen noch weiter nach Westen. Den Pilgern ist die Kilometerfeilscherei egal. Für sie zählt der aufgestellte Marker, den auch wir bald passieren.

Ganz ehrlich, *entstellt* wäre die treffendere Bezeichnung, denn der Stein ist dermaßen vollgeschrieben und bemalt, dass man die eingravierte 100 erstmal suchen muss. Fest steht, dass die Zahl heftige emotionale Reaktionen auslöst. Von hysterischem Gelächter bis hin zu hemmungslosen Geflenne ist alles dabei. Oft sogar beides gleichzeitig - und alles nur wegen einer Kilometerangabe auf einem Stein.

Nachdem man sich wieder gesammelt hat, werden Stifte, Kreide, ja sogar Lippenstifte gezückt, um sich auf dem Stein zu verewigen. Es ist das reinste Gemetzel. Ich stelle mich hinter die Schmutzfinken und bringe meinen Fuß schon mal in Position. Gleich gibt die 100 nämlich nicht nur die Kilometer an, sondern auch die Zahl der Arschtritte, die hier verteilt werden. Wir schauen uns die zweifelhafte Zeremonie noch eine Weile an, dann geht es weiter.

Hundert Kilometer. Nicht mehr als drei, vier Tage. Und dann war's das. Das Schlimmste am Unterwegssein ist immer das Ankommen - so schlimm, dass mich Bo sogar um eine Zigarette bittet. Und auch wenn er sie nicht anzündet, hält er sie lange fest. Eine Weile ist nur das Patschen unserer Füße zu hören.

In Morgade trinken wir zur Beruhigung erstmal einen Schnaps. Danach gibt es Rührei auf Toast, Orangensaft und Kaffee. Haldor kann uns letztendlich auch noch ein Runde Bier aufschwatzen. Die nächste Verpflegungsstelle ist schließlich erst wieder in Portomarin, stramme zwei Stunden entfernt. Was mich aber mehr beunruhigt, ist die Tatsache, dass ich Evelyn seit Tagen nicht mehr gesehen habe. Die Zeit für eine zweite Kussoffensive wird langsam knapp.

An der Bar entdecke ich Leona, die sich angeregt auf Portugiesisch unterhält. In Sarria sind tatsächlich zwei Brasilianerinnen dazugestoßen. Auch wenn die beiden Damen physisch überzeugen, Leonas Melonenhintern können sie nicht das Wasser reichen. Mein Blick wandert weiter den Tresen entlang. Das italienische Geschwader ist anwesend, die zwei holländischen Frohnaturen und ein postkartenschreibender Maurice. Das reinste Klassentreffen ist das hier.

Nach einer halben Stunde verlassen wir die Bar. Inzwischen hat der Regen nachgelassen. Nach und nach platzen die Nähte der Wolkendecke auf. Die ganze Landschaft dampft in der Sonne. Wir passieren das versteinerte Dörfchen Pena und erreichen nach einer guten Stunde Vilacha. Von hier aus sieht man schon Portomarin, eine der wenigen Städte, die zweimal erbaut wurden. Zunächst geleitet uns der Camino hinunter zum Río Miño. Eine schmucklose Betonbrücke führt über den erstaunlich breiten Fluss, der inzwischen ein See ist.

Grund für die Geschlechtsumwandlung war die Errichtung eines Staudamms. Dadurch stieg der Pegel des Gewässers rasant an. Doch die treuen Einwohner wollten ihre Stadt nicht so einfach absaufen lassen. Also zerlegte man kurzerhand sämtliche Gebäude in ihre Einzelteile und baute sie auf einem höher gelegenen Hang wieder auf. Um dabei nicht den Überblick zu verlieren, wurde jeder einzelne Stein mit einer Nummer versehen. Portomarin war sozusagen das erste 3D-Puzzle der Geschichte. Noch heute kann man an der Iglesia de San Juan die nummerierten Steine sehen. Unter dem Río Miño stehen noch immer die Fundamente der alten Stadt, die man bei Niedrigwasser erkennen kann.

Durch ein Portal betritt man das neue Portomarin. Selbstverständlich suchen wir gleich eine Bar auf. Eine gute Stunde sitzen wir draußen in der Sonne. Unzählige Pilger und

Touristen ziehen an uns vorüber. Eigentlich müssten wir auch langsam weiter, sonst wird es mit den freien Betten eng. Aber irgendwie hat keiner Lust jetzt loszustürzen. Das Bier schmeckt gerade viel zu gut. Unsere Abstimmung fällt eindeutig aus.

Die Entscheidung zu bleiben, wirkt sich auch finanziell aus. Als wir an der Herberge eintreffen, begrüßt uns kein Hospitalero, sondern ein verschlossenes Kästchen mit der Aufschrift *donativo*. Hier darf eine freiwillige Spende entrichtet werden. Die Verlockung einer Gratisübernachtung ist groß, aber schließlich tun wir alle einen Fünfer hinein. Man will ja nicht allzu knauserig sein. Umgedreht verhält es sich da allerdings anders: Die Ausstattung der Toiletten scheint mangelhaft zu sein, als wir Haldor hören, wie er lautstark nach Klopapier brüllt. Auch die durchgelegenen Matratzen scheinen noch aus dem alten Portomarin zu stammen.

Gegen Abend beginnt die übliche Suche nach einer Gaststätte. Mein Rother preist nicht nur die regionale Küche an, sondern empfiehlt auch einen Schnaps. Der etwas heimtückische *orujo* sollte aber in Maßen genossen werden. Es gibt Berichte, dass danach manch einer versuchte die Stadt ein zweites Mal abzutragen.

Nach dem Essen statten wir dem Río Miño einen Besuch ab. Überall sitzen Leute auf ausgebreiteten Decken und Handtüchern. Es wird Gitarre gespielt, gelacht, getrunken und gekifft. Haldor erschnorrt von ein paar Jugendlichen drei Büchsen Bier und einen halbgerauchten Joint. Die folgenden zwei Stunden fühlen wir uns frei und unverwundbar. Nach Sonnenuntergang leert sich das Ufer. Die Abendkühle treibt die Feiernden in die Stadt zurück. Wir bleiben noch ein bisschen sitzen. In der Herberge herrscht jetzt bestimmt Hochbetrieb. Da ist es hier doch viel schöner.

Schließlich kommen zwei alte Männer mit Angelzeug und Klappstühlen an den Fluss. Ein paar Meter neben uns werfen sie ihre Ruten aus, dann setzen sie sich hin und warten. Es ist seltsam, zu wissen, dass sie jetzt vielleicht genau dort fischen, wo einst ihre Häuser standen. Aber wer in die ruhigen Gesichter der Männer blickt weiß, dass sie dem Fluss verziehen haben.

31 Neue Delikatessen

In einer Hand einen dampfenden Kaffeebecher, in der anderen ein Stück Schokolade, sitze ich am Ufer des Río Miño. Der Himmel ist tiefblau, wie er es nur kurz vor Sonnenaufgang sein kann. Keine noch so kleine Welle kräuselt das Wasser. Einfach am Fluss sitzen und auf das Licht warten. Besser kann man den neuen Tag eigentlich nicht beginnen.

Nach der gestrigen, doch recht kurzen Etappe, ist es mein Plan bis nach Melide zu laufen. Vierzig Kilometer. Inzwischen ist es recht belebt auf dem Camino und ich hoffe mich so von den neu dazugekommenen Pilgern etwas absetzen zu können. Insgeheim stellt natürlich auch Evelyn ein laufbeschleunigendes Argument dar. Mein Gefühl sagt mir, dass die Amerikanerin irgendwo vor mir läuft. Ich würde sie gern noch einmal sehen – und sei es, um Lebewohl zu sagen.

Mit den ersten Sonnenstrahlen mache ich mich auf den Weg. Entlang schöner Arkaden führt mich der Camino durch die Innenstadt von Portomarin. Der Duft von Kaffee und frisch gebackenem Brot will mich zum Bleiben überreden, aber ich beschließe mit dem Frühstück noch zu warten. Wenn man erstmal ein paar Kilometer gelaufen ist, schmeckt alles noch ein bisschen besser.

Am Ortsausgang wird eine Brücke überquert, anschließend geht es durch ein Waldstück steil bergauf. Unterwegs bleibe ich kurz stehen, um einen letzten Blick auf Portomarin zu werfen, das unter mir in der Morgensonne leuchtet. Das ist einer dieser seltsamschönen Momente, in denen man verspricht einmal wiederzukommen - es aber niemals tut.

Weiter geht es neben der C 535 in gerader Linie Richtung Gonzar, beileibe nicht das attraktivste Wegstück. Dafür bekommt man immer häufiger die für Galicien so typischen *hórreos* zu Gesicht.

Hierbei handelt es sich um traditionelle Speichergebäude aus Holz oder Stein, in denen Mais und Getreide gelagert werden. Um die wertvollen Feldfrüchte vor Feuchtigkeit und Nagern zu schützen, setzte man die Speicher kurzerhand auf Pfeiler oder Stelzen, weswegen sie auch ein bisschen an rituelle Begräbnisstätten erinnern. Heutzutage dienen die Getreidekästen größtenteils nur noch als Kulisse. Im Falle eines plötzlichen Gewitters könnte man hier sicher Unterschlupf finden, bestimmt auch zu zweit. Das wäre bestimmt was für unsren dänischen Freund Lars.

Nach einer Viertelstunde hole ich Forest ein. Mein Freund aus den Südstaaten humpelt heute merklich. Das kommt halt davon, wenn man zu jeder Kirche rennt. Trotz Knieleiden ist Forest bester Laune. Er erzählt mir, dass er gestern von der Universität Montgomery angerufen wurde. Wie es aussieht, hat man ihm eine Stelle als wissenschaftlicher Mitarbeiter angeboten. Forest verspricht, zur Feier des Tages in Gonzar einen Kaffee auszugeben. Ein Bier wäre mir eigentlich lieber. Schon blöd, wenn man nach fast achthundert Kilometern noch immer so gar keine Ahnung hat, wie es weitergeht. Passend zu meiner Laune, fängt es an zu regnen.

In der Bar von Gonzar ist es, wie nicht anders zu erwarten, brechend voll. Am Tresen herrscht ein Andrang, als würde der heilige Jakobus höchstpersönlich Getränke ausschenken.

Ununterbrochen zischt und qualmt die Kaffeemaschine. Der Wirt weist in perfektem Oxford-Englisch darauf hin, dass ihm so langsam die Tassen ausgehen. Um ihn zu entlasten, bestelle ich mir ein Bier. In der Bar gibt es ein Wiedersehen mit Maurice. Der Schweizer hat sich in einer Nische verschanzt und schreibt fleißig Postkarten. Dem beträchtlichen Stapel nach zu urteilen, kennt er da so einige Leute.

Nach zwanzig Minuten setzen wir den Weg zu dritt fort. Der Camino führt uns eine kleine Anhöhe hinauf, die uns beträchtlich ins Schwitzen bringt. Fünfundvierzig Minuten später ist dann auch Hospital da Cruz erreicht, wo ich laut meinem Rother schon gestern sein sollte. Auch dieser kleine Ort ist von den Pilgermassen völlig überrannt worden. Ich schlage vor, das Mittagsbierchen lieber woanders zu trinken. Vorher wird aber noch Haldor aufgelesen, der gerade, eine Klopapierrolle unterm Arm, aus den Büschen hervorbricht.

Wir flüchten bis hinter die nächste Kurve und schlagen unser Lager unter ein paar Bäumen auf. Ein perfektes Plätzchen für ein Picknick. Als Decke dient ein ausgebreitetes Handtuch. Dann erfolgen die Einsätze: Maurice spendiert ein paar Tomaten, Forest steuert etwas Weißbrot bei und Haldor hat natürlich eine Dose Bier. Von mir kommt die Schokolade. Eine halbe Stunde sitzen wir schmausend zwischen unseren Rucksäcken im feuchten Gras. Dann ist es aber wieder Zeit aufzubrechen. Es sind noch unvorstellbare dreißig Kilometer bis Melide.

Flotten Schrittes durchqueren wir Ventas de Narón, Ligonde und Areixe. Das Wetter ist immer noch launisch. Das gilt besonders für den Regen. In einem Moment drischt er geradezu auf die Erde ein, wechselt dann zu einem weichen

Sprühen oder mühsamen Tröpfeln, um dann plötzlich wieder mit aller Heftigkeit loszurauschen. Und manchmal hört er einfach auf.

Schließlich ist Palas de Rei erreicht. Der Ortsname bedeutet in etwa Königspalast, aber es gibt keine Belege, dass dieser wirklich hier stand. Trotzdem erfreute sich der Ort früher großer Beliebtheit, soll hier doch fleißig der Prostitution gefrönt worden sein, was von kirchlicher Seite natürlich scharf gerügt wurde. Aber die Pilger brauchten auf ihrer beschwerlichen Wallfahrt auch mal was anderes als Hospize und Altäre. Heute wirkt der Ort ziemlich prüde. Die Straßen sind gähnend leer, die meisten Schaufenster vergittert. An der Kirche San Tirso klinkt sich Forest zu Studienzwecken aus unserer Runde aus. Wir gehen trotzdem schon mal weiter.

In einem kleinen rustikalen Geschäft, das trotz Siesta geöffnet hat, deckt sich jeder mit neuen Vorräten ein. Den freien Platz von Forest nimmt nun Bo ein, den wir am Postkartenständer auflesen.

Durch eine ganze Reihe von Dörfern und Hundestützpunkten geht es im Schlängellauf bis nach Leboreiro. Der Name wurde einst mit „Hasenfeld" übersetzt, was nicht unbedingt wertschätzend klingt. Allerdings gibt es ja auch Städte wie Schweinfurt und Eberswalde. Leboreiro hat neben einem ehemaligen Pilgerhospiz eine schöne Marienkirche im Repertoire, was die Tatsache nahelegt, dass Forest noch weiter zurückfallen wird.

In einem Café machen wir kurz Rast und schlagen in unseren Pilgerführern die verbleibende Strecke nach. Noch gut anderthalb Stunden sind zu gehen, dann ist das Etappenziel erreicht. Ich muss schon sagen, dass die vierzig Kilometer bei weitem nicht so lang waren, wie ich es befürchtet habe. Wahrscheinlich liegt das aber auch an der angenehmen Reisegesellschaft. Zum Abschluss gönnen wir uns noch ein Bier, dann geht es wieder raus auf die Piste.

Hinter Leboreiro führt der Jakobsweg kurz auf einer restaurierten Römerstraße entlang, gefolgt von einer hübschen Steinbrücke. Dahinter wird es wieder zunehmend urban. Durch ein weitläufiges Industriegebiet führt der Camino nun stramm auf Melide zu. Hier darf abermals mit einem Schwung neuer Pilger gerechnet werden, denn von Oviedo stößt der *camino primitivo* auf die Stadt herab.

Melide hat vielleicht keine dollen Burgen oder Kathedralen, genießt dafür aber hohes Ansehen für seine Küche. Da uns allen der Magen in den Kniekehlen hängt, steuern wir auch gleich eine sogenannte *pulperia* an.

Die oder der Krake, bis heute bin ich mir der Grammatik da nicht sicher, wird zunächst als Ganzes gekocht und anschließend mit einer Schere in Stücke zerlegt. Zuletzt wird mit Paprikapulver oder Knoblauch gewürzt. Natürlich dauert das seine Zeit, die wir mit zwei Flaschen Wein aber sinnvoll überbrücken. Schließlich wird serviert. Was für die Augen auf den ersten Blick fremdartig anmutet, stellt sich für den Gaumen als echter Leckerbissen heraus. Geschmackssexuell kommt man hier eindeutig zum Höhepunkt.

Zufrieden verlassen wir die *pulperia* und begeben uns auf die Suche nach der Herberge. Diese ist auch schnell gefunden, nur hinein können wir nicht. Draußen ist ein Schild mit der Aufschrift *completo* angebracht. Ausgebucht! Zum Glück verfügt Melide über mehrere Unterkünfte. Doch auch der zweite Versuch bleibt erfolglos. Wieder alles belegt. Vielleicht sollten wir jetzt einfach weiterlaufen und uns irgendeine Scheune oder so ein Hórreoding suchen. Letztendlich findet sich aber eine Herberge, die noch Kapazitäten hat, auch wenn wir mit ein paar aufgestellten Liegen vorliebnehmen müssen.

Gegen Abend geht es noch mal raus zur Stadtbesichtigung. Eigentlich habe ich keine große Lust, aber vielleicht läuft mir ja Evelyn über den Weg. An einer roten Ampel entdecke ich immerhin schon mal Flint. Er trägt seinen Peppo vor sich in der Gürteltasche, nur der Kopf schaut raus. Irgendwie sieht Flint damit schon ein bisschen wie ein Känguru aus. Sicher kein Kompliment für einen Neuseeländer.

Wie es scheint, weiß auch der Kängurupapa nicht so recht wohin mit den letzten Stunden vor dem Schlafengehen. Das ist manchmal ein bisschen schwierig am Camino. Den ganzen Tag ist man mit Laufen und Biertrinken beschäftigt, doch am Abend will die Zeit nicht vergehen. Also humpeln wir noch ein bisschen gemeinsam durch die Stadt auf der Suche nach Müdigkeit oder einer Bar. Mal sehen, was wir zuerst finden.

32 Hässliche Bäume und eine schöne Frau

Meinen Kniegelenken fällt der Abschied von Melide schwerer als mir. Kurz nach Verlassen der Herberge geht es nämlich eine kleine, aber sehr steile, Anhöhe hinauf, die mein Rother glatt unterschlagen hat. Ein paar Meter hinter mir höre ich das vertraute Schnaufen von Flint und Haldor, die auch ordentlich pumpen. Andere Pilger hingegen, schlendern mühelos den Hang hinauf, als würden sie mal eben Brötchen holen gehen. Oben angekommen folgt der obligatorische Blick zurück. Im Gegensatz zu Portomarin, regt die Aussicht diesmal nicht zu übermäßigen Sentimentalitäten an. Wahrscheinlich wird mir von Melide vorwiegend der Geschmack der Krake in Erinnerung bleiben.

Am Ortsausgang gibt es eine weitere Iglesia de Santa Maria zu bestaunen. Lange verweilt wird aber nicht, denn auch heute habe ich mir einiges an Kilometern vorgenommen. Bis zum Etappenziel Santa Irene sind es derer vierunddreißig.

Hinter Melide zeigt sich das vertraute Landschaftsbild: weich geschwungene Hügel, die in riesige Weideflächen auslaufen, durchsetzt von kleinen Hainen. Neben Eiche und Haselnuss drängelt sich nun einer in die heimische Flora, den man lange riecht, bevor man ihn sieht: der Eukalyptus.

Da man zu Francos Zeiten die indigenen Bestände weitestgehend abgeholzt hatte, aber noch mehr Baumaterial brauchte - und zwar möglichst viel - bediente man sich des in Tasmanien beheimateten Baumes. Die großflächigen Pflanzungen entwickelten sich rasch zum Importschlager, schossen sie doch schnell und zuverlässig in die Höhe. Was die Industrie freut, ist für den Naturschützer ein Graus. Der Eukalyptus ist nämlich ein sehr egoistischer Zeitgenosse. Seine tiefreichenden und immerdurstigen Wurzeln trocknen nicht nur die Böden aus, sondern sorgen auch für ein Absinken des Grundwasserspiegels. Während benachbarte Baumkollegen elendig verdursten, schlürft sich der Nimmersatt den Bauch voll. Auch in Sachen Attraktivität macht der Eukalyptus nicht viel her. Da wäre zum einen die faserige Rinde, die sich in langen Streifen ablöst, so dass die Stämme aussehen, als hätten ein paar Fleischer ihre Schlachtermesser daran geschärft. Je nach Lust und Laune wirft der Baum auch mal seine Äste ab. Unter dem ganzen Totholz könnte sich also hin und wieder auch mal ein erschlagener Pilger finden. Der Eukalyptus ist zudem auch ein gefürchteter Brandbeschleuniger. Durch die herumliegenden Äste, Rindenstücke und erschlagenen Wanderer, allesamt durchtränkt mit ätherischen Ölen, kommt es in Galicien immer wieder zu heftigen Waldbränden. Also den Kippenstummel immer schön in die Hemdtasche gesteckt. Zuletzt sei noch erwähnt, dass es in den Bronchialwäldern bedrückend still ist. Der aufdringliche Duft sorgt nämlich dafür, dass kein Vogel Lust hat, sich hier länger aufzuhalten, geschweige denn zu nisten. So ein Eukalyptusbestand riecht einfach nicht nach Wald. Aber jetzt habe ich genug auf dem Baum rumgehackt. Er kann ja auch nichts dafür. Und eigentlich gehört er ja auch woanders hin.

Schließlich erreiche ich das rustikale Boente. Hier zeigt sich, dass der heutige Abschnitt von dicht aneinandergereihten Dörfern und Weilern geprägt ist, deren Beginn und Ende kaum auszumachen sind. Ein verbindendes Element stellen hingegen die zahlreichen Hunde dar, weswegen ich in die nächste Bar flüchte. Hier treffe ich Randy wieder. Der Texaner bereitet mir gleich doppelt Freude: Nachdem er meinen Kaffee bezahlt hat, berichtet er mir von der Begegnung mit einer Landsfrau. Seine Umschreibungen lassen keine Zweifel aufkommen. Mein Herz macht einen kleinen Hüpfer. Wie es aussieht, ist Evelyn mir einen halben Tag voraus. Das sollte machbar sein. Plötzlich rumpelt Haldor ins Lokal. Ohne Grußworte bahnt er sich seinen Weg zum Tresen. Ehe wir uns versehen, stehen drei Biergläser auf dem Tisch. Ich verliere eine weitere halbe Stunde auf Evelyn.

Hinter Boente geht es ordentlich bergauf. Zwar sieht das Höhenprofil in meinem Rother recht harmlos aus, doch das täuscht. Inzwischen setzt auch ein weicher Sprühregen ein. Aber es lohnt sich jetzt nicht den Rucksack abzusetzen und die Regensachen auszupacken. Nach gut zwanzig Minuten treffen wir in Castañeda ein.

Wie zuvor schon erwähnt, wurde hier der Kalkstein für die Kathedrale von Santiago gebrannt. Von den einstigen Fabriken fehlt heute jede Spur. Dafür gibt es etliche Läden und Souvenirstände. Auf den letzten Etappen wird der Camino zunehmend vermarktet. Es gibt T-Shirts, Buttons, Kühlschrankmagnete oder Mützen zu kaufen. Wer es bis jetzt versäumt hat, kann sich auch Wanderstab oder Jakobsmuschel zulegen. Dieses Angebot richtet sich aber vorwiegend an die Späteinsteiger, die sich auf den letzten paar Kilometern noch mal als Pilger verkleiden dürfen.

Hinter Castañeda geht es im Wechsel bergauf und bergab. Auch heute kann sich der Camino nicht so recht für ein Paar Schuhe entscheiden: Ob Asphalt, Waldweg, Schotterstraße oder Trampelpfad - es ist wirklich alles dabei. Nach einer Stunde ist das malerische Ribadiso da Baixo erreicht, wo wir uns noch einen kleinen Zwischendurchsnack gönnen.

Zurück auf dem Weg macht das Wetter ernst – und zwar so richtig. Auf einmal schüttet es, wie ich es auf dem Camino noch nicht erlebt habe. Man glaubt unter einem Wasserfall zu stehen. Für Haldor ist das besonders hart, denn er muss seinen gesamten Rucksack auspacken, ehe er die Regenjacke gefunden hat. Nach ein paar Minuten schwächt sich der Guss immerhin zu einem eintönigen Landregen ab.

Hinter Ribadiso geht es auf der Landstraße weiter, bis irgendwann die Kleinstadt Arzúa in Sicht kommt. In Sachen Kultur drängelt mir mein Rother eine Besichtigung der Capilla de la Madalena auf. Auch der *queixo*, ein bis zu einem Kilogramm schwerer Käse, sei ein Scheibchen wert.

Arzúa ist ein wichtiges Pilgerdrehkreuz. Nach der *via del plata* und dem *camino primitivo* mündet nämlich der *camino del norte* in die Hauptroute. Aufgrund des Zubringers ist Arzúa äußerst gut mit Herbergen und Pensionen bestückt. Wohl auch, weil es möglich ist, von hier aus an einem Tag Santiago zu erreichen. Jedenfalls platzt Arzúa gerade im Sommer aus allen Nähten.

Bei so viel Andrang hätte man erwartet, dass die Stadt sich etwas mehr herausputzt. Stattdessen stößt man überall auf Wohnblocks mit vermauerten Erdgeschossen und jede Menge Baustellen. Einen historischen Stadtkern gibt es nicht wirklich. Immerhin verfügt Arzúa über einige Geschäfte, die trotz Siesta geöffnet haben. Wir füllen unseren Reiseproviant auf, was auch ratsam ist, denn auf den knapp zwanzig Kilometern bis Santa Irene kommt nicht mehr wirklich viel.

Hinter Arzúa hört es auf zu regnen. Der graue Himmel hellt sich um ein, zwei Nuancen auf. Doch nicht nur das Wetter ändert sich. Auch die Landschaft verliert nun ihre Rundungen und verflacht zusehends. Ab sofort geht es immer öfter durch gerupfte Eukalyptusbestände, die mit ihrer Totenstille nach wie vor befremden. In Sachen Wegführung ist festzustellen, dass der Camino nur noch selten ausbricht und vorwiegend der Nationalstraße bis nach Santiago hinein folgt.

Man darf mir gerne widersprechen, aber die letzten Kilometer sind die eintönigsten des Jakobsweges. Natur und Kultur haben ihr Blatt weitestgehend ausgespielt. Eigentlich zählt ab jetzt nur noch das Ankommen. Prompt fängt es wieder an wie aus Kübeln zu schütten. Der Regen scheint all das nachzuholen, was er in den letzten Wochen versäumt hat. Wir ziehen uns die Kapuzen tief ins Gesicht und konzentrieren uns auf die eigenen Schritte. Randy beginnt die Melodie von Rod Stewarts *Sailing* zu pfeifen. Wenn es so weitergießt, brauchen wir wirklich bald ein Boot.

In Brea kehren wir dann nochmal ein, um etwas Heißes zu trinken. Das hat sich so ziemlich jeder Pilger vorgenommen. Es dauert geschlagene zwanzig Minuten, bis wir in den Genuss einer Tasse Kaffee kommen. Danach geht es wieder raus in den Regen. Zum Glück ist es nur noch ein Katzensprung bis Santa Irene.

Der kleine Weiler liegt unscheinbar am Wegesrand und ist nach der heiligen Irene von Portugal benannt. Der Überlieferung nach, soll die Dame ein echter Blickfang gewesen sein. Die Männer standen förmlich Schlange, um ihr den Hof zu machen. Allerdings machte sich die schöne Irene nichts daraus. Sie verbrachte ihr Leben lieber im Kloster.

Einer ihrer hartnäckigsten Verehrer, dem Vernehmen nach ein verwöhntes Jüngelchen, kam mit der Abfuhr so gar nicht klar. Er engagierte einen Auftragsmörder, der die heiratsunwillige Dame vom Markt nehmen sollte. Irene bekam nach ihrem Tod immerhin eine schöne kleine Kapelle gesponsert.

Trotz der berucksackten Massen gibt es in Santa Irene noch genügend freie Betten. Die meisten Pilger scheinen trotz des Wetters bis nach Pedrouzo weiterzuhetzen. Im Schlafsaal treffe ich Bo, Forest und Maurice, die allesamt ausgestreckt auf ihren Pritschen liegen. Das freut mich, denn ich weiß nicht, ob ich meine Weggefährten morgen in Santiago noch mal wiedergefunden hätte. Schließlich lege ich mich auch noch mal hin, um etwas auszuruhen.

Eine gute Stunde später geht es in die herbergseigene Bar zum Abendessen. Weil es so schön war, genehmige ich mir gleich noch mal den *pulpo*. Nachdem unsere vollen Bäuche zufrieden wie die Kätzchen schnurren, spazieren wir noch einmal zur Kapelle. Randy und Maurice haben beim Wirt vorher noch zwei Flaschen *vino tinto* gekauft.

Wir alle wissen, dass der Wein, neben Trauben, auch nach Abschied schmecken werden. Morgen um diese Zeit, bin ich voraussichtlich in Santiago de Compostela. Dann ist meine Flucht offiziell beendet. Leider ist mir noch immer keine gescheite Idee gekommen, wie es danach weitergeht. Vielleicht sollte ich in Santiago einfach kehrtmachen und den ganzen Camino nochmal rückwärtslaufen. Allerdings müsste ich dann nochmal über die zwei Hundefelsen. Na ja, ein Tag bleibt ja noch und das Beste kommt bekanntlich immer zum Schluss. Eine gute Stunde später sind wir zurück in der

Herberge. Im Schlafsaal ist es so finster wie im Hintern eines Stieres. Alle Betten sehen gleich aus. Diesmal habe ich kein Feuerzeug dabei, um für Licht zu sorgen. Wir schwärmen in verschiedene Richtungen aus. Es dauert nicht lang und ich stoße zuerst mit Maurice, dann auch mit Bo zusammen, die ebenfalls im Kreis gelaufen sind.

Ja, das Leben ist manchmal wie ein nächtlicher Schlafsaal. Auf der Suche nach einem Platz zum Ausruhen stolpert man blindlings durch die Dunkelheit. Hier und da rammelt man sich das Schienbein, tritt auf etwas Spitzes, geht manchen Weg zweimal, dreimal, bis man irgendwann irgendwo ankommt - oder auch nicht. Doch es gibt nichts Schöneres, als unterwegs mit anderen Verirrten zusammenzustoßen, denn das Beste, was man in der Ungewissheit finden kann, ist immer einander.

33 Kein wirkliches Ende

Am letzten Tag wird deutlich, wer die ganze Zeit gelaufen ist oder sich erst im letzten Drittel dazugeschummelt hat. So frisieren sich die Späteinsteiger ausgiebig vor den Badspiegeln, als hätten sie gleich einen Auftritt auf einer viel beachteten Theaterbühne. Die Pilger hingegen, die den kompletten Camino gelaufen sind, stehen stumm und in sich gekehrt vor den Waschbecken. Keiner von ihnen kann begreifen, dass eine 800 Kilometer lange Wanderung, ein Marsch durch nahezu ein ganzes Land, heute zu Ende geht. Als Wanderer ist man irgendwann selbst ein Teil des Weges - und dann hört er einfach auf. Ich werfe meinen Kaffeebecher in den Mülleimer und mache mich los.

Der Camino führt durch lichtgrünen Wald hinunter nach A Rua. Es dauert nicht lang, bis ich eine Gruppe genannter Kurzwanderer einhole. Als wäre es nicht genug, dass sie die ganze Zeit plappern und in synchrones Gelächter verfallen - nein sie lassen sogar eine Sektflasche herumgehen. Ich schaue hinauf in die Eukalyptusbäume. Jetzt wäre ein guter Zeitpunkt, um ein paar dicke Äste abzuwerfen.

Nach einer halben Stunde ist Pedrouzo erreicht. In der kleinen Ortschaft stapeln sich geradezu die Wanderer, handelt es sich doch um eine der letzten Herbergsstationen vor Santiago. Immer wieder kommt es zu kleinen Staus, wenn einer sich die Schuhe binden muss oder ein Foto macht. Ich versuche das Hauptfeld zu überholen, aber mir wird schnell bewusst, wie sinnlos mein Vorhaben ist. Also lasse ich mich wieder zurückfallen, bis die drei Brasilianerinnen vor mir sind oder um es po-etisch auszudrücken: nach hinten zu den Hintern. Das wäre doch mal ein schöner Haiko.

Weiter geht es durch Eukalyptusbestände und farnbewachsene Hohlwege. Dazwischen öffnet sich die Landschaft immer wieder. Doch man erkennt schon deutlich die Spuren der Zivilisationen darin. Die Ortschaften wirken längst nicht mehr so rumpelig und ausgefranst wie zuvor. Straßen sind geflickt, Kuhfladen verschwunden. Immer wieder blitzen weiße Ferienvillen zwischen den Altbauten auf. Sogar die freilaufenden Hunde werden seltener. Alles deutet darauf hin, dass bald eine große Stadt kommt.

Wenig später wird die N547 unterquert, dann geht es durch ein weiteres Waldstück bergauf. Hier schalten die Damen vom Zuckerhut einen Gang höher und entlaufen meinen Blicken. Dafür hole ich Flint ein.

Der Neuseeländer ist im üblichen Dampflokmodus. Man kann die Rauchsäule über seinem Kopf sehen. Gemeinsam schnaufen wir uns den Hang hinauf, bis der Camino scharf nach rechts abbiegt. Grund für den Richtungswechsel ist der Aeropuerto de Lavacolla, der Flughafen von Santiago, welcher an dieser Stelle umgangen werden muss. Weiter geradeaus geht es nun über San Paio bis nach Lavacolla, wo wir eine erste Pause einlegen.

Hier gibt es ein berühmtes Bächlein, an dem sich früher die Pilger noch einmal zu waschen pflegten. Schließlich wollte man dem Apostelgrab sauber gegenübertreten. Laut meinem Rother soll ein französischer Mönch die Bedeutung von Lavacolla in seinem Pilgerführer nicht ganz richtig interpretiert haben: Statt *rego dos cois* (voller Geröll), verstand er anscheinend *lava colea* (sich die Genitalien waschen). Falls

Haldor über dieselbe Information verfügt, könnte es hier zu einem durchaus verstörenden Schauspiel kommen.

In der Bar treffe ich nicht nur genannten Norweger, sondern auch Forest, Maurice und Bo wieder. Ein ganzes Quartett meiner Freunde. Das ist mir eine Runde Bier wert, aber der Schweizer hat das Portmonee schneller gezückt. Anschließend tauschen wir unsere Adressen aus, denn in Santiago kommt man garantiert nicht noch einmal in so vollendeter Runde zusammen. Erst nach einer guten Stunde verlassen wir die Bar und nehmen die letzten, schon fast im einstelligen Bereich liegenden, Kilometer in Angriff.

Hinter Lavacolla geht es noch mal ein gutes Stück hinauf, bis eine lichte Hochebene erreicht ist, auf der sich einige TV-Sendestationen befinden. Es dauert keine Stunde und der Monte do Gozo ist erreicht, der „Berg der Freude." Von hier aus kann man angeblich die Turmspitzen der Kathedrale von Santiago sehen. Leider ist die Sicht durch die unzähligen Wanderer versperrt. Dafür sind überall ähnliche Rituale wie am Cruz de Ferro und dem 100 Kilometer-Stein in A Brea zu beobachten – nur noch schlimmer. Menschen fallen ehrfurchtsvoll auf die Knie, um dann abwechselnd in Tränen und Gelächter auszubrechen, andere überschütten einander ungestüm mit Küssen und Umarmungen oder brüllen das ganze Plateau zusammen.

Für mich hat dieser Moment nicht die Intensität vorangegangener Erlebnisse. OK, da ist dieser tolle Berg mit dem komischen Denkmal oben drauf (das ich gleich noch ordentlich verreißen werde) und auch der Ausblick ist ganz nett. Trotzdem bleibe ich seltsam unberührt. Irgendwie wirkt das alles doch sehr inszeniert. Aber vielleicht ist es auch etwas anderes, wenn man allein im Abendrot hier ankommt – statt wie jetzt - mit zweihundert anderen Leuten, die alles mit ihren Kameras abschießen. Auch meine Begleiter bleiben seltsam gefasst. Haldor packt immerhin eine Dose Bier aus.

Nun aber zum Denkmal auf dem Monte do Gozo, wobei sich die Frage aufdrängt, woran man bei so einem Bau denken soll. Eigentlich ist es nämlich ein Anblick zum Vergessen.

Das Konstrukt wurde zu Ehren des Papstbesuches 1993 errichtet und gehört zu der Art von Geschenken, die man lächelnd entgegennimmt, aber spätestens morgen runter in den Keller bringt. Der Sockel hat noch was für sich, aber der verschnörkelte Aufbau sieht aus wie ein überdimensioniertes Hörgerät. Weil ich gerade einmal beim Meckern bin: Ein paar hundert Meter entfernt steht die größte Bettenburg auf dem ganzen Jakobsweg. Hier finden bis zu achthundert (!) Pilger Platz. Damit die Gläubigen zum Beten nicht runter in die Stadt müssen, hat man in der Nähe auch gleich eine Garage zur Kapelle umgebaut. Die Anzahl der zu sprengenden Objekte erhöht sich somit auf drei. Grund genug, mit dem Abstieg zu beginnen.

Einen halben Kilometer unterhalb des Hörgerätes ist der Ausblick besser. Wer damals zuerst die Kathedrale erspähte, durfte sich Pilgerkönig nennen. Und tatsächlich sind nun die Türme zu sehen. Jetzt bekomme ich doch eine kleine Gänsehaut, bin aber noch immer weit davon entfernt in Tränen auszubrechen. Ich frage mich, wann es bei mir endlich soweit ist. Viele Gelegenheiten zum Heulen gibt es nicht mehr. Und während ich so weltvergessen auf die Kathedrale blicke, tritt plötzlich Evelyn neben mich. Wortlos greift sie nach meiner Hand. Wir stehen einfach nur da und blicken auf das Häusermeer von Santiago hinab. Meine Weggefährten beweisen netterweise Empathie für die Situation und gehen schon mal voraus.

Es verstreichen ein paar Minuten, die eigentlich Sekunden sind, dann wenden wir uns einander zu. Evelyn schaut mich mit ihren pfefferminzteegrünen Augen an und lächelt dieses ganz besondere letzte Lächeln. Zum Abschied gibt mir einen Wangenkuss, dann lässt sie meine Hand los und geht langsam den Hang hinunter. Was bleibt, ist ein Loch in der Luft.

So endet meine kleine Liebesgeschichte auf dem Camino. Zwar ohne ganz großes Happyend, aber immerhin durfte ich mich noch verabschieden. Vielleicht war ich doch etwas zu hart zu diesem „Berg der Freude". Hinter mir ertönen aufgeregte Stimmen, das Klicken der Fotoapparate kommt näher. Also weiter. Ich muss mir schließlich noch meine Urkunde abholen.

Auf einem asphaltierten Weg geht es langsam hinab. Unten angekommen werden Autobahn und Bahngleise überquert. Nach den ländlichen Etappen ist der Einmarsch nach Santiago schon ein kleiner Schock. Alles rauscht und dröhnt. Statt nach Gras und Kuhdung, riecht es nach Benzin und zu schnellem Leben. Lange geht es durch spröde Vororte, die größtenteils aus Lagerhallen, Tankstellen und Kfz-Niederlassungen bestehen. Das Zentrum scheint noch eine Ewigkeit entfernt.

Über die schmale Rúa de San Pedro geht es dann in den zweiten Ring der Stadt. Gepflegte Häuser mit bunten Dächern und weiten Auskragungen bestimmen nun das Bild. Gemeinsam verdichten sie sich zu einer Art Klamm, die den Pilger zielstrebig ins Herz der Stadt geleitet. Wenn die Straße etwas abfällt, kann man schon deutlich die dunklen Turmspitzen der Kathedrale sehen.

Schließlich erreiche ich die historische Altstadt. Die Straße verengt sich nochmals und steigt dann merklich an. Oben erreiche ich einen von unzähligen Plätzen. Ein Markenzeichen von Santiago. Hier steht die Capilla de Ánimas. Auf der Außenfassade der Kirche prangt ein düsteres Relief, das zeternde Frauen und Männer im Fegefeuer darstellt. Wer hier Reue und Sühne zeigt, darf vielleicht nochmal oben klingeln.

Durch ein paar schiefe Gassen geht es weiter zum Praza de Cervantes, benannt nach dem bekannten spanischen Schriftsteller. Sein Epos *Don Quijote* steht bis heute im ersten Regal der Weltliteratur. Fast noch beeindruckender ist aber der Autor selbst, der ein sehr abenteuerliches Leben führte. Dagegen mutet die Biografie von Heinrich Heine wie Kuraufenthalt an.

Cervantes studierte Theologie, war in Rom Kammerdiener und trat später in die spanische Marine ein. Dort wurde er u.a. böse zusammengeschossen, von algerischen Korsaren versklavt, ehe er nach fünf Jahren wieder freigekauft wurde. Doch Cervantes hatte noch nicht genug von Abenteuern. Nach seiner Genesung beteiligte er sich an den Kriegszügen gegen Portugal, war danach für kurze Zeit Steuereintreiber und saß auch wohl ein- bis zweimal im Gefängnis ein, wo er seinen *Don Quijote* verfasste.

Bald folgt mit dem Praza de Immaculada der nächste Platz, wo man das prachtvolle Gebäude des Priesterseminars bestaunen kann. Tja, und ein Stückchen weiter links steht sie dann: die berühmte Catedral de Santiago de Compostela, jenes monumentale Bauwerk, das die spanischen

Cent-Münzen ziert. Ihr zu Füßen liegt der Praza do Obradoiro, der fast nur aus Menschen besteht.

Fähnchenschwenkende Reiseleiterinnen führen Senioren im Stechschritt über den Platz, bemüht nicht ins Kameraschussfeld japanischer Touristen zu geraten, die nahezu alles unter Dauerfeuer nehmen. In grelle Warnwesten gekleidete Schulklassen formieren sich unter den Anweisungen ihre Lehrer zu Halbkreisen, während die wenigen Bänke von eisschleckenden Pärchen blockiert werden. Und mitten im Gedränge irrlichtern verheulte Pilger umher, die das alles irgendwie nicht begreifen können.

Ich halte nach bekannten Gesichtern Ausschau, aber es ist unmöglich, in dem Chaos jemanden wiederzufinden. Ganz ehrlich, dieser ganze Auflauf hier stresst ziemlich. Eigentlich müsste ich auch wahnsinnig von der Kathedrale beeindruckt sein, aber dem ist nicht so. Man hat den Eindruck, die ganze Stadt besteht nur aus Modegeschäften, Souvenirshops, Boutiquen und Schmuckläden. Auch das Hospital de los Reyes Catolicos, einst bedeutendes Pilgerhospiz, ist heute ein luxuriöses Parador-Hotel. Ja, ich weiß, ein bisschen muss man sich schon rausputzen. Immerhin ist Santiago nach Rom und Jerusalem einer der Top 3 der großen Wallfahrtsorte. Doch unter dem Make-up und der ganzen Schminke erkennt man das eigentliche Gesicht der Stadt kaum noch.

Nun will ich mich aber endlich der Kathedrale widmen. Hier soll sich das Grab mit den Gebeinen vom heiligen Jakobus befinden. Zumindest ein Teil davon, denn in Jerusalem pocht man darauf, den Schädel des Apostels zu besitzen. Am Außenbereich der Kathedrale ist das, von Meister Matteo geschaffene, Pórtico de la Gloria zu bestaunen. Besonderes

Augenmerk gilt hier dem Figurenschmuck. Die Mittelsäule, die den heiligen Jakobus darstellt, ist natürlich das wichtigste Element. Rechts daneben steht ein Pfeiler, der die Propheten Jeremias, Jesaja, Moses und Daniel zeigt. Letzterer schaut beileibe nicht so ernst drein wie seine, in Granit gehauene, Kollegen. Im Volksglauben freut er sich über eine königliche Schönheit ihm gegenüber bzw. über deren exzentrischen Busen. Das ließ die katholische Kirche natürlich nicht auf sich sitzen und gab den Auftrag, die aufsehenerregenden Brüste mittels Meißel zu verkleinern. Die Busenfreunde aus Galicien rächten sich auf sehr kreative Weise: Sie kreierten kurzerhand einen formschönen Käse und nannten ihn *queso de tetilla*.

Baumeister Matteo selbst war dazu verdammt, sein Portal nie fertig zu sehen. Zum Trost ist er hier als Figur verewigt. Sein Spitzname lautet übrigens Santo d'os Croques, was in etwa mit „Heiliger der Kopfnüsse" übersetzt werden darf. Wer Matteos Haupt dreimal mit der eigenen Stirn berührt, kann angeblich an seinem Genie teilhaben. Da dürfte sich so mancher schon die Birne blutig gehauen haben.

 In Sachen sakrale Riten und Zeremonien muss der *botafumeiro* erwähnt werden. Das fast 50 Kilogramm schwere Weihrauchfass wird an einem 35 Meter langen Seil durch das Querschiff geschwenkt und lässt dabei ordentlich Dampf ab. Jeden Abend gibt es in der Kathedrale eine Messe, bei der sämtliche Namen der eingetroffenen Pilger verlesen werden. Der wichtigste Grund für den Wallfahrer die Kathedrale zu besuchen, ist natürlich Jakobus selbst. Dieser befindet sich in einem eigenen Altarraum. Erst wenn man Jakobus umarmt und geküsst hat, ist die Pilgerfahrt offiziell beendet. Gesagt, getan. Aber die wichtigste Sache fehlt natürlich noch. Das

Pilgerbüro befindet sich unweit der Südseite der Kathedrale. Wie nicht anders zu erwarten, hat sich hier schon eine lange Schlange gebildet. Alle gieren danach endlich ihre *compostela* entgegenzunehmen, jene Urkunde, die offiziell beglaubigt, dass man hierher gelaufen ist. Als ich an der Reihe bin, prüft man genau meinen Pilgerpass, zählt die Stempel und gleicht sie mit dem Ausstellungsdatum ab. Alles koscher. Zum Schluss muss mein Name noch ins Lateinische übersetzt werden. Dieser wird dann in die Urkunde geschrieben.

Die Sachbearbeiterin blättert eine Weile in einem dicken Wälzer, dann holt sie den nächsten aus dem Regal. Ich werde etwas unruhig. Schließlich zuckt sie mit den Schultern. Heiner gibt es im Latinum nicht. Also taufen wir mich kurzerhand in Heinrich um, denn dann greift die Bezeichnung *henricum*. Ich bekomme ein Lächeln, einen Händedruck und meine heiß ersehnte *compostela*. Schön mal ein anderes Dokument zu erhalten, als einen GEZ-Gebührenbescheid. Jetzt habe ich es schwarz auf weiß: *Henricum Horlitz*. Meine namentliche Bastardisierung klingt gar nicht so übel. Vielleicht sollte ich mit meiner neuen Identität jetzt einfach untertauchen. Die Gelegenheit ist günstig.

Die letzte (!) Herberge meiner Reise befindet sich am Rand der Altstadt und ist in kirchlicher Trägerschaft. Einst war sie ein katholisches Knabeninternat, wo man Nächstenliebe und Gottesfürchtigkeit lehrte. Fürchten ist das richtige Stichwort. Das Gebäude sieht von außen nämlich wie ein Staatsgefängnis aus. Daran ändert auch die nette Palme am Eingang nichts. Bis zu dreihundert Pilger können hier inhaftiert werden. Sehr zu meiner Freude sind zwei davon Bo und Maurice. Ansonsten sehe ich keine bekannten Gesichter.

Vermutlich gönnt sich der ein oder andere dann doch mal ein Hotelzimmer.

Nach einem letzten Einsatz am Waschbrett überlege ich, was man mit den verbleibenden Tagen anstellen könnte. Eigentlich war es ja mein Plan weiter Richtung Atlantik, zum Kap Finisterre zu wandern. Aber in bereits vier Tagen ist mein Rückflug. Wenn ich morgen in aller Frühe loslaufe, wären die rund 85 Kilometer eventuell zu bewältigen. Allerdings müsste ich nach zehn Minuten wieder umdrehen und umgehend zum Flughafen zurückhetzen.

Ich verabrede mich mit Bo und Maurice für einen abendlichen Umtrunk, dann mache ich mich wieder auf den Weg in die Stadt. Es braucht seine Zeit, bis ich den Busbahnhof gefunden habe. Hier begehe ich den schlimmsten Frevel, den ein Pilger begehen kann: Ich kaufe mir eine Fahrkarte! Morgen Vormittag geht der Bus nach Kap Finisterre. (Bis heute bereue ich diese Entscheidung zutiefst. Als echter Jakobspilger muss man zum Meer laufen.)

Die verbleibenden Stunden, bis zum Treffen mit meinen Weggefährten, vergehen quälend langsam. Wie ein Obdachloser vagabundiere ich durch die Stadt, ohne Sinn und Ziel. In einem Souvenirladen kaufe ich mir zwei frische T-Shirts. Eins mit einem gelben Pfeil, eins mit rotem Templerkreuz. Jetzt fühle ich mich fast auch wie ein Tourist.

Vor der Kathedrale gibt es dann ein Wiedersehen mit Volker. Zu unser beider Überraschung umarmen wir uns. Wer hätte das gedacht? Mit seinem Dreitagebart sieht der Frankfurter erstaunlich menschlich aus. Auch seine neunmalklugen Sprüche bleiben diesmal aus. Anschließend trinken wir sogar noch einen Kaffee zusammen. Die Einladung, uns nachher zu begleiten, schlägt Volker aber aus. Er möchte heute einfach ein bisschen allein sein. Der Camino scheint ihn tatsächlich in ein fühlendes Lebewesen verwandelt zu haben.

Gegen Abend ziehen graue Wolken auf. Typisch für Santiago. Gilt sie doch als regenreichste Stadt Spaniens. Mit den ersten Tropfen treffen dann auch Maurice und Bo ein. Auf der Suche nach einem Lokal lesen wir tatsächlich noch Haldor auf. Der Norweger steht mit einem Bier vor dem Schaufenster einer Boutique und schaut sich Reizunterwäsche an. Kurz darauf entern wir eine Tapas-Bar und schlemmen uns durch verschiedene Häppchen. Zwischen den Gängen versuche ich mit der Barfrau zu flirten, aber ohne Erfolg. Das hier ist eben nicht Burgos oder Ponferrada.

Kurz vor zehn torkeln wir zurück auf die Straße. Als wir die Kathedrale erreichen, heißt es Abschied nehmen. Haldor hat sich für heute Nacht ein Hotelzimmer genehmigt - damit er sich mal so richtig ausschnarchen kann. Als wir uns umarmen, bricht mir der Norweger fast das Rückgrat. Ich wünsche ihm von ganzen Herzen, dass er sein Walhalla findet – und mir vielleicht einen Platz freihält. So traurig wie das alles auch ist, heulen kann ich noch immer nicht. Jetzt müssen wir aber los. Nicht, dass ich wieder mit Kieselsteinen gegen ein Fenster werfen muss. Tatsächlich werden kurz nach unserem Eintreffen die Schlüssel herumgedreht und die Fensterläden verriegelt. Wir gehen noch schnell Zähneputzen und suchen dann unsere Betten auf.

Jetzt, wo ich hier im Dunkeln liege, wird es doch Zeit für ein finales Fazit, so wie es sich für das Ende einer langen Reise eben gehört. Ich probiere es mal anhand meines Rucksacks:

Neben einem Schlafsack, abgetragener Kleidung, zerbröselter

Kekse und schmieriger Kernseife, befanden sich darin auch jede Menge Sorgen und Nöte. Kurz gesagt, mein Rucksack war manchmal ziemlich schwer. Aber ich habe ihn jeden Morgen aufgesetzt und getragen. Trotzdem fand sich immer noch etwas Platz, zum Beispiel für ein Haargummi und eine nummerierte Eichel. Sie machten meinen Rucksack leichter und so konnte ich immer noch ein Stück weiterlaufen, viel weiter, als ich anfangs geglaubt habe. Und genau darum geht es, auf dem Camino wie im Leben: Man muss weitergehen, immer weitergehen, auch wenn man keine Ahnung hat wohin. Das ist wie mit der Meseta: Man weiß nie, was hinter dem nächsten Horizont wartet. Doch irgendwas kommt immer.

In ein paar Tagen fliege ich nach Hause. Und ich sage ganz bewusst NACH HAUSE. Ganz ehrlich, ein bisschen Heimweh habe ich jetzt doch und vielleicht ist das das Schönste, was man von einer langen Reise mitbringen kann. Manchmal muss man eben fortgehen - damit man zurückkommen kann.

34 Am Ende der Welt

Zu Fuß sind es drei Tage bis Finisterre, der Bus braucht nicht mal drei Stunden. Über mir rauscht monoton die Lüftung. Es riecht nach Polsterreiniger und Trockenshampoo. Ich sehe Bäume, Felder und Häuser vorbeifliegen. Es fühlt sich unendlich fremd an, hier zu sitzen und durch eine Fensterscheibe zu blicken. Mir fehlt das Gewicht des Rucksacks auf den Schultern, das Knirschen von Schotter unter den Schuhen, der Geruch von Hirschtalkcreme und natürlich meine gelben Pfeile, die mir den Weg zeigen. Am meisten aber fehlen mir meine Freunde. Ich glaube, manchmal fühlt man sich nicht nur allein - man ist es auch.

Schließlich erreicht der Bus sein Ziel. Finisterre liegt auf einer langgezogenen Halbinsel direkt am Atlantik. Die Häuser des aufpolierten Fischerdorfes stehen so dicht gedrängt, als würden sie gerade eine Versammlung abhalten und über den nicht weit entfernten Leuchtturm tratschen. Kleine bunte Boote schaukeln im Hafenbecken selig vor sich hin, eine lange Mole lädt zum Möwenfüttern ein. Ich glaube, jeder freut sich hier anzukommen. Wer das zu Fuß macht, kann neben seiner *compostela* zusätzlich noch die *fisterrana* abstauben, eine weitere schriftliche Urkunde.

Allerdings hat die katholische Kirche diesen Teil des Jakobswegs nicht offiziell als Pilgerweg anerkannt. Grund sind heidnische Bräuche, wie Sonnen- und Fruchtbarkeitsrituale, die hier einst von den Kelten zelebriert wurden. Zudem soll der Weg zur Seligkeit und Ewigkeit in den Himmel und nicht ans Meer führen. Kirchen wurden trotzdem gebaut. In der Igrexa de Santa Maria das Arenas gibt es den Santo Cristo de Fisterra zu bestaunen. Die Holzskulptur ging im Sturm über Bord und soll hier an Land getragen worden sein. Von den Einwohnern wird Santo Cristo hoch verehrt und je nach Anlass sogar mit Kleidung versehen. Das eigentliche Wahrzeichen ist aber natürlich der Faro de Fisterra. Jetzt ist aber noch viel zu hell, um über Leuchttürme zu sprechen.

Es dauert nicht lang und ich mache eine kleine Pension ausfindig. Für fünfzehn Euro die Nacht ein wahres Schnäppchen. Ab sofort habe ich eine Toilette ganz für mich allein und kann duschen so lange ich will.

Nach dem Einchecken erkunde ich ein bisschen Finisterre. Entgegen allen Vorurteilen ist das Wetter ganz hervorragend. Für gewöhnlich geht am Atlantik immer eine steife Brise. Auch der Himmel zeigt sich blau und wolkenlos. Irgendwie habe ich mir das Ende der Welt viel dramatischer vorgestellt. In einem Supermarkt decke ich mich mit Brot, Bier, Schokolade und Tintenfischbüchsen ein. Dann geht es an den Hafen zum Frühstücken.

Kaum, dass ich sitze, pirschen sich einige adipöse Sturmmöwen an mich heran. Im Gegensatz zu ihren Kollegen von Ost- und Nordsee sind sie erstaunlich dreist. Die Vögel nähern sich mir bis auf wenige Zentimeter. Meine Drohgebärden scheinen sie nur noch mehr anzustacheln. Erst als ich mir eine Zigarette anzünde, gehen sie etwas auf Distanz. Als mein Blick über das Hafenbecken schweift, entdecke ich etwas Spitzes zwischen den Booten im Wasser. Wenn mich nicht alles täuscht, handelt es sich um die Rückenflosse eines Haifisches! Na gut, eines Haifischchens.

Mit etwas Tintenfisch versuche ich das Bürschchen herbeizulocken, aber es zeigt keinerlei Interesse. Vermutlich gibt es hier genug zu futtern. Eine besonders gerissene Sturmmöwe nutzt derweil meine Unaufmerksamkeit und klaut mir mein halbverzehrtes Baguette. Weil ich jetzt nichts mehr zu tun habe, hole ich die versäumten Tagebucheintragungen nach. Es werden fast fünfzehn Seiten.

Am Abend geht es zum Leuchtturm. Eine asphaltierte Straße führt mich aus dem Ort und verläuft dann weiter entlang der Küste. Die Sonne steht schon tief, alles ist in spätgoldenes Licht getaucht. Natürlich bin ich nicht der Einzige, der auf dem Weg zum Faro ist. Es hat sich eine regelrechte Karawane gebildet. Ob Touristen, Pilger oder Einheimische, alle wollen sich den Sonnenuntergang anschauen. Ein paar Mal werde ich fast von einem Auto überfahren, weil ich immer wieder gedankenverloren zum Meer schaue und auf die Fahrbahnmitte torkle. Galiciens Nordwesten trägt aber aus anderen Gründen den Namen „Todesküste".

Die Gewässer sind für ihre scharfen Riffe und tückischen Strömungen gefürchtet und nur so mit Wracks überfüllt. Am 28. November 1566 büßte die hoch dekorierte spanische Armada hier zwanzig Schiffe ein. Noch verheerender war der Untergang des Tankers *Prestige* im Jahre 2002. Sagenhafte 70.000 (!) Tonnen Öl schwärzen dabei das Wasser. Die Römer nannten den hiesigen Atlantik früher *mare tenebrosum*, das „Meer der Finsternis". Wenn sie wüssten, wie recht sie damit hatten. Bis heute sind die ökologischen Folgen der Katastrophe zu spüren.

Wie ich mich dem offenen Meer nähere, kommt doch etwas Wind auf - ganz so wie es sich für das Ende der Welt gehört.

Zu meiner Rechten befindet sich der Monte del Facho, der höchste Berg der Halbinsel. Mit seinen 247 Metern wirkt er nicht sonderlich groß, ist aber umso bedeutsamer.

Auf dem Gipfel befinden sich die *piedras santas*, zwei bewegliche Felsen, die damals einen besonderen Zweck erfüllten: Stand eine Heirat an, wurde mittels der Steine überprüft, ob die Braut noch Jungfrau war, oder schon fleißig im Dorf herumgereicht wurde. Dafür musste sie über die *piedras* laufen. Bewegten sich diese nicht, war die Eheschließung in trockenen Tüchern. Wackelte aber einer der Felsen, wurde die Hochzeit abgeblasen. Die *piedras santas* sind damit der älteste Lügendetektor der Welt.

Was ich dann sehe, kann ich nicht so recht glauben. Nach einer halben Stunde taucht nämlich der berühmte Faro de Fisterra vor mir auf. Dass es sich dabei um einen Leuchtturm handelt, muss man aber dranschreiben, sonst läuft man vorbei. In meiner hoffnungslosen Romantik hatte ich auf ein hoch aufragend und rotweiß geringeltes Bauwerk gehofft. Was aber jetzt vor mir steht, erinnert an eine eckige Granittorte, in die man eine dicke LED-Kerze gesteckt hat.

Der Leuchtturm von Finisterre wurde im Jahr 1853 errichtet und gehört mit siebzehn Meter Höhe zu den Kleinwüchsigen seiner Gattung. Der ausgesandte Lichtstrahl reicht dafür 57 Kilometer weit. Besteigen kann man den Turm zwar nicht, dafür gibt es drinnen ein informatives Museum.

Schließlich taucht links vor mir ein Wegmarker auf. Nichts Ungewöhnliches, bin ich doch an unzähligen dieser Steine vorbeigekommen, ohne sie sonderlich in Augenschein zu nehmen. Hauptsache ein gelber Pfeil oder eine Muschel waren darauf. Doch dieser hier ist etwas ganz Besonderes.

Die Kilometerangabe darauf lautet: 0. Genauer gesagt: 0,00. Vor ein paar Wochen war da noch eine 800. Verdutzt stehe ich vor dem Stein und schaue ihn an. Ich schaue ihn an und schaue ihn an. Und dann kann ich endlich weinen. Es sind die schönsten Tränen, die man sich vorstellen kann. Was der Monte do Gozo, Evelyn oder die tolle Kathedrale von Santiago nicht vollbracht haben, schafft ein Stein mit einer 0 drauf. Ich halte mein Gesicht in den Wind, damit keiner meine Tränen sieht, aber eigentlich ist es mir egal. Sollen sie ruhig gucken. Es ist schön, hier zu stehen und zu weinen. Ich zünde mir eine Zigarette an. Der Wind raucht aber so kräftig mit, dass ich mir gleich noch eine anstecke. Nach fünf Minuten habe ich mich wieder halbwegs materialisiert. Jetzt aber schleunigst weiter! Nicht, dass ich noch den Sonnenuntergang verpasse.

Am Faro angekommen, entdecke ich eine Eisentafel mit der seltsamen Aufschrift „Plaza de la República Argentina". Die Geografiekenntnisse des Stifters scheinen mangelhaft zu sein. In Wirklichkeit wird hier an die vielen Menschen erinnert, die aufgrund von Armut und Perspektivlosigkeit Spanien verließen. Argentinien galt damals als gelobtes Land. Noch heute leben ca. drei Millionen Galicier in Südamerika.

Ich gehe am Leuchtturm vorbei, hinunter zur Klippe. Vorsichtig stakse ich zwischen den spitzen Felsen umher, auf der Suche nach einer geeigneten Sitzgelegenheit. Leichter gesagt als getan. Überall sind Leute. Die Vorstellung ist nahezu ausverkauft. Hier und da flackern auch schon ein paar Feuer, es wird Gitarre gespielt, meditiert, gekuschelt, geheult, geknutscht oder einfach nur aufs Meer gestarrt. Überall klirren Gläser, ploppen Korken und blitzen Fotoapparate.

Um der ganzen Heiterkeit mal einen kurzen Dämpfer zu versetzen: Früher war es Brauch seine Jakobsmuschel selbst aus dem Wasser zu holen. So steil wie die Klippe hier abfällt, lag so mancher bestimmt in mehreren Teilen daneben. Angeblich stand hier auch irgendwo der phönizische Sonnentempel Ara Solis. Verliebte, die damals vergeblich versuchten Kinder zu zeugen, durften es auf einem Granitbett noch mal versuchen. Man sagt auch, dass es früher Usus war, sich für eine Nacht in einem Steinsarg einschließen zu lassen. Der Brauch stellte ein Ritual zur seelischen Erneuerung dar - insofern man bis zum Morgen nicht erstickt war.

Inzwischen wurden die Regeln etwas gelockert: Als Erstes sollte man ein Bad im Meer nehmen, anschließend seine getragene Kleidung verbrennen und sich zu guter Letzt den Sonnenuntergang anschauen. Hält der Pilger sich daran, erwacht er am nächsten Morgen als neuer Mensch.

Auch wenn ich die letzten Kilometer Bus gefahren bin, habe ich ein Paar Socken zum Verfeuern mit. Bei diesem Wind bedarf es dafür aber einer außergewöhnlichen pyromanischen Begabung. Schließlich frage ich meine französischen Nachbarn, ob ich ihren Scheiterhaufen mitnutzen darf. Nach der erfolgreichen Einäscherung ziehe ich mich wieder auf meinen Kinositz zurück.

Natürlich gäbe es jetzt noch einiges zu erzählen, zum Beispiel das vor der Küste angeblich die versunkene Stadt Daxo liegt, oder dass, rein geografisch betrachtet, das Kap Finisterre gar nicht der westlichste Punkt Europas ist, sondern Cabo da Roca in Portugal. Aber genug der Klugscheißerei. Gleich geht die Sonne unter. Ich will jetzt einfach nur aufs offene Meer schauen und noch ein bisschen weinen. Hier also endet meine

Reise. Ich weiß zwar noch immer nicht, wie die Zukunft aussehen wird, aber Angst davor habe ich nicht mehr. Jetzt, wo ich hier am Atlantik sitze und über das gleißende Wasser zum Horizont blicke, spüre ich, dass irgendetwas Großes und Schönes in dieser Welt ist. Keine Ahnung, ob ich es finde, aber ich werde nie aufhören danach zu suchen - erst recht nicht, mich danach zu sehnen. Es ist verdammt wichtig, dass es ab und zu im Herzen zwickt, in der Seele sticht, hinter den Augen brennt, denn Sehnsucht muss immer ein bisschen wehtun. Doch sie ist und bleibt der schönste Schmerz, den man empfinden kann und es gibt nichts Besseres, als ihn ganz in sich hineinzulassen.

Das Ende der Welt kann manchmal auch ein Anfang sein.

Nachwort

Das Schlimme am Schreiben ist, egal wie viel man schreibt, man hat eigentlich immer das Gefühl nie richtig angefangen zu haben. Irgendetwas scheint zu fehlen, eine bestimmte Umschreibung, ein treffenderes Wort, dieser eine Satz, der alles noch ein bisschen besser macht. Wahrscheinlich habe ich deswegen fast acht Jahre gebraucht, um dieses Buch zu schreiben. Doch die Wahrheit ist: Ich war einfach zu faul. Allen, die um mein Vorhaben wussten, habe ich immer vorgeschwärmt, wie weit ich doch schon bin und das bis Dezember garantiert alles fertig wird. Meistens stand ich dann Silvester auf dem Balkon und habe mich gefragt, was ich das ganze Jahr über getrieben habe. Doch schließlich gelang es mir dieses Buch zu beenden, auch wenn es eigentlich nicht fertig ist.

Zwischen 2006 und 2011 war ich insgesamt viermal auf dem Jakobsweg. Doch nur meine erste Wanderung führte mich bis nach Santiago de Compostela. Weil aber jede dieser Reisen einzigartig war, habe ich sämtliche Eindrücke und Erlebnisse in EINEM Bericht zusammengefasst. Das gilt auch für die vorkommenden Personen. Ich habe sie ALLE auf diesen Seiten versammelt, weil sie meine Freunde sind und dieses Buch ist für sie. Weiterhin gebe ich zu, dass sich nicht alles exakt so zugetragen hat, wie es hier beschrieben ist, denn die eigene Vorstellungskraft ist viel zu verführerisch, um ihr nicht nachzugeben. Es ist die naturgegebene Pflicht eines jeden Autors zu übertreiben, etwas dazuzudichten, die Dinge auszuschmücken und überspitzen. Womöglich existiert also nicht jeder Brunnen, den ich im Text erwähnt habe. Es kann auch sein, dass sich die Innenausstattung mancher Bar nicht mit der Realität deckt, oder dass irgendwo Ahornbäume statt Eichen stehen. Höchstwahrscheinlich sind auch einige historische Anekdoten wissenschaftlich nicht belegt oder überholt. Allen Korrekturfetischisten wünsche ich hiermit viel Spaß beim Anstreichen entsprechender Passagen. Und da heutzutage so gerne geklagt wird (und man damit eine Menge Geld verdienen bzw. verlieren kann) habe ich alle Namen geändert. Nur mein guter Freund Bo bestand darauf kein Pseudonym verpasst zu bekommen. Das hat er jetzt davon.

Zum Schluss sei noch gesagt, dass ich mich ein wenig vor meiner ersten Lesung fürchte. Es ist mir bis heute nicht möglich, einige spanische Ortsbezeichnungen oder konsumierte Mahlzeiten korrekt auszusprechen. Für alles andere übernehme ich gern die volle Verantwortung und schiebe es auf die Tollwut der Gedanken und meine emotionalen Katerzustände. Zusammen nennt man das wohl Fantasie. Und Fantasie ist wie ein kleines Kind, das mit allem spielen muss, was ihm in die Hände gerät. Ich hoffe, es wird nie erwachsen.